TOEIC® L&Rテスト 精選模試【文法・語彙問題】

中村紳一郎/Susan Anderton/
小林美和［著］

Part 5 & Part 6

the japan times出版

はじめに

文法の知識と語彙力は英語力の大切な土台です。この精度を試されるのが TOEIC L&R テストの Part 5 と Part 6 です。これらのパートで正答率が低い人は、Part 7 でも得点が上がらずに苦労しています。長文を正確に読むためには、しっかりとした土台である文法力と語彙力が不可欠だからです。

本書はそのような観点からテスト全体のスコアアップにつながる Part 5 と 6 に焦点を絞り、高得点をめざすための文法力と語彙力を身につけるように編んだ実践的な問題集です。

収録した問題には長年エッセンス イングリッシュ スクールとその講師に蓄積されたデータと経験をもとに、TOEIC の出題の特性を反映しています。

私たち執筆陣があらためて過去 10 年ほどの実際の問題を分析してわかったのは、〈Part 5 と 6 で問われる内容の本質は変わっていない〉ということです。特定の年の出題を追えば、たとえば「仮定法の出題が減った」などの傾向が見られるかもしれません。しかしもうすこし長いスパンで分析してみると、それは一時的な変化にすぎないことが明らかになります。本書ではこの観点から〈いつ受験しても確実にスコアが取れる実力が養える〉偏りのない問題選定を行いました。

また**学習効率を最大化**するため、「動詞」、「前置詞 vs 接続詞」、「関係詞」などの問題タイプごとにやさしい問題から難問へと、**徐々に力をつけられる構成**にしました。本書に収録された 715 問は Part 5 と Part 6 の制覇に必要十分な問題量とバリエーションだといえます。

解説の執筆は名著とされている多数の英文法書を参考に、解説の「わかりやすさ」を徹底的に追究しました。文字数制限内でそれをいかに実現するかに苦心し、一言一句の精度をあげました。

英文の構造と文意の理解を深められる説明もできるかぎり盛り込んであります。正解が選べたとしても、解説をしっかりと読んでいただきたいと思います。理解を深めることがテスト全体のスコアアップにつながるからです。

この本を手に取ってくださった皆様のなかには、極めて限られた時間のなかで、TOEIC 対策や英語の学習に取り組まなければならない方も多いでしょう。本書は特にそのような方々のお役に立てるものであると信じています。

最後になりましたが、本書の執筆にあたり貴重な助言を頂いた、かつての同僚であり TOEIC 関連参考書のベストセラーを連発している、TEX 加藤先生および神崎正哉先生に心からの謝意を表します。

2023 年 11 月

エッセンス イングリッシュ スクール 学校長
中村紳一郎

目次

はじめに …… iii
本書の構成と学習の進め方 …… vi
音声のご利用方法、特典について …… viii
TOEIC® L&R テスト基本情報 …… ix
Part 5 & Part 6 解答ステップと問題パターン …… x

Chapter 1 問題タイプ別・難易度順トレーニング

Part 5

タイプ 1 品詞問題
攻略法＋品詞問題 60 問 …… 002

タイプ 2 動詞問題
攻略法＋動詞問題 30 問 …… 030

タイプ 3 前置詞 vs 接続詞問題
攻略法＋前置詞 vs 接続詞問題 30 問 …… 046

タイプ 4 前置詞問題
攻略法＋接続詞問題 30 問 …… 060

タイプ 5 代名詞問題
攻略法＋代名詞問題 30 問 …… 074

タイプ 6 関係詞問題
攻略法＋関係詞問題 15 問 …… 088

タイプ 7 比較・数問題
攻略法＋比較・数問題 15 問 …… 096

タイプ 8 構文・語法問題
攻略法＋構文・語法問題 15 問 …… 104

タイプ 9 語彙問題
攻略法＋語彙問題 60 問 …… 112

Part 6

攻略法＋トレーニング 16 問 138

Chapter 2 Part 5 & Part 6 レベル別模試

Level 1 ››› 600 点目標

Test 1 ▸ 解答・解説 155
Test 2 ▸ 解答・解説 175
Test 3 ▸ 解答・解説 195

Level 2 ››› 730 点目標

Test 4 ▸ 解答・解説 215
Test 5 ▸ 解答・解説 235
Test 6 ▸ 解答・解説 255

Level 3 ››› 900 点目標

Test 7 ▸ 解答・解説 275
Test 8 ▸ 解答・解説 295
Test 9 ▸ 解答・解説 315

別冊 レベル別模試（Test 1 ～ 9）問題、マークシート

編集協力：大塚智美／千田智美／硲允／渡邉真理子
p. 47、141 リスト：加藤 優
装丁：竹内雄二　本文デザイン・DTP：清水裕久（PescoPaint）
ナレーター：Jack Merluzzi（米）／ Rachel Smith（英）

本書の構成と学習の進め方

Chapter 1 問題タイプ別・難易度順トレーニング

Part 5は9つの問題タイプごとに、Part 6は定番の文書で対策していきます。最初に攻略法を確認して頻出問題でトレーニング。**正答率順***で易しい問題から徐々に難しい問題を解いていくことで、**「解く力」を効率的に鍛えます。**

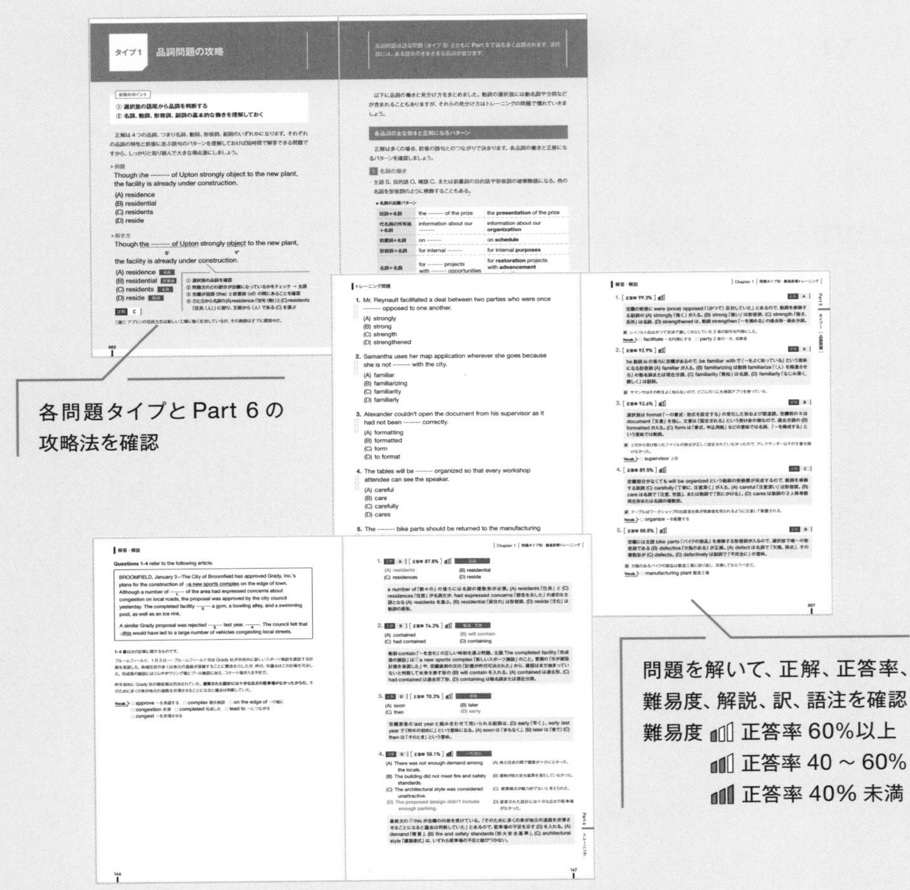

＊正答率は、エッセンス イングリッシュ スクールのデータおよび本書のプレテストの結果をもとにしています。

Chapter 2　Part 5 & Part 6 レベル別模試

Part 5とPart 6の模試（計46問）を9セット収録しています。模試も**正答率をもとに3段階のレベル（600点、730点、900点）に分かれている**ので、本番形式で無理なく力が鍛えられます。

問題とマークシートは別冊に、解答・解説と正解一覧は本冊に収録されています。

別冊 模試の問題冊子

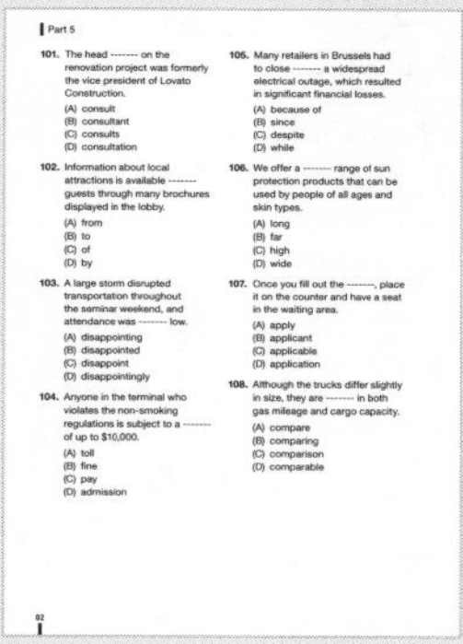

Part 5

101. The head ------- on the renovation project was formerly the vice president of Lovato Construction.
(A) consult
(B) consultant
(C) consults
(D) consultation

102. Information about local attractions is available ------- guests through many brochures displayed in the lobby.
(A) from
(B) to
(C) of
(D) by

103. A large storm disrupted transportation throughout the seminar weekend, and attendance was ------- low.
(A) disappointing
(B) disappointed
(C) disappoint
(D) disappointingly

104. Anyone in the terminal who violates the non-smoking regulations is subject to a ------- of up to $10,000.
(A) toll
(B) fine
(C) pay
(D) admission

105. Many retailers in Brussels had to close ------- a widespread electrical outage, which resulted in significant financial losses.
(A) because of
(B) since
(C) despite
(D) while

106. We offer a ------- range of sun protection products that can be used by people of all ages and skin types.
(A) long
(B) far
(C) high
(D) wide

107. Once you fill out the -------, place it on the counter and have a seat in the waiting area.
(A) apply
(B) applicant
(C) applicable
(D) application

108. Although the trucks differ slightly in size, they are ------- in both gas mileage and cargo capacity.
(A) compare
(B) comparing
(C) comparison
(D) comparable

92

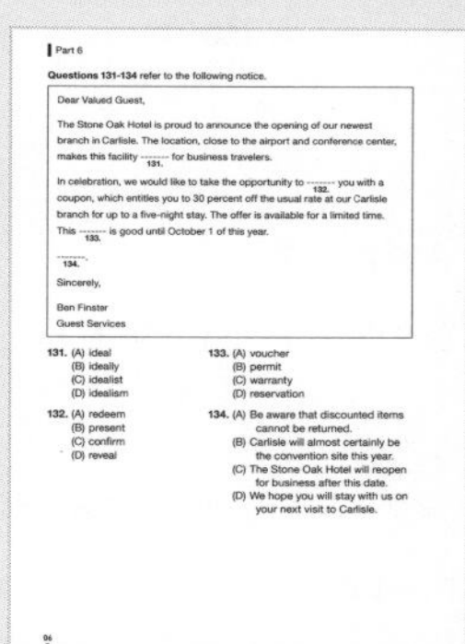

Part 6

Questions 131-134 refer to the following notice.

Dear Valued Guest,

The Stone Oak Hotel is proud to announce the opening of our newest branch in Carlisle. The location, close to the airport and conference center, makes this facility -------(131.) for business travelers.

In celebration, we would like to take the opportunity to -------(132.) you with a coupon, which entitles you to 30 percent off the usual rate at our Carlisle branch for up to a five-night stay. The offer is available for a limited time. This -------(133.) is good until October 1 of this year.

-------(134.)

Sincerely,

Ben Finster
Guest Services

131. (A) ideal
(B) ideally
(C) idealist
(D) idealism

132. (A) redeem
(B) present
(C) confirm
(D) reveal

133. (A) voucher
(B) permit
(C) warranty
(D) reservation

134. (A) Be aware that discounted items cannot be returned.
(B) Carlisle will almost certainly be the convention site this year.
(C) The Stone Oak Hotel will reopen for business after this date.
(D) We hope you will stay with us on your next visit to Carlisle.

94

本冊 模試の解答・解説

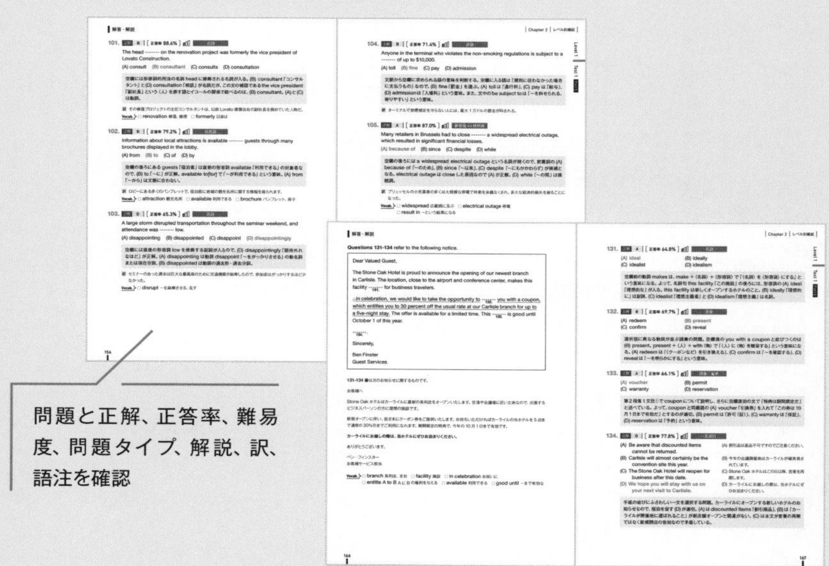

解答・解説

101. The head ------- on the renovation project was formerly the vice president of Lovato Construction.
(A) consult (B) consultant (C) consults (D) consultation

102. Information about local attractions is available ------- guests through many brochures displayed in the lobby.
(A) from (B) to (C) of (D) by

103. A large storm disrupted transportation throughout the seminar weekend, and attendance was ------- low.
(A) disappointing (B) disappointed (C) disappoint (D) disappointingly

104. Anyone in the terminal who violates the non-smoking regulations is subject to a ------- of up to $10,000.
(A) toll (B) fine (C) pay (D) admission

105. Many retailers in Brussels had to close ------- a widespread electrical outage, which resulted in significant financial losses.
(A) because of (B) since (C) despite (D) while

Questions 131-134 refer to the following notice.

問題と正解、正答率、難易度、問題タイプ、解説、訳、語注を確認

音声のご利用方法

本書の音声は MP3 形式でダウンロードすることができます。

■ スマートフォン

1. ジャパンタイムズ出版の音声アプリ「OTO Navi」をインストール

2. OTO Navi で本書を検索

3. OTO Navi で音声をダウンロードし、再生

■ パソコン

1. ブラウザからジャパンタイムズ出版のサイト「BOOK CLUB」にアクセス

https://bookclub.japantimes.co.jp/book/b636148.html

2.「ダウンロード」ボタンをクリック

3. 音声をダウンロードし、iTunes などに取り込んで再生

＊ 音声は zip ファイルを展開（解凍）してご利用ください。

無料ダウンロード特典について

本書には、より効果的な学習をサポートする以下の特典がついています。

① Part 5 正解入り問題英文の音声
② Part 6 の文書読み上げ音声
③ 模試用マークシート

いずれも BOOK CLUB の本書の内容紹介ページよりダウンロードしてください。

TOEIC® L&R テスト基本情報

TOEIC® Listening & Reading Test は、英語でのコミュニケーション能力を測る TOEIC® Program のテストの一つです。

問題構成と時間配分

リスニングセクション（100 問・約 45 分）とリーディングセクション（100 問・75 分）があり、計 200 問をマークシート形式で解答します。本書はリーディングセクションの Part 5 と Part 6 を対象としています。

パート	問題内容	問題数	試験時間
Part 1	写真描写問題	6 問	約 45 分
Part 2	応答問題	25 問	
Part 3	会話問題	39 問（3 問×13）	
Part 4	説明文問題	30 問（3 問×10）	
Part 5	短文穴埋め問題	30 問	75 分
Part 6	長文穴埋め問題	16 問（4 問×4）	
Part 7	読解問題 ・1 つの文書 ・2 つの文書 ・3 つの文書	 29 問（10 文書） 10 問（5 問×2） 15 問（5 問×3）	

テストの日程、受験料、申込方法、当日の流れなどは、TOEIC 公式サイト https://www.toeic.or.jp で最新情報をご確認ください。

Part 5 & Part 6 解答ステップと問題パターン

リーディングセクション全体の制限時間は 75 分です。時間内にすべて解き終わるためには、**Part 5を10分（1問20秒）、Part 6を8分（1文書2分）**で解く必要があります。

本書は Chapter 1 で各問題タイプの傾向と攻略法を押さえ、さらに Chapter 2 のレベル別模試 9 回分で「本番での解答力」を効率的に積み上げます。問題タイプに応じた解き方を身につけて**スピードと精度**を上げていきましょう。

Part 5 全体の攻略法

問題英文（短文）の空欄を埋めるのに適切な語句を (A) ～ (D) から選ぶ。

解答ステップ

Step 1 選択肢をチェックし、問題タイプ（次ページ参照）を把握する

↓

Step 2 問題文を見て、各問題タイプの読むべき部分をチェックする

↓

Step 3 30 秒以内に答えを決める

※ 1 問あたり平均 20 秒、全体で 10 分に抑えることを目標にする

Part 6 全体の攻略法

1 つの文書に対して 4 つの空欄があり、各空欄を埋めるのに適切な語句や文を (A) ～ (D) から選ぶ。

解答ステップ

Step 1 本文冒頭から 1 問目の空欄まで読む

↓

Step 2 1 問目について本文の前後の内容や文脈をもとに解答する

※問題タイプは Part 5 とほぼ共通だが、解答には文脈を追う必要があるものが多い

↓

Step 3 2 ～ 4 問目も同じ手順で解いていく

※ 1 文書 2 分、4 文書 8 分に抑えることを目標にする

Part 5とPart 6の問題タイプ

本書では問題パターンを以下の10タイプに分類しています。Part 5では「タイプ1:品詞問題」と「タイプ9:語彙問題」が全30問の半数以上を占め、残りのタイプ2～8の中から各1～3問出題されます。「タイプ10:一文選択」はPart 6で各セットに1問ずつ出題されます。

タイプ1　品詞問題

ある語が品詞を変えて並んでおり、空欄前後の語順や文の構造から、正しい形を選ぶ。文意の考慮が必要となることもある。

タイプ2　動詞問題

動詞の態や時制が異なるものや準動詞(不定詞、動名詞、分詞)が並ぶ。適切な態(能動態・受動態)や時制を選ぶ、あるいは準動詞の適切な使い分けを問うもの。主語の単複に動詞の形を合わせる「主述の一致」も出題される。

タイプ3　前置詞vs接続詞問題

意味の似た前置詞と接続詞、時には副詞が並び、適切なものを選ぶ。空欄の後ろが名詞句なら前置詞、節〈主語+動詞〉なら接続詞が入る。

タイプ4　前置詞問題

選択肢に並ぶ前置詞から、文意が成立するものやフレーズが完成するものを選ぶ。イディオムの知識が問われる場合もある。

タイプ5　代名詞問題

代名詞や指示語の3つの格(主格・所有格・目的格)や、所有代名詞・再帰代名詞の中から、正しいものを選ぶ。

タイプ6　関係詞問題

さまざまな関係代名詞や関係副詞から正しい選択肢を選ぶ。直前の名詞(先行詞)と後ろの構文に着目することで正解を見極める。

タイプ7　比較・数問題

「比較」は形容詞と副詞の「原級・比較級・最上級」から適切な級を選ぶ。「数」は名詞の単数・複数あるいは可算・不可算と修飾語句が正解のポイントとなる。

タイプ8 **構文・語法問題**

文構造の理解が正解を導くのに必要な問題や、ある語の独特の用法を問う問題（例：encourage〈人〉to *do* など）。

タイプ9 **語彙問題**

語彙力を試すもの。基本的には同じ品詞の語が並び、give up や take overといった「句動詞」が問われるものもある。

タイプ10 **一文選択（Part 6）**

Part 6 で各文書に1問出題される。ある一文が空欄になっており、文脈上ふさわしいものを選ぶ。

※上記に加え、Part 6 で特に文脈の理解が必要な問題は、問題タイプに「文脈」と記載しています。

Chapter 1

問題タイプ別・難易度順トレーニング

問題タイプ別に攻略していきます。
攻略のポイントを確認した後に問題を解いていきましょう。
Part 5 は 1 問 20 秒、Part 6 は 1 文書 2 分を目安にしてください。

タイプ１ 品詞問題の攻略

攻略のポイント

① 選択肢の語尾から品詞を判断する

② 名詞、動詞、形容詞、副詞の基本的な働きを理解しておく

正解は４つの品詞、つまり名詞、動詞、形容詞、副詞のいずれかになります。それぞれの品詞の特性と前後に並ぶ語句のパターンを理解しておけば短時間で解答できる問題ですから、しっかりと取り組んで大きな得点源にしましょう。

▶例題

Though the ------- of Upton strongly object to the new plant, the facility is already under construction.

(A) residence
(B) residential
(C) residents
(D) reside

▶解き方

Though the ------- of Upton strongly object to the new plant,
S'　V'
the facility is already under construction.

(A) residence 名詞
(B) residential 形容詞
(C) residents 名詞
(D) reside 動詞

① 選択肢の品詞を確認
② 問題文のどの部分が空欄になっているかをチェック → 主語
③ 空欄が冠詞（the）と前置詞（of）の間にあることを確認
④ ②と③から名詞の(A) residence「住宅〈物〉」と(C) residents「住民〈人〉」に絞り、文脈から〈人〉である(C)を選ぶ

正解 C

訳 アプトンの住民たちは新しい工場に強く反対しているが、その施設はすでに建設中だ。

品詞問題は語彙問題（タイプ 9）とともに Part 5 で最も多く出題されます。選択肢には、ある語句のさまざまな品詞が並びます。

以下に品詞の働きと見分け方をまとめました。動詞の選択肢には動名詞や分詞などが含まれることもありますが、それらの見分け方はトレーニングの問題で慣れていきましょう。

各品詞の主な働きと正解になるパターン

正解は多くの場合、前後の語句とのつながりで決まります。各品詞の働きと正解になるパターンを確認しましょう。

1 名詞の働き

・主語 S、目的語 O、補語 C、または前置詞の目的語や形容詞の被修飾語になる。他の名詞を形容詞のように修飾することもある。

■ 名詞の出題パターン

冠詞＋名詞	the ------- of the prize	the **presentation** of the prize
代名詞の所有格＋名詞	information about our -------	information about our **organization**
前置詞＋名詞	on -------	on **schedule**
形容詞＋名詞	for internal -------	for internal **purposes**
名詞＋名詞	for ------- projects with ------- opportunities	for **restoration** projects with **advancement** opportunities

2 動詞の働き

・文型を決める。

・準動詞（to 不定詞、動名詞、分詞）は名詞や形容詞、副詞として働く。

※ 動詞についてはタイプ 2 で詳しく説明します。

3 形容詞の働き

・補語Cになる。名詞を修飾する。

■ 形容詞の出題パターン

空欄＋名詞	a ------- summary three ------- seats	a **brief** summary three **adjacent** seats
名詞＋空欄	people -------	people **questioned**
be動詞＋空欄	opinion was ------- is ------- to the station	opinion was **consistent** is **adjacent** to the station

4 副詞の働き

・名詞以外の品詞を修飾する。文全体を修飾することもある。

※ 副詞がなくても文は成立する。

■ 副詞の出題パターン

動詞＋空欄	dropped -------	dropped **sharply**
空欄＋動詞	------- takes three weeks	**typically** takes three weeks
動詞＋目的語＋空欄	run businesses -------	run businesses **effectively**
be動詞／助動詞＋空欄＋動詞	was ------- remodeled will ------- be announced	was **completely** remodeled will **soon** be announced
空欄＋形容詞（＋名詞）	------- responsible products	**environmentally** responsible products

品詞の見分け方

1 名詞をつくる語尾

-ance/-ence	acceptance, diligence	受付、勤勉さ
-ency/-cy	urgency, accuracy	緊急（性）、正確さ
-ion	expansion, location	拡大、場所
-ment	department	部署
-ness	effectiveness	有効性
-th	month, length	月、長さ
-nomy	economy	経済

-logy	technology	技術
-ics	robotics	ロボット工学
-ant/-ent	accountant, client	経理担当者、顧客
-er/-or	listener, administrator	聞き手、管理者
-ee	employee	従業員
-an/-ian	slogan, technician	スローガン、技術者
-ist	tourist	旅行者

2 動詞をつくる語尾

-ize	finalize	～を最終決定する
-fy	notify	～に知らせる
-en	strengthen	～を強化する
-ate	participate	参加する

3 形容詞をつくる語尾

-able/-ible	comfortable, responsible	心地よい、責任のある
-ic/-ical/-ial/-al	specific, technical, special, legal	特定の、専門的な、特別な、法律上の
-ful	careful	注意深い
-ish	childish	子供っぽい
-less	countless	無数の
-ous	previous	以前の
-ive	expensive, alternative	高額な、代替の
-ant/-ent	significant, affluent	重要な、裕福な
-ern	western	西方の
-like	childlike	子供のような
-ory	revisory	改訂に関する
-worthy	trustworthy	信頼できる
-y	roomy	広い

4 副詞をつくる語尾

形容詞＋ -ly	recently, fully	最近、すべて･完全に

1. Mr. Reynault facilitated a deal between two parties who were once ------- opposed to one another.

□□□

(A) strongly
(B) strong
(C) strength
(D) strengthened

2. Samantha uses her map application wherever she goes because she is not ------- with the city.

□□□

(A) familiar
(B) familiarizing
(C) familiarity
(D) familiarly

3. Alexander couldn't open the document from his supervisor as it had not been ------- correctly.

□□□

(A) formatting
(B) formatted
(C) form
(D) to format

4. The tables will be ------- organized so that every workshop attendee can see the speaker.

□□□

(A) careful
(B) care
(C) carefully
(D) cares

5. The ------- bike parts should be returned to the manufacturing plant for replacement.

□□□

(A) defect
(B) defective
(C) defects
(D) defectively

1. ［正答率 **99.3%**］ 正解 A

空欄の前後に were (once) opposed「(かつて) 反対していた」とあるので、動詞を修飾する副詞の (A) strongly「強く」が入る。(B) strong「強い」は形容詞、(C) strength「強さ、長所」は名詞、(D) strengthened は、動詞 strengthen「～を強める」の過去形・過去分詞。

訳 レイノルト氏はかつて交渉で激しく対立していた2者の取引を円滑にした。

Vocab. □ facilitate ～を円滑にする　□ party 2者の一方、当事者

2. ［正答率 **92.9%**］ 正解 A

be 動詞 is の後ろに空欄があるので、be familiar with で「～をよく知っている」という意味になる形容詞 (A) familiar が入る。(B) familiarizing は動詞 familiarize「(人) を精通させる」の動名詞または現在分詞、(C) familiarity「熟知」は名詞、(D) familiarly「なじみ深く、親しく」は副詞。

訳 サマンサはその町をよく知らないので、どこに行くにも地図アプリを使っている。

3. ［正答率 **92.6%**］ 正解 B

選択肢は format「～の書式・形式を設定する」の変化した形および関連語。空欄前の it は document「文書」を指し、文書は「設定される」という受け身の側なので、過去分詞の (B) formatted が入る。(C) form は「書式、申込用紙」などの意味では名詞、「～を構成する」という意味では動詞。

訳 上司から受け取ったファイルの形式が正しく設定されていなかったので、アレクサンダーはその文書を開けなかった。

Vocab. □ supervisor 上司

4. ［正答率 **89.5%**］ 正解 C

空欄部分がなくても will be organized という動詞の受動態が完成するので、動詞を修飾する副詞 (C) carefully「丁寧に、注意深く」が入る。(A) careful「注意深い」は形容詞。(B) care は名詞で「注意、世話」、または動詞で「気にかける」。(D) cares は動詞の3人称単数現在形または名詞の複数形。

訳 テーブルはワークショップの出席者全員が発表者を見られるように注意して配置される。

Vocab. □ organize ～を配置する

5. ［正答率 **88.8%**］ 正解 B

空欄には主語 bike parts「バイクの部品」を修飾する形容詞が入るので、選択肢で唯一の形容詞である (B) defective「欠陥のある」が正解。(A) defect は名詞で「欠陥、弱点」、その複数形が (C) defects。(D) defectively は副詞で「不完全に」の意味。

訳 欠陥のあるバイクの部品は製造工場に送り返し、交換してもらうべきだ。

Vocab. □ manufacturing plant 製造工場

6. The president of NorthCo appointed two new directors to steer the company out of its current ------- troubles.

(A) financed
(B) financially
(C) financial
(D) finances

7. An accountant has finished a week-long ------- of the financial statements, and no irregularities were found.

(A) investigates
(B) investigating
(C) investigation
(D) investigated

8. The *Boulder Camera* is published on a ------- basis and is available at outlets throughout the region.

(A) day
(B) daily
(C) daytime
(D) dated

9. All the delegates were provided with luxurious ------- for the length of the conference.

(A) accommodate
(B) accommodating
(C) accommodated
(D) accommodations

10. Mr. Singh has ------- in his attempt to increase profitability, so he should be considered for the promotion.

(A) succeeds
(B) succeeded
(C) successful
(D) successfully

6. ［正答率 88.3%］　正解 C

空欄は形容詞 current「現在の」と名詞 troubles「トラブル」の間にあるので、形容詞の (C) financial「財政上の」を入れ、「現在の財政難」とする。(A) financed は、過去分詞の意味では「資金を提供された」で文意が通らない。(B) financially は副詞で「財政的に」、(D) finances は名詞で「財源」。

訳 NorthCo 社の社長は、会社を現在の財政難から脱出させようと、新たな取締役を 2 人任命した。

Vocab. □ appoint ～を任命する　□ steer（人・組織）を導く

7. ［正答率 88.1%］　正解 C

動詞 finished の目的語となり、week-long「1 週間の」が修飾する名詞が空欄に入るので、(C) investigation「調査」が正解。(A) investigates「調査する」は動詞の 3 人称単数現在形、(B) investigating は動名詞または現在分詞、(D) investigated は過去形・過去分詞。

訳 会計士が財務諸表に関する 1 週間にわたる調査を終え、何の違反も見つからなかった。

Vocab. □ accountant 会計士　□ financial statement 財務諸表　□ irregularity 違反

8. ［正答率 86.4%］　正解 B

空欄は不定冠詞 a と名詞 basis の間にあるので、形容詞の (B) daily が正解。on a daily basis は「毎日」という意味の慣用表現。(D) dated「時代遅れの、日付のつけられている」も分詞・形容詞として機能するが、basis は意味がつながらない。(A) day「日」と (C) daytime「日中」は名詞。

訳 Boulder Camera 紙は毎日発行され、その地域の各地にある店で入手できる。

Vocab. □ outlet 直販店　□ region 地域

9. ［正答率 83.9%］　正解 D

空欄直前の形容詞 luxurious が修飾する名詞が空欄に入るので、名詞の (D) accommodations「宿泊施設」が正解。(A) accommodate は動詞で「～を収容する」、(B) accommodating は動名詞・現在分詞、または形容詞で「親切な」、(C) accommodated は過去形・過去分詞。

訳 会議の間、派遣団の全員に高級な宿泊施設が提供された。

Vocab. □ delegate 代表者　□ luxurious 豪華な

10. ［正答率 82.2%］　正解 B

過去分詞の (B) succeeded を選べば、空欄前の has とともに〈助動詞 have ＋過去分詞〉の現在完了形になる。succeed in は「～に成功する」。(A) succeeds は 3 人称単数現在形。(C) successful「成功した」は形容詞、(D) successfully「うまく、首尾よく」は副詞。

訳 シンさんは収益性を高めるという試みに成功したので、昇進を受ける候補に入るはずだ。

Vocab. □ attempt 試み　□ profitability 収益性

11. Ms. Peters, the ------- of Peters Pastas, will retire and leave her business in the hands of her son.

☐ ☐ ☐

(A) founding
(B) founder
(C) foundation
(D) found

12. TrueTrip will help you choose from a variety of ------- holiday packages to suit your traveling needs.

☐ ☐ ☐

(A) affordably
(B) affordable
(C) affordability
(D) afford

13. At the press conference, the mayor was asked to ------- on some controversial topics.

☐ ☐ ☐

(A) comment
(B) commentary
(C) comments
(D) commenting

14. Giving employees positive feedback and keeping criticism to a minimum helps keep them happy and -------.

☐ ☐ ☐

(A) produced
(B) production
(C) produce
(D) productive

15. Ms. Iwata's rise from cashier to the presidency of Monument, Inc., has been ------- rapid.

☐ ☐ ☐

(A) remarkably
(B) remarkable
(C) remarked
(D) remarking

11. ［正答率 81.2%］ 正解 B

2つのカンマに挟まれた the ------- of Peters Pastas は、Ms. Peters を説明する同格部なので、〈人〉を表す名詞の (B) founder「創業者」を選ぶ。(D) found「～を設立する」は動詞、(A) founding は動名詞または現在分詞、(C) foundation「設立」は名詞。

訳 Peters Pastas の創業者であるピーターズ氏は、引退して事業を息子に委ねる。

Vocab. □ leave A in the hands of B AをBの手に委ねる

12. ［正答率 80.5%］ 正解 B

空欄直後の名詞 holiday packages を修飾するのは、形容詞の (B) affordable「手頃な価格の」。(A) affordably「購入しやすいように」は副詞、(C) affordability「購入しやすさ」は名詞、(D) afford「～を買う余裕がある」は動詞。

訳 TrueTrip 社はお客様の旅行のご要望に沿えるように購入しやすい価格帯のさまざまな休暇パッケージツアーをご用意しております。

Vocab. □ a variety of さまざまな □ package パッケージツアー

13. ［正答率 79.7%］ 正解 A

〈ask〈人〉to *do*〉「〈人〉に～するよう求める」が受動態で使われていることを確認し、動詞の原形の (A) comment「コメントをする」を選ぶ。(B) commentary「論評」は名詞、(C) comments は名詞「コメント」の複数形、または動詞の3人称単数現在形、(D) commenting は動名詞または現在分詞。

訳 記者会見で、市長は、異論の多い話題に対してコメントを求められた。

Vocab. □ controversial 異論のある、物議をかもす

14. ［正答率 77.9%］ 正解 D

空欄部分は形容詞の happy と等位接続詞 and によって並列している。並列する語は同じ品詞となるので、形容詞の (D) productive「生産性の高い」が正解。(A) produced は動詞 produce「～を生産する」の過去分詞と考えれば形容詞的に機能できるが、「them（従業員）が produce（生産）される」という受動態の意味になるため不可。(B) production「生産」は名詞、(C) produce は動詞または「農産物」という意味の名詞。

訳 従業員に肯定的なフィードバックをして批判を最小限にとどめることは、従業員の満足と生産性を保つことに役立つ。

Vocab. □ criticism 批判 □ minimum 最小限

15. ［正答率 77.6%］ 正解 A

空欄直後に rapid「急速な」という形容詞があるので、形容詞を修飾する副詞の (A) remarkably「著しく、際立って」を選ぶ。(B) remarkable「著しい、際立った」は形容詞、(C) remarked は動詞 remark「意見を述べる」の過去形・過去分詞、(D) remarking は動名詞または現在分詞。

訳 レジ係から Monument 社の社長へのイワタさんの昇進は、目覚ましい早さだった。

Vocab. □ cashier レジ係 □ presidency 社長の地位

16. The buyer from DressBest thought the line of blouses was ------- and placed an order for his store.

(A) attraction
(B) attractive
(C) attractively
(D) attracting

17. This blog by the head of TJ Electric reveals his ------- for dealing with various customer service issues.

(A) strategizes
(B) strategic
(C) strategies
(D) strategically

18. Jack's Sports recognizes the importance of a ------- vacation, so every employee receives 100 hours off per year.

(A) regulate
(B) regularly
(C) regulation
(D) regular

19. ------- at the seminar will participate in group talks, role-playing games, and business simulations.

(A) Attendance
(B) Attends
(C) Attending
(D) Attendees

20. Please be ------- that Los Tacos will no longer be purchasing genetically modified products.

(A) information
(B) informed
(C) informative
(D) informing

16. ［正答率 77.5%］ 正解 B

空欄直前に be 動詞 was がある。よって、主語 the line of blouses を説明する形容詞の (B) attractive「魅力的な」が適切。(A) attraction「魅力」は名詞、(C) attractively「魅力的に」は副詞。(D) attracting は動詞 attract「～を引きつける」の動名詞または現在分詞。空欄に入れると過去進行形になるが、後ろに目的語が必要。

訳 DressBest の仕入れ担当者は、そのブラウスのシリーズが魅力的だと思って店舗用に注文を出した。

Vocab. □ place an order 注文する

17. ［正答率 77.5%］ 正解 C

空欄前に動詞 reveals「～を明らかにする」と所有格 his があるので、動詞の目的語になる名詞の (C) strategies「戦略」が正解。(A) strategizes「～を戦略化する」は動詞の 3 人称単数現在形、(B) strategic「戦略的な」は形容詞、(D) strategically「戦略的に」は副詞。

訳 TJ Electric 社のトップによるこのブログ投稿は、さまざまな顧客サービスの問題に対処する戦略を明らかにしている。

Vocab. □ deal with ～に対処する

18. ［正答率 77.1%］ 正解 D

空欄の後に vacation という名詞があるので、この名詞を修飾する形容詞の (D) regular「定期的な」が正解。(A) regulate は動詞で「～を規制する、調整する」、(B) regularly は副詞で「規則正しく」、(C) regulation は名詞で「規制、調整、規則」という意味。

訳 Jack's Sports 社は定期的な休暇の重要性を認識しているので、全従業員が年100時間の休暇をもらっている。

Vocab. □ employee 従業員

19. ［正答率 76.7%］ 正解 D

空欄は、動詞 will participate「参加する」の主語になるので、参加する人を表す名詞の (D) Attendees「出席者」を選ぶ。(A) Attendance「出席（者数）」も名詞だが、文意が通らない。(B) Attends「～に出席する」は動詞の 3 人称単数現在形、(C) Attending は動名詞または現在分詞。

訳 セミナーの出席者は、グループでの対話、ロールプレイングゲーム、事業のシミュレーションに参加する。

Vocab. □ participate in ～に参加する　□ role-playing ロールプレイの

20. ［正答率 75.9%］ 正解 B

inform「〈人〉に知らせる」の過去分詞である (B) informed を空欄に入れ、慣用表現の Please be informed that ...「…をご承知ください」とする。(A) information「情報」は名詞、(C) informative「情報に富んだ」は形容詞、(D) informing は動名詞または現在分詞。

訳 Los Tacos は今後、遺伝子組み換え食品を購入しないことをお知らせいたします。

Vocab. □ genetically modified product 遺伝子組み換え食品

21. The CFO will be ------- at the opening of the new building next month.

□
□
□

(A) presentation
(B) presently
(C) presence
(D) present

22. Employees are ------- to carry printed documents, as our computer network will be offline on Friday, August 2.

□
□
□

(A) advised
(B) advisability
(C) advisable
(D) advisably

23. Techniques for ------- a unique cake design can be found in Chapter 7 of this cookbook.

□
□
□

(A) creation
(B) creating
(C) creative
(D) creatively

24. Countless business owners have improved their skills in ------- by attending Fort Lewis College's seminar series.

□
□
□

(A) manage
(B) manager
(C) managed
(D) management

25. The recently ------- version of the course has been praised by nearly all of the professors.

□
□
□

(A) enhance
(B) enhancing
(C) enhanced
(D) enhancement

21. ［正答率 75.5%］ 正解 D

空欄前に be 動詞があり、「CFO がオープニングで -------- だろう」という文。主語 The CFO を説明するのにふさわしい形容詞の (D) present「出席している」が入る。(A) presentation「発表、プレゼン」は名詞、(B) presently「現在」は副詞、(C) presence「存在」は名詞。

訳 最高財務責任者（CFO）は来月の新しい建物のオープニングに参加する予定だ。

22. ［正答率 75.0%］ 正解 A

advise〈人〉to *do* で「〈人〉に～するようすすめる」。主語に employees（＝〈人〉）、空欄直後に to 不定詞があるので、受動態を作る過去分詞の (A) advised が正解。(B) advisability「妥当性」は名詞、(C) advisable「賢明な」は形容詞、(D) advisably「賢明に」は副詞。

訳 当社のコンピュータ・ネットワークは8月2日金曜日に接続できなくなるため、社員の皆さまは印刷した書類を持ってくることをおすすめします。

Vocab. □ offline オフラインの

23. ［正答率 74.2%］ 正解 B

空欄直前の前置詞 for の目的語となる名詞と、直後の a unique cake design を目的語にとる動詞の役目の両方を果たす動名詞の (B) creating が空欄に入る。(A) creation「創造（品）」は名詞、(C) creative「創造的な」は形容詞、(D) creatively「創造的に」は副詞。

訳 個性的なケーキのデザインを作るための技術は、この料理本の7章に記載されています。

Vocab. □ cookbook 料理の本

24. ［正答率 74.1%］ 正解 D

空欄には直前の前置詞 in と組み合わさって名詞 skills を修飾する名詞が必要。(D) management「経営」を入れると、skills in management で「経営のスキル」という意味になる。(B) manager「経営者」も名詞だが、前置詞 in と使うのは不自然。(A) manage「～を管理する」は動詞の原形。(C) managed は動詞の過去形・過去分詞。

訳 無数の経営者が Fort Lewis 大学のセミナーシリーズに参加して、経営のスキルを向上させてきた。

Vocab. □ countless 無数の、数えきれない □ attend ～に出席する

25. ［正答率 74.1%］ 正解 C

空欄には直後の名詞 version を修飾する形容詞的機能を持つ語が入る。分詞の (B) enhancing か (C) enhanced が候補になるが、動詞 enhance「～を改良する」と version の関係を考えると version は enhance される側になるので、過去分詞の (C) が正解。(D) enhancement「強化」は名詞。

訳 最近の改良版のコースは、ほぼすべての教授から称賛された。

Vocab. □ praise ～を称賛する

26. Our updated Web site design ------- from the previous version in its colors and layout.

(A) differs
(B) different
(C) differently
(D) differences

27. All shoes purchased at Mason's are fully -------, provided they are unworn and accompanied by the original receipt.

(A) refunding
(B) refund
(C) refunds
(D) refundable

28. Most economic ------- suggest that the demand for food delivery services will increase over the next decade.

(A) analytically
(B) analyze
(C) analytical
(D) analysts

29. Any and all ------- found in the finished light fixtures should be reported to your manager at once.

(A) defect
(B) defectively
(C) defective
(D) defects

30. Although our guestroom Wi-Fi is currently inoperable, clients may make ------- of any of the computers in the lobby.

(A) used
(B) useful
(C) usefully
(D) use

26. [正答率 73.6%]

正解 A

文の中に動詞がないので、空欄に動詞が必要。よって、動詞の3人称単数現在形である (A) differs「異なる」を選択する。(B) different「異なった」は形容詞、(C) differently「異なって」は副詞、(D) differences「差異」は名詞の複数形。

訳 当社の更新されたウェブサイトのデザインは、色とレイアウトが以前のバージョンと異なります。

Vocab. □ layout 配置、レイアウト

27. [正答率 72.5%]

正解 D

All shoes are ------- という骨組みに注目する。All shoes「すべての靴」が何なのかを表す補語として適切なのは、形容詞の (D) refundable「払い戻し可能な」。(B) refund は動詞で「～を払い戻す」、名詞で「払い戻し（金）」という意味。(A) は動名詞または現在分詞、(C) は動詞の3人称単数現在形、または名詞の複数形。

訳 Mason'sでご購入いただいたすべての靴は、未着用でレシート原本を添えていただければ全額返金いたします。

Vocab. □ fully 完全に □ provided ... もし…ならば
□ unworn（衣服が）着用されていない □ accompany ～を添える

28. [正答率 71.7%]

正解 D

空欄には most「大半の」と economic「経済の」という2つの形容詞が修飾する名詞が必要と判断し、(D) analysts「アナリスト、分析者」を選ぶ。(A) analytically「分析的に」は副詞、(B) analyze「～を分析する」は動詞、(C) analytical「分析的な」は形容詞。

訳 大半の経済アナリストが、今後10年間で食品の配達サービスの需要が高まると予想している。

Vocab. □ demand 需要 □ decade 10年

29. [正答率 71.6%]

正解 D

空欄には直前の形容詞 any と all が修飾する名詞が必要。形容詞 all が「あらゆる」の意味で可算名詞を修飾するとき、名詞は常に複数形となる。defect「欠陥、不備」は可算名詞なので、複数形の (D) が適切。any and all は「ありとあらゆる」という意味の強調表現。(B) defectively「不完全な方法で」は副詞、(C) defective「欠陥のある」は形容詞。

訳 完成した照明器具に見つかった不備は、必ずただちに上司に報告してください。

Vocab. □ light fixture 照明器具 □ at once すぐに

30. [正答率 70.6%]

正解 D

動詞 make の目的語が空欄になっているので、名詞の (D) use「利用」を入れて make use of「～を利用する」という慣用表現を完成させる。(A) used は動詞 use「～を利用する」の過去形・過去分詞、(B) useful「役立つ」は形容詞、(C) usefully「役立つように」は副詞。

訳 現在、客室の Wi-Fi はご利用できませんが、お客様にはロビーにあるコンピュータをどれでもご利用いただけます。

Vocab. □ currently 今現在 □ inoperable 操作不可能な、使用できない □ client 顧客

31. The donations that DevCo makes to environmental charities each year reflect our ------- commitment to conserving local wildlife.

☐☐☐

(A) firms
(B) firm
(C) firmly
(D) the firm

32. Although the alarm system will be costly to install, it is necessary to ensure ------- with state fire regulations.

☐☐☐

(A) comply
(B) compliance
(C) compliant
(D) complies

33. Mr. Jones will serve as the company's ------- in the meeting with the city council.

☐☐☐

(A) negotiation
(B) negotiable
(C) negotiate
(D) negotiator

34. Although it is ------- from your résumé that you are qualified, we still have other candidates to interview.

☐☐☐

(A) clearness
(B) clearly
(C) clear
(D) clearing

35. The pools and spas on our property are for the ------- use of Longmont Inn guests only.

☐☐☐

(A) exclusion
(B) exclusively
(C) exclusive
(D) excluded

31. ［正答率 69.2%］ 正解 B

空欄直後の名詞 commitment「専念、決意」を修飾する形容詞の (B) firm「強固な」が正解。firm には「会社」という名詞や、「～を固める」という動詞の用法もある。(A) firms は名詞の複数形、または動詞の 3 人称単数現在形。(C) firmly「強固に」は副詞。(D) the firm は名詞句。

訳 DevCo 社が環境保護団体に毎年寄付する金額の多さは、地域の野生生物を保護したいという会社の強い決意を反映している。

Vocab. □ charity 慈善団体 □ reflect ～を反映する □ conserve ～を保護する

32. ［正答率 68.9%］ 正解 B

空欄前の動詞 ensure「～を確実にする」の目的語が欠けているので、名詞の (B) compliance「（規則などの）順守」が正解。(A) comply「順守する」は動詞の原形、(C) compliant「従順な、順守している」は形容詞、(D) complies は動詞の 3 人称単数現在形。

訳 その警報装置を設置するには費用がかさむが、州の防火規制を確実に順守する上で必要だ。

Vocab. □ costly 高額な、高くつく □ regulation 規制

33. ［正答率 68.4%］ 正解 D

空欄直前に所有格の the company's「会社の」があるので、名詞の (A) negotiation「交渉」と (D) negotiator「交渉者」が候補となる。「会社の～として働く」という文脈に合うのは (D)。(B) negotiable「交渉可能な」は形容詞、(C) negotiate「交渉する」は動詞。

訳 ジョーンズ氏は、市議会との会議で会社の交渉担当者を務める予定だ。

Vocab. □ city council 市議会

34. ［正答率 67.4%］ 正解 C

カンマ前の文では〈it is ... that ～〉「～は…である」という構文が使われ、it は that 以下を指している。「あなたが有能であること」が「（履歴書から）どうであるか」を考えれば、(C) clear「明白な」が選べる。(A) clearness「明快さ」は直後の from your résumé とも that 節の内容ともかみ合わない。

訳 あなたが有能な方であることは履歴書からよくわかるのですが、私たちにはまだほかにも面接をする志願者がいます。

Vocab. □ résumé 履歴書 □ qualified 資格・能力のある

35. ［正答率 67.1%］ 正解 C

空欄直後に名詞 use「利用」があるので、空欄には形容詞の (C) exclusive「専用の」が入る。動詞 exclude「～を排除する」の過去分詞である (D) excluded も文法的には入りうるが、excluded use「除外された利用」だと文脈に合わない。(A) exclusion「除外」は名詞、(B) exclusively「独占的に」は副詞。

訳 当方の敷地内にございますプールとスパは、Longmont Inn のご宿泊客さまのみのご利用に限らせていただきます。

Vocab. □ property 敷地

36. The newly-hired editor managed to increase the readership of the online version of our newspaper -------.

□
□
□

(A) significance
(B) significantly
(C) significant
(D) signify

37. The assistant finished the financial report and spent the ------- of the morning corresponding with clients.

□
□
□

(A) remainder
(B) remaining
(C) remained
(D) remain

38. Ms. Ito was ------- because her travel plans were delayed due to the hurricane raging off the coast.

□
□
□

(A) frustration
(B) frustrating
(C) frustrated
(D) frustrate

39. Please read the instructions and ------- provided in this manual to ensure you use your new appliance safely.

□
□
□

(A) warn
(B) warnings
(C) warns
(D) warned

40. Without ------- how long the project should take, I cannot calculate how many workers we need to complete it.

□
□
□

(A) specifying
(B) specified
(C) specify
(D) specification

36. ［正答率 65.0%］ 正解 B

空欄を省いても文が成立するので、動詞 increase「～を増やす」を修飾する副詞の (B) significantly「かなり」が適切。(A) significance「重要性」は名詞、(C) significant「かなりの、重要な」は形容詞、(D) signify「～を意味する」は動詞。

訳 新たに採用された編集者は当社の新聞のオンライン版の読者数をぐんと増やした。

Vocab. □ newly-hired 新規採用の　□ manage to *do* 何とか～する、～をやってのける

37. ［正答率 64.2%］ 正解 A

定冠詞 the と前置詞 of の間の空欄には、名詞の (A) remainder「残り」を入れ、the remainder of the morning「午前中の残りの時間」とする。(B) remaining は形容詞で「残っている」、(D) remain は動詞で「残る」、名詞で「残りもの」、(C) remained は動詞の過去形・過去分詞。

訳 アシスタントは財務報告書を仕上げ、午前中の残りの時間を顧客対応に使った。

Vocab. □ correspond with ～と連絡をとる　□ client 顧客

38. ［正答率 64.0%］ 正解 C

主語 Ms. Ito と動詞 frustrate「（人）を失望させる、〈人〉をイライラさせる」との関係を考えて解く。「イトウさんはイライラさせられた」という受け身の関係にあるので、空欄前の be 動詞 was と結びついて受動態を作る過去分詞の (C) frustrated が正解。

訳 沖合で猛威を振るうハリケーンのため旅行計画が延期になり、イトウさんはイライラした。

Vocab. □ rage 暴れる、猛威を振るう　□ off the coast 沖合で

39. ［正答率 63.7%］ 正解 B

Please から始まる命令文で空欄前には等位接続詞 and があり、空欄後には過去分詞の形容詞句が続くことから、空欄には instructions とともに動詞 read の目的語となる名詞が入る。よって、(B) warnings「警告、注意」が正解。残りの選択肢は動詞なので不適切。

訳 新しい電化製品を安全にお使いいただけるよう、このマニュアルに記載されている説明と注意書きをお読みください。

Vocab. □ instruction 説明、指示　□ ensure (that) ... …を確実にする　□ appliance 電化製品

40. ［正答率 63.4%］ 正解 A

動詞 specify「～を指定する、明示する」の活用形および派生語が選択肢に並ぶ。前置詞 Without の目的語となる名詞の機能と、名詞節 how ... take を目的語にとる他動詞の機能が求められているので、動名詞の (A) specifying が正解。(B) specified は過去形・過去分詞。(D) specification「詳述」は名詞。

訳 そのプロジェクトにどのくらい時間がかかりそうかを明確にしなければ、私はその仕事を終えるのにどのくらいの人員が必要かを割り出せない。

41. Please be aware that ------- must, by law, be conducted on an annual basis.

□
□
□

(A) inspectors
(B) inspects
(C) inspected
(D) inspections

42. Most people would be ------- to be promoted, but Sally just complained about her extra responsibilities.

□
□
□

(A) delight
(B) delightful
(C) delighted
(D) delights

43. The town's tourist ------- intends to purchase the house where Paul DuBois, the famous local painter, was born.

□
□
□

(A) associable
(B) associating
(C) association
(D) associated

44. The engineering department offers students free use of computers during ------- hours in our main building on campus.

□
□
□

(A) specifying
(B) specified
(C) specifics
(D) specification

45. This public speaking seminar will teach participants how to overcome performance anxiety and develop better ------- skills.

□
□
□

(A) presently
(B) presents
(C) presentation
(D) presented

41. [正答率 63.4%]　正解 D

動詞 must be conducted「実施されなければならない」に対する主語がないので、空欄には名詞が必要。(A) inspectors「検査員」と (D) inspections「点検」が名詞だが、実施されなければならないのは (D)。(B) は動詞 inspect「～を点検する」の 3 人称単数現在形。(C) は過去形・過去分詞。

訳 法律により、点検は毎年実施されなければならないことにご留意ください。

Vocab. □ Please be aware that ... …にご留意ください　□ annual 毎年恒例の、年 1 回の

42. [正答率 61.4%]　正解 C

delight は名詞で「喜び」、動詞で「～に喜びを与える、楽しむ」。delight などの感情に関する他動詞は、〈be ＋過去分詞＋ to *do*〉「～して〈ある気持ち〉になる」という語法があり、過去分詞の (C) delighted を入れると「昇進して喜ぶ」という意味になる。(B) delightful「喜ばしい」は形容詞。(D) は名詞の複数形、または動詞の 3 人称単数現在形。

訳 たいていの人は昇進するとうれしいものだが、サリーは職務が増えたことについて不満を言うだけだった。

Vocab. □ complain 不満を言う

43. [正答率 61.4%]　正解 C

The town's tourist ------- が文の主語であることを押さえ、主語になれる名詞の (C) association「協会」を入れる。(A) associable「関連づけられる」は形容詞、(B) は動詞 associate「～を結びつける」の動名詞または現在分詞、(D) associated は過去形・過去分詞。

訳 その町の観光協会は、地元の有名な画家ポール・デュボワが生まれた家屋を買い取るつもりだ。

Vocab. □ painter 画家

44. [正答率 61.4%]　正解 B

空欄には直後の hours「時間」を修飾する形容詞が求められる。名詞 hours と動詞 specify「～を指定する」の関係を考えると、hours は specify される側になるので、過去分詞の (B) specified を選ぶ。(C) specifics「詳細」は名詞の複数形、(D) specification「詳述」は名詞。

訳 工学部では、特定の時間にキャンパスの本棟内にあるコンピュータを学生が自由に使用できる。

45. [正答率 59.9%]　正解 C

空欄には skills「スキル」を修飾する語が入るので、どんな「スキル」かを考えると、名詞の (C) presentation「プレゼンテーション」が適切。名詞は直後の名詞を形容詞的に修飾することがある。(B) presents は名詞「プレゼント」の複数形、または動詞「～を贈る」の 3 人称単数現在形、(A) presently「現在」は副詞、(D) presented「提示された」は動詞の過去形・過去分詞。

訳 このスピーチセミナーでは、発表するときの不安の克服方法と、より上手なプレゼンスキルを培う方法を参加者に教える。

Vocab. □ participant 参加者　□ anxiety 不安

46. Deliveries from our new produce supplier are ------- more dependable than those of the previous one.

(A) substantial
(B) substance
(C) substantiate
(D) substantially

47. Before submitting the fiscal plan, I need to make ------- to the data in section 3.

(A) revisions
(B) revising
(C) revised
(D) revisory

48. To encourage the ------- of good relationships, we suggest speaking with your co-workers in person at least once a day.

(A) formation
(B) form
(C) format
(D) forms

49. Despite the huge publicity campaign Candlelight launched to promote their new musical, *Love At Last*, ticket sales were -------.

(A) disappointment
(B) disappointed
(C) disappoints
(D) disappointing

50. Any adjustments ------- the time or location of staff meetings will be posted on the main bulletin board.

(A) concern
(B) concerning
(C) concerned
(D) concerns

46. ［ 正答率 59.1% ］ 正解 D

空欄には副詞の more を修飾する語が入る。副詞を修飾するのは副詞なので、(D) substantially「かなり、大いに」が正解。(A) substantial「かなりの」は形容詞、(B) substance「物質」は名詞、(C) substantiate「～を具体化する」は動詞。

訳 当社の新しい農産物納入業者の配送は、以前の業者の配送よりもずっと信頼できる。

Vocab. □ supplier 供給業者 □ dependable 信頼できる

47. ［ 正答率 57.6% ］ 正解 A

空欄には直前の動詞 make の目的語が入るので、名詞の (A) revisions「修正」を入れ、make revisions to ...「…を修正する」とする。(B) revising は動詞 revise「～を修正する」の動名詞または現在分詞、(C) revised は過去形・過去分詞、(D) revisory「改訂に関する」は形容詞。

訳 財政計画を提出する前にセクション 3 のデータを修正する必要がある。

Vocab. □ submit ～を提出する □ fiscal 財務の、会計の

48. ［ 正答率 57.1% ］ 正解 A

定冠詞 the と前置詞 of に挟まれた空欄には名詞が入る。encourage「～を促進する」の目的語として適切な名詞を考えると、促進する対象として適切なのは (A) formation「形成、成立」。(B) form は動詞「～を形作る」または名詞で「形（態）、書式」、(C) format は「体裁、構成」、(D) forms は動詞の 3 人称単数現在形、または名詞の複数形。

訳 良好な関係の形成を促進するために、少なくとも 1 日に 1 回は同僚と直接話すことをおすすめします。

Vocab. □ encourage ～を促進する □ in person 直接、面と向かって

49. ［ 正答率 55.9% ］ 正解 D

主語 ticket sales の補語には、動詞 disappoint「（人）を失望させる」の現在分詞が形容詞化した (D) disappointing「期待外れの」が適切。(B) disappointed は動詞の過去形・過去分詞、(A) disappointment「失望」は名詞、(C) disappoints は動詞の 3 人称単数現在形。

訳 Candlelight 社が新しいミュージカル Love At Last を宣伝するために立ち上げた大規模な広告活動にもかかわらず、チケットの売上は期待外れだった。

Vocab. □ publicity 広報、宣伝 □ launch （事業など）を始める

50. ［ 正答率 55.6% ］ 正解 B

空欄から meetings までが主語 Any adjustments を修飾するように前置詞の (B) concerning「～に関して」を選ぶ。(A) concern は動詞で「～に関係する、～を心配させる」または名詞で「関心事、懸念」、(C) concerned は動詞の過去形・過去分詞、(D) は動詞の 3 人称単数現在形、または名詞の複数形。

訳 スタッフ会議の日時や場所に関する変更は、メインの掲示板に貼り出されます。

Vocab. □ adjustment 調整 □ post ～を貼る、投稿する □ bulletin board 掲示板

51. Although you may send letters by mail or fax, the ------- means of submission is e-mail.

(A) preferring
(B) preferred
(C) preference
(D) preferably

52. To receive reimbursement, ------- of purchase must be included along with the merchandise in its original packaging.

(A) proof
(B) proves
(C) prove
(D) proving

53. Analysts say that the ------- strong dollar will hurt Canadian exporters by making their products much more expensive internationally.

(A) increase
(B) increased
(C) increasing
(D) increasingly

54. All staff members are asked to be ------- and to help maintain cleanliness in communal areas.

(A) considering
(B) considerably
(C) considerate
(D) considerable

55. A good mediator must always remain calm and avoid becoming ------- with the representatives of other companies.

(A) arguable
(B) argumentative
(C) argumentatively
(D) argument

51. ［正答率 54.1%］ 正解 B

空欄には、名詞 means「手段」を修飾する形容詞が必要。動詞 prefer「～のほうを好む」の現在分詞である (A) preferring と過去分詞の (B) preferred が形容詞として機能するが、means は「好まれる」側なので、(B) が適切。(C) preference「好み」は名詞、(D) preferably「好んで」は副詞。

訳 郵送やファクスでも手紙をお送りいただけますが、望ましい提出方法はメールです。

Vocab. □ means 手段　□ submission 提出

52. ［正答率 50.0%］ 正解 A

空欄には動詞 must be included「含まれている」の主語が入るので、名詞の (A) proof「証拠（書類）」が正解となる。(C) prove「～を証明する」は動詞。残る選択肢は動詞の活用形で、(B) proves は3人称単数現在形、(D) proving は動名詞または現在分詞。

訳 返金を受けるには、購入時の箱に入れた商品と一緒に、購入を証明するものを提出する必要があります。

Vocab. □ reimbursement 返金、払い戻し　□ merchandise（集合的に）商品

53. ［正答率 42.4%］ 正解 D

空欄直後の形容詞 strong を修飾できるのは副詞の (D) increasingly「ますます」。(A) increase は動詞で「増す、～を増やす」または名詞で「増加」（動詞は第2音節に、名詞は第1音節にアクセント）。(B) increased は過去形・過去分詞、(C) increasing は動名詞または現在分詞。

訳 勢いを増すドル高により国際的にカナダの製品がはるかに値上がりし、カナダの輸出業者に損害を与えるだろうとアナリストは述べている。

Vocab. □ exporter 輸出業者

54. ［正答率 38.7%］ 正解 C

〈ask〈人〉to be ＋形容詞〉で「〈人〉に～であるよう求める」。be の直後の空欄には形容詞の (C) considerate「思いやりがある」が適切。(D) considerable「相当な」も形容詞だが、文意に合わない。(A) considering は動詞 consider「～を考慮する」の動名詞または現在分詞、(B) considerably「かなり」は副詞。

訳 全スタッフは周囲の人に気を配り、共有スペースをきれいに保つようご協力ください。

Vocab. □ maintain ～を維持する　□ communal 共同で使用する

55. ［正答率 37.4%］ 正解 B

空欄の前の動詞 become は「～の状態になる」という意味。主語が mediator「調停者」なので、空欄には形容詞の (B) argumentative「論争的な」が適切。(A) arguable「（事が）異論のある」も形容詞だが、意味がかみ合わない。(C) argumentatively「議論的に」は副詞、(D) argument「議論」は名詞。

訳 優秀な調停者は、常に冷静さを保ち、他社の代表者と言い争いになるようなことを避けねばならない。

Vocab. □ mediator 調停者　□ avoid *doing* ～しないようにする
□ representative 代表、営業担当者

56. The Peregrine Cafe is among the most highly reviewed dining ------- in this year's edition of *Where To Eat*.

(A) establishes
(B) establishments
(C) established
(D) establishment

57. The main ------- of this class is to provide students with a solid understanding of Spanish literature.

(A) objective
(B) objectivity
(C) objection
(D) objecting

58. Unless a venue ------- to the organizers can be found in Tokyo, the Asian Leadership Convention will be held in Seoul.

(A) agrees
(B) agreeably
(C) agreeing
(D) agreeable

59. The top ------- at American Ads, a 25-year veteran, will be recognized at the awards banquet tonight.

(A) account
(B) accountant
(C) accounted
(D) accountability

60. The results of our investigation will be made ------- as soon as the president approves their release.

(A) publicly
(B) publicize
(C) public
(D) publicized

56. ［正答率 31.2%］ 正解 B

前置詞 among の後ろには複数名詞が来るので、(B) establishments「施設、店」が正解。dining establishment で「飲食店」となる。〈among＋最上級＋複数名詞〉で「最も～のうちの一つ」という意味。(A) は動詞 establish「～を設立する」の 3 人称単数現在形、(C) は過去形・過去分詞、(D) establishment は名詞の単数形。

訳 Peregrine Cafe は今年度版の Where To Eat で最も高い評価を受けている飲食店の一つだ。

57. ［正答率 29.3%］ 正解 A

形容詞 main「主な」と前置詞句 of this class「このクラスの」を名詞の (A) objective「目的」でつなぎ、「このクラスの主な目的」という意味の語句を作る。(B) objectivity「客観性」と (C) objection「反対（意見）」も名詞だが、文脈に合わない。(D) は動詞 object「反対する」の動名詞または現在分詞。

訳 このクラスの主な目的は、生徒にスペイン文学のしっかりとした理解をもたらすことだ。

Vocab. □ solid 確かな

58. ［正答率 27.5%］ 正解 D

a venue から organizers までが主語なので、名詞 venue「会場」を後ろから修飾し、前置詞句 to the organizers とも合う形容詞の (D) agreeable「好ましい」が正解。(A) は動詞 agree「同意する」の 3 人称単数現在形、(C) は動名詞または現在分詞、(B) agreeably「快く」は副詞。

訳 東京都内に主催者側に好ましい会場が見つからない限り、アジア首脳会議はソウルで開催される。

Vocab. □ venue 会場　□ organizer 主催者　□ hold ～を開催する

59. ［正答率 26.5%］ 正解 B

同格のカンマの後に〈人〉を表す a 25-year veteran「25 年目のベテラン」があり、空欄には〈人〉を表す名詞が必要なので、(B) accountant「経理担当者」が正解。 (A) account は動詞で「説明する」または名詞で「口座」、(C) は動詞の過去形・過去分詞、(D) accountability「説明責任」は名詞。

訳 American Ads 社の経理責任者は 25 年目のベテランで、今夜の受賞パーティーの席でその功績がたたえられることになっている。

Vocab. □ recognize ～を評価・表彰する　□ banquet 宴会、パーティー

60. ［正答率 23.9%］ 正解 C

make は SVOC の文型で「O を C する」の意味になり、make O public で「O を公表する」という意味なので、正解は形容詞の (C) public「公の」。能動態の we will make the results (of our investigation) public が受動態では the results (of ...) will be made public になる。(A) publicly「公に」は副詞、(B) publicize「～を公表する」は動詞、(D) は過去形・過去分詞。

訳 社長が発表を承認したら即刻、当社の調査結果を公表いたします。

Vocab. □ investigation 調査　□ approve ～を承認する

タイプ 2　動詞問題の攻略

攻略のポイント

① 能動態か受動態かを見極める

・目的語の有無

空所の後に目的語があれば能動態

空所の後に目的語がない

→ 選択肢が自動詞なら能動態、他動詞なら受動態

・自動詞 vs 他動詞

選択肢が自動詞なら能動態

選択肢が他動詞

→ 空欄後に目的語があれば能動態、なければ受動態

② 時制を見極める

特定の時制を示すキーワードを問題文から探す

例　now、every day → 現在形

yesterday、last year → 過去形

since、over（…にわたって）→ 完了形

③ 必要とされる準動詞（to 不定詞、動名詞、現在分詞・過去分詞）の用法を見極める

では、例題とともに確認していきましょう。

動詞問題は態、時制、準動詞の３点が問われます。主語の人称と数に動詞を合わせる「主述の一致」も解答のポイントになります。

▶例題１

Library books currently unavailable to patrons ------- in labeled boxes on the top floor.

(A) are stored
(B) have stored
(C) stored
(D) are storing

▶解き方

Library books currently unavailable to patrons ------- in labeled boxes on the top floor.

(A) are stored 受動態
(B) have stored 能動態の現在完了形
(C) stored 能動態の過去形
(D) are storing 能動態の現在進行形

① 選択肢の態と時制を確認
② 問題文の主語を確認 → Library books（図書館の本）
③ 主語と選択肢の動詞 store「～を保管する」との関係を考える → 本は「保管される」ので受動態の (A) が正解

正解 A

訳 利用者に現在貸し出しできない図書館の本は、最上階にあるラベルを貼られた箱に保管されている。

Vocab. □ unavailable 利用できない　□ patron 利用客

▶例題 2

Forms for state and federal income tax returns ------- available at HBC Taxes from now until the end of the month.

(A) is
(B) are
(C) was
(D) were

▶解き方

Forms for state and federal income tax returns ------- available at HBC Taxes from now until the end of the month.

(A) is 現在形（単数）
(B) are 現在形
(C) was 過去形（単数）
(D) were 過去形

① 選択肢の時制を確認
② 問題文の主語を確認 → Forms（申告書）
③ 空欄の後ろに from now until the end of the month 「今から今月末まで」という現在を示す副詞句がある
④ 複数形の主語に対応する現在形の (B) が正解

正解 B

訳 州と連邦の所得税申告書は、今から月末まで HBC Taxes で入手できます。

▶例題 3

Implementing the new plan streamlined the manufacturing process, ------- the time needed to make auto parts at the factory.

(A) decrease
(B) decreasing
(C) decreased
(D) had decreased

▶解き方

Implementing the new plan streamlined the manufacturing
S V O

process, ------- the time needed to make auto parts at the factory.

(A) decrease 現在形
(B) decreasing 動名詞または現在分詞
(C) decreased 過去形・過去分詞
(D) had decreased 過去完了形

① カンマの前に SV がそろっている
→ 分詞構文だと判断する
→ (A) と (D) が外れる
② 空欄の後ろに選択肢の動詞 decrease の目的語 (the time) がある
→ 現在分詞の (B) が正解

正解 B

訳 新しい計画を行えば製造工程が効率化し、工場での自動車部品の製造にかかる時間を短縮できる。

Vocab. □ implement ～を実行する □ streamline ～を合理化する

準動詞は文の中で主語や補語、目的語などさまざまな場所・用途で使われます。不定詞や分詞が名詞を修飾する働きなど、以下にまとめたポイントを確認し、トレーニングと模試で問題を解きながら慣れていきましょう。

不定詞 「未来」に意識を向けている
・主語 S、補語 C、動詞の目的語 O になる。
・名詞を後ろから修飾する。副詞句をつくって動詞、形容詞、文全体を修飾する。

動名詞 「現在」「過去」に意識を向けている
・主語 S、補語 C、動詞の目的語 O になる。
・前置詞の目的語になる。

分詞（現在分詞、過去分詞）
・TOEIC では分詞の「形容詞用法」が頻出。
・修飾される名詞が分詞の行為を「している」なら現在分詞。
・名詞が分詞の行為を「される」なら過去分詞。
・空欄の後ろに目的語となる名詞があれば現在分詞、なければ過去分詞。

1. Tom's Tavern ------- a rise in sales due to the publication of a glowing review in a national magazine.

(A) to see
(B) seeing
(C) has seen
(D) seen

2. Reducing salaries or ------- off workers will probably not improve the firm's long-term financial outlook.

(A) lays
(B) laying
(C) to lay
(D) lay

3. Our factory's production capacity ------- to increase with the installation of the new, more modern equipment.

(A) is expected
(B) expected
(C) has been expecting
(D) will have been expecting

4. The popular book *Photography for Beginners* ------- many valuable tips despite being quite short.

(A) contain
(B) containing
(C) contains
(D) to contain

5. By the time Harold arrived at the office, Ms. Anderson ------- for an appointment on the other side of town.

(A) has left
(B) had left
(C) is leaving
(D) is left

1. [正答率 98.7%] 主述の一致 正解 C

due to「～のために」以降で売上増の要因が述べられている。文の述語動詞として入れられるのは現在完了形の (C) has seen のみ。(A) to see は不定詞、(B) seeing は動名詞または現在分詞、(D) seen は過去分詞。

訳 全国的な雑誌に熱烈なレビュー記事が掲載されたことで Tom's Tavern の売上は増加した。

Vocab. □ rise 増加 □ due to ～のために □ glowing 激賞する、ほめちぎる

2. [正答率 80.4%] 準動詞 正解 B

空欄前の or は文法上同等・同形の語句を結ぶ等位接続詞。or の前は動名詞の Reducing と、その目的語となる名詞 salaries「給与」から成る動名詞句なので、空欄にも同様に動名詞の (B) laying が入る。lay off は「～を解雇する」という意味。

訳 給与の減額や人員整理はおそらく会社の長期的な財務上の見通しを改善しないだろう。

Vocab. □ salary 給与 □ outlook 見通し

3. [正答率 76.7%] 態 正解 A

選択肢に並ぶ expect は「～を見込む」という意味の他動詞。空欄の後ろに目的語となる名詞が続いていないので、受動態である (A) の is expected が正解となる。〈be expected to *do*〉の形で「～すると見込まれる」という意味。

訳 新型のより現代的な機器の導入により、当社の工場の生産能力は高まるものと見込まれている。

Vocab. □ factory 工場 □ production capacity 生産能力 □ installation 導入

4. [正答率 75.6%] 主述の一致 正解 C

選択肢には、動詞 contain「～を含む」が形を変えて並んでいる。主語 The popular book に対する動詞がないので、3人称単数現在形の (C) contains が正解。(A) は主語が3人称単数以外の場合に用いる。動名詞または現在分詞の (B) と不定詞の (D) は、どちらも述語動詞として機能しない。

訳 人気の本『初心者のための写真』はかなり短いものの、有益なアドバイスを数多く掲載している。

Vocab. □ valuable 有益な □ tip ヒント、助言

5. [正答率 72.5%] 時制 正解 B

文頭の By the time (that) ...「…するまでには」に続く従属節の動詞は過去形の arrived。カンマ後の主節では、従属節よりも前の時点について述べているので、過去の一時点よりもさらに以前のことを表す過去完了の (B) had left が空欄に適切な時制。leave for で「～に向けて出発する」という意味。

訳 ヘラルドさんがオフィスに到着したときには、アンダーソンさんは人に会うため町の向こう側に出発した後だった。

Vocab. □ appointment 約束

6. Every employee working in the store ------- a uniform that displays the company logo.

(A) to wear
(B) wears
(C) are wearing
(D) have worn

7. Only one of the people who were hired in August ------- experience in the publishing industry.

(A) to have
(B) has
(C) having
(D) have

8. Clients ------- to receive assistance with their Internet service should call our dedicated 24-hour helpline.

(A) wish
(B) wished
(C) wishes
(D) wishing

9. The Ninja 2000 food processor was advertised heavily in the weeks ------- its launch.

(A) followed
(B) follow
(C) following
(D) were followed

10. Due to weather delays, the opening address of the writers' conference ------- until noon.

(A) had postponed
(B) will postpone
(C) has been postponed
(D) is postponing

6. [正答率 65.5%]　主述の一致　正解 B

Every employee を修飾する working in the store と、名詞 uniform を修飾する that 以下を省略すると、Every employee ------- a uniform. となり、空欄には動詞が必要だとわかる。主語が 3 人称単数形なので、(B) が正解。

訳 その店で働く全従業員は、会社のロゴがついた制服を着用している。

Vocab. □ display ～を示す、見せる

7. [正答率 65.3%]　主述の一致　正解 B

修飾語句をカッコに入れると、(Only) one (of the people) (who ... August) ------- experience (in ... industry). となる。one ------- experience. という骨組みの主語が 3 人称単数であることを確認し、(B) has を選ぶ。

訳 8 月に雇用された人たちの中で、一人だけが出版業界での経験を持っている。

8. [正答率 64.3%]　準動詞　正解 D

主語 Clients に対する動詞は should call なので、Clients を修飾する現在分詞の (D) を入れて Clients wishing to receive assistance「サポートを受けることを希望する客」とする。(A) は動詞 wish「～を望む」の原形、(B) は過去形・過去分詞、(C) は 3 人称単数現在形。

訳 インターネットサービスでサポートをご希望のお客様は、24 時間ご利用いただける専用窓口までお電話ください。

Vocab. □ dedicated 専用の　□ helpline 電話相談窓口

9. [正答率 63.7%]　準動詞　正解 C

空欄の前の in the weeks と空欄の後ろの名詞句 its launch「発売」をつなぐ前置詞の (C) following「～の後で (= after)」を入れ、「発売後の数週間に」とする。動詞 follow「～に続く」の過去分詞である (A) followed は、followed by の形で「～によって後を追われる」→「～が後に続いて」という意味。

訳 フードプロセッサー「Ninja2000」は発売後の数週間、大きく宣伝された。

Vocab. □ heavily 大量に、大々的に　□ launch 発売

10. [正答率 62.2%]　態　正解 C

主語 the opening address (of the writers' conference) に対する述語動詞が空欄になっている。postpone「～を延期する」との関係を考えると、address「演説」は延期される側なので、受動態の (C) has been postponed が入る。ほかの選択肢はいずれも能動態なので不適切。

訳 天候による遅延のために作家会議の開会の辞が正午まで延期となった。

Vocab. □ address (式典の) 挨拶、演説　□ conference 会議

11. If Ms. Terry ------- that we collaborate on the project, we wouldn't have finished it by the deadline.

□
□
□

(A) insisted
(B) was insisting
(C) would insist
(D) had not insisted

12. Mr. Chavez temporarily used one of the company vehicles while his -------.

□
□
□

(A) repaired
(B) was being repaired
(C) is repairing
(D) had repaired

13. Increasing rents for commercial space ------- major obstacles to those wishing to open their own stores.

□
□
□

(A) posing
(B) have posed
(C) to pose
(D) poses

14. Research conducted by the planning commission ------- that there is a strong demand for more downtown condominiums.

□
□
□

(A) indicates
(B) to indicate
(C) indicate
(D) indicating

15. Passengers arriving at Soneva International Airport should allow up to an hour for their travel documents -------.

□
□
□

(A) verify
(B) are verified
(C) to be verified
(D) have verified

11. [正答率 61.0%]　時制　正解 D

カンマの後にある主節の動詞が、「～していなかったであろう」という意味で、過去の事実と対照的な想像を表す仮定法過去完了〈過去形助動詞＋（not）＋ have ＋過去分詞〉となっている点を押さえる。「もし～していたら」という仮定を表す If 節の動詞は過去完了となるので、(D) had not insisted が正解。insist は「～を主張する」という意味。

訳 もしテリー氏がプロジェクトでわれわれが協力するべきだと主張していなかったら、われわれは期日までにプロジェクトを終えていなかっただろう。

Vocab. □ deadline 締切

12. [正答率 60.7%]　態　正解 B

空欄前に接続詞 while「～の間」があり、his の後に空欄の動詞が続く形。his は主語になるので、ここでは所有格「彼の」ではなく「彼のもの」という意味の所有代名詞だとわかる。問題文では his が his vehicle を表しているので、「（彼の車が）修理されていた」という受動態を作る (B) was being repaired を選ぶ。ほかの選択肢はいずれも能動態。

訳 チャベス氏は車を修理に出している間、一時的に社用車を利用した。

Vocab. □ temporarily 一時的に　□ vehicle 乗り物、車

13. [正答率 60.5%]　主述の一致　正解 B

選択肢にさまざまな形で並ぶ pose は、「（問題など）をもたらす」という意味の動詞。空欄は、主語 Increasing rents (for commercial space) に対する動詞にあたるので、複数形の主語に対応する (B) have posed が正解。動名詞または現在分詞の (A) と不定詞の (C) は、どちらも述語動詞として機能しない。(D) は 3 人称単数現在形。

訳 商業施設の賃料高騰が、自分の店をオープンしたい人々にとって大きな障壁となっている。

Vocab. □ rent 賃貸借料　□ commercial space 商業施設・区域　□ obstacle 障害

14. [正答率 58.6%]　主述の一致　正解 A

主語 Research (conducted by the planning commission) に対する動詞がないので、空欄には動詞が必要。主語は 3 人称単数なので、(A) が正解となる。indicate は「～を示す」という意味の動詞。(C) は主語が 3 人称単数以外の場合に用いる。(B) は不定詞、(D) は動名詞または現在分詞。

訳 企画委員会が実施した調査で、繁華街のマンションのほうが強い需要があることがわかる。

Vocab. □ commission 委員会　□ demand 需要　□ condominium 分譲マンション

15. [正答率 54.5%]　準動詞　正解 C

空欄前の an hour が何の時間なのかを補足する不定詞の (C) が正解。verify は「～を確認する」という意味で for their travel documents to be verified で「渡航書類が確認されるための（時間）」となる。問題文には should allow という動詞がすでにあるので、残りの選択肢はいずれも不適切。

訳 ソネバ国際空港に到着する乗客の皆さまは、渡航書類の確認作業に 1 時間は余裕を見ておいてください。

Vocab. □ allow〈時間〉for ... to *do* …が～するのに〈時間〉を見越す　□ up to 最大で

16. The soon-to-be-released DigiOne Camera ------- to help increase profits for Mike's Photography Gear.

□ □ □

(A) has supposed
(B) was supposing
(C) will suppose
(D) is supposed

17. The pay period for the construction crew ------- from the 2nd of the month until the 1st of the following month.

□ □ □

(A) is
(B) are
(C) were
(D) had been

18. Damien's philosophy on handling employees ------- changed dramatically now that he is in charge of an entire department.

□ □ □

(A) have
(B) has
(C) will have
(D) have been

19. Any person found ------- with an expired license is subject to a $300 fine.

□ □ □

(A) to drive
(B) driven
(C) drive
(D) driving

20. The decision to eliminate overtime wages ------- angered many Hudson employees, who may now go on strike.

□ □ □

(A) is
(B) are
(C) have
(D) has

16. [正答率 53.3%] 態　正解 D

主語 The soon-to-be-released DigiOne Camera に対する動詞が空欄に必要。主語と suppose「～と推定する」との関係を考えると、受動態の (D) is supposed が正解。be supposed to *do* で「～すると思われる」という意味になる。ほかの選択肢はいずれも能動態。

訳 まもなく発売される DigiOne カメラは、Mike's Photography Gear 社の利益を伸ばすと思われる。

Vocab. □ soon-to-be-released まもなく発売される　□ profit 利益、収益

17. [正答率 51.5%] 時制／主述の一致　正解 A

主語は The pay period (for the construction crew) という単数名詞。現状の会社の給与規定を述べているので、時制は現在形が適切。3 人称単数名詞の主語に呼応する be 動詞の現在形である (A) の is が正解となる。

訳 建設作業員に適応される給与期間は、毎月 2 日から翌月 1 日までです。

Vocab. □ crew 作業班

18. [正答率 50.7%] 時制／主述の一致　正解 B

主語の philosophy「方針」は 3 人称単数なので、(B) has (changed) か (C) will have (changed) に絞られる。now that ... は「今はもう…だから」という意味なので、〈未来の一時点での動作・状態の完了〉を表す未来完了時制を作る (C) は合わず、現在完了を作る (B) が正解。

訳 従業員の扱いに対するダミエンの考え方は、彼が 1 つの部署全体の責任者になった今、劇的に変化している。

Vocab. □ handle（人）に応対する　□ dramatically 劇的に　□ in charge of ～を担当して

19. [正答率 49.2%] 準動詞／態　正解 D

空欄前の found は person を修飾する過去分詞。〈find +人 (O) + *doing* (C)〉の形で「O（人）が C している現場を見つける」という意味を表す。find any person driving が受動態になった any person found driving という形を成立させる (D) driving を選ぶ。

訳 期限切れの免許証で運転しているところを見つかった方には 300 ドルの罰金が科せられます。

Vocab. □ expired 期限が切れた
□ be subject to（罰金）が科せられる　□ fine 罰金

20. [正答率 48.6%] 態／主述の一致　正解 D

主語の The decision「決定」は単数形の名詞なので、(A) is と (D) has に絞られ、is angered は受動態、has angered は能動態の現在完了となる。angered の後に目的語の many Hudson employees があるので、受動態は不適切。能動態の現在完了を作る (D) has が正解。

訳 残業代を廃止する決定は Hudson 社の多くの従業員を怒らせており、彼らはただちにストライキに入るかもしれない。

Vocab. □ eliminate ～を取り除く　□ overtime wage 残業代　□ go on strike ストライキをする

21. DomestiGoods, ------- from a strong housing market, has an optimistic financial outlook for the upcoming fiscal year.
□
□
□

(A) to benefit
(B) benefited
(C) benefiting
(D) will benefit

22. Please complete the enclosed survey as soon as you ------- the first delivery of your meal kits.
□
□
□

(A) have reviewed
(B) will review
(C) would review
(D) reviewed

23. The English professor is discussing ------- a literary essay in the final examination next semester.
□
□
□

(A) including
(B) includes
(C) included
(D) to include

24. The managers are considering ------- Ms. Salmanca to director of domestic sales because of her excellent sales record.
□
□
□

(A) to promote
(B) promoting
(C) being promoted
(D) to be promoted

25. Please take a ticket and proceed to the service counter when your number -------.
□
□
□

(A) was called
(B) will be called
(C) has been called
(D) will call

21. [正答率 47.6%] 準動詞 正解 C

空欄から market まではカンマに挟まれた挿入句。分詞構文は文中に挿入できるので、現在分詞の (C) benefiting を空欄に入れると、楽観的な財務予想を示した〈原因〉を表す分詞構文になり、文意も通る。なお、benefit は「(～から) 利益を得る」という自動詞の意味で用いられている。

訳 DomestiGoods 社は好調な住宅市場の恩恵を受け、次期会計年度の楽観的な財務予想を出した。

Vocab. □ optimistic 楽観的な □ upcoming 来たるべき □ fiscal year 会計年度

22. [正答率 46.9%] 時制 正解 A

未来のある時点において完了されているであろう状況を表す場合、一般には未来完了形 (will have ＋過去分詞) を用いるが、as soon as が導く節は〈時〉を表す副詞節なので、未来完了形ではなく現在完了形を使う。よって、(A) の have reviewed が正解。review は「～を確認する」という意味。

訳 食事キットの最初の配達をご覧いただきましたら、忘れずに同封のアンケートをご記入ください。

Vocab. □ enclosed 同封された □ survey アンケート (用紙)

23. [正答率 45.9%] 準動詞 正解 A

空欄直前の動詞 discuss「～について議論する」は目的語に to 不定詞ではなく動名詞をとるので、動名詞の (A) including が正解となる。(B) includes は動詞 include「～を含む」の 3 人称単数現在形、(C) included は過去形・過去分詞形。

訳 その英語の教授は来学期の最終試験に文学的エッセイを組み入れることを審議している。

Vocab. □ semester 学期

24. [正答率 41.3%] 準動詞／態 正解 B

空欄直前の動詞 consider「～を検討する」は目的語に動名詞をとるので、(B) promoting か (C) being promoted が候補として残る。promote は「～を昇進させる」という意味なので、(B) を入れれば The managers「経営幹部」が Ms. Salmanca を「昇進させる」となり、意味が通じる。

訳 経営幹部はサルマンカ氏の素晴らしい営業成績を基に、彼女を国内販売部長に昇進させることを検討している。

Vocab. □ domestic 国内の

25. [正答率 37.4%] 態／時制 正解 C

他動詞 call「～を呼ぶ」と主語の your number は「番号が呼ばれる」という受け身の関係にある。〈時〉を表す副詞節内の動詞は、未来時制を用いずに現在 (完了) 時制を用いるので、正解は (C) has been called。proceed to は「～へ進む」という意味になる。

訳 番号札をお取りになり、番号が呼ばれたらサービスカウンターへお越しください。

Vocab. □ proceed 進む

26. Production at our Iowa manufacturing plants ------- after a strike that lasted for almost three months.

☐ ☐ ☐

(A) has resumed
(B) are resumed
(C) have resumed
(D) to resume

27. Ms. Connor has asked that the documents ------- out to Mulvey Motors via express mail.

☐ ☐ ☐

(A) are sent
(B) be sent
(C) have been sent
(D) had been sent

28. After Fred's Café expanded its seating, the number of customers ------- about long wait times decreased significantly.

☐ ☐ ☐

(A) complain
(B) complains
(C) complained
(D) complaining

29. The Carnegie Society is committed to ------- structures of historical significance.

☐ ☐ ☐

(A) preserve
(B) preserving
(C) have preserved
(D) be preserved

30. After a poor showing last year, Xylo Corporation ------- record revenues for this year's first quarter.

☐ ☐ ☐

(A) was posted
(B) is posted
(C) has been posted
(D) has posted

26. [正答率 36.1%] 主述の一致 正解 A

前置詞が導く部分2カ所 (at ... plants と after ... months) を除けば、文の骨組みの Production ------- だけが残る。主語 Production「生産」は3人称単数名詞なので、空欄には (A) has resumed が適切。resume「再開する」は、自・他動詞どちらの用法もある。

訳 3カ月近く続いたストライキの後、アイオワ州にある当社の工場での生産が再開した。

Vocab. □ manufacturing plant 製造工場 □ last 続く

27. [正答率 34.0%] 時制／態 正解 B

that 節は動詞 asked「～を頼む」の目的語。ask など、〈要求〉や〈提案〉、〈主張〉、〈命令〉を表す動詞の目的語となる that 節内の動詞は、時制や主語の人称によらず原形となる（仮定法現在）。that 節中の主語 the documents と send「～を送る」は「文書が送られる」という受け身の関係なので、be 動詞の原形が用いられた受動態の (B) be sent が正解。

訳 コナー氏は、文書が Mulvey Motors 社あてに速達で送られるよう依頼した。

Vocab. □ express mail 速達

28. [正答率 32.5%] 準動詞／態 正解 D

主語 the number of customers に対する動詞は decreased なので、空欄には customers を補足する分詞が入る。客は complain する側なので、能動を表す現在分詞の (D) complaining が正解。complain は「苦情を言う」という意味。(A) は原形、(B) は3人称単数現在形、(C) は過去形・過去分詞。

訳 Fred's Café は客席を増やした後、長い待ち時間について苦情を言う客の数が大幅に減った。

Vocab. □ expand ～を拡張する □ seating 座席（設備）

29. [正答率 27.2%] 準動詞 正解 B

空欄前の〈be committed to 名詞／動名詞〉の形で「～に／～することに傾倒する、専心する」という意味なので、動詞 preserve「～を保存する」の動名詞である (B) preserving が正解。of significance は〈of ＋抽象名詞〉で形容詞 significant「重要な」と同義になる。

訳 カーネギー協会は、歴史的に重要な建造物の保存に専心している。

Vocab. □ be committed to ～に専心する □ structure 建造物 □ historical 歴史的な □ significance 重要性、重大さ

30. [正答率 22.8%] 態 正解 D

post はここでは「公表する」という意味で用いられている。主語と動詞の間には「Xylo Corporation が post する」という能動の関係がある。よって唯一能動態である (D) has posted が正解。(A) (B) (C) はそれぞれ過去形、現在形、現在完了形の受動態。

訳 昨年の低迷期の後、Xylo 社は今年の第1四半期で記録的な利益を計上した。

Vocab. □ showing 成果 □ revenue 利益、収益 □ first quarter 第1四半期

タイプ3　前置詞 vs 接続詞問題の攻略

攻略のポイント

① 空欄の後が節なら接続詞、名詞（句）なら前置詞を選ぶ
② 副詞は文全体を修飾できるが、節や名詞句をつなぐ働きはない
③ 前置詞 vs 接続詞 vs 副詞の観点で絞った品詞の選択肢が複数ある場合は、文脈を考慮して選ぶ

▶例題

------- positive predictions for the economy, stocks dropped yesterday after industry giant TechniCo issued a poor earnings forecast.

(A) Still
(B) Even though
(C) But
(D) Despite

▶解き方

------- positive predictions for the economy, stocks dropped yesterday after industry giant TechniCo issued a poor earnings forecast.

(A) Still 副詞
(B) Even though 接続詞
(C) But 接続詞
(D) Despite 前置詞

① 空欄の後ろを確認→名詞句（SV がない）
② 前置詞 (D) Despite「～にもかかわらず」を選ぶ
※ (A) Still「まだ」は副詞、(B) Even though「～であるが」と (C) But「しかし」は接続詞なので名詞句をつなぐことはできない

正解　D

訳　楽観的な経済予測にもかかわらず、業界大手の TechniCo 社が厳しい収益見通しを発表した後、全体の株価は昨日下落した。

前置詞と接続詞、時には副詞も混在する選択肢から適切なものを選ぶ問題です。

Part 5とPart 6で問われることが多い前置詞と接続詞をまとめました。

機能	前置詞（名詞をつなぐ）		接続詞（節S＋Vをつなぐ）	
原因 理由	because of / due to / owing to / on account of	～が原因で	because / since / as	～なので
	thanks to	～のおかげで	now that	今や～なので
目的	for the purpose of	～の目的で	so that / in order that	～できるように
逆接 対比	despite / in spite of / regardless of / notwithstanding	～にもかかわらず	although / though / even though	～だが
			while / whereas	～の一方で
時間関係	during / throughout	～の間	while	～の間
			when	～するとき
	prior to	～の前に	whenever	～はいつでも
	following	～の後で	once / as soon as	～したらすぐに
	upon	～したらすぐに		
条件 仮定	in case of / in the event of	～の場合	only if / as long as	～しさえすれば
			provided that / on condition that	～を条件として
			assuming that	～と仮定すれば
			in case	～の場合に備えて
			in the event that	～の場合
			whether	～かどうか
	without	～がなければ	unless	～でない限り

※ 以下は前置詞と接続詞どちらの用法もあるもの
before「～の前に」、after「～の後で」、until「～までずっと」、since「～以来」

1. Home Movers, Inc. lowered expenses by hiring more part-timers ------- full-time employees.

□□□

(A) instead of
(B) in case
(C) even though
(D) because of

2. ------- he was attracted by Sun, Inc's job offer, Mr. Novak decided to remain with his current employer.

□□□

(A) During
(B) Even though
(C) Still
(D) Without

3. David has been here ------- he was a college student working as a part-time assistant.

□□□

(A) since
(B) during
(C) still
(D) already

4. ------- our request to add more team members was denied, we still managed to complete the project on time.

□□□

(A) Despite
(B) Instead of
(C) Regardless
(D) Although

5. People should refrain from leaving or entering the screening room ------- the video is being broadcast.

□□□

(A) during
(B) upon
(C) while
(D) whether

1. [正答率 **89.3%**]

空欄後は節ではなく名詞句なので、前置詞の (A) と (D) に絞る。(A) を選ぶと、A instead of B「B の代わりに A」で「常勤スタッフの代わりにパートタイムのスタッフを雇う」となり、文意が通る。(D) because of は「～のため」という意味。(B) in case は「～の場合」、(C) even though は「～だが」という意味の接続詞。

訳 Home Movers 社は、常勤スタッフの代わりにパートタイムのスタッフの雇用を増やすことで経費を減らした。

Vocab. □ lower ～を少なくする　□ expense 経費

2. [正答率 **88.7%**]

カンマの前までの節は、カンマの後ろにある節と逆の内容を述べている。よって、その 2 つの節をつなぐ接続詞として (B) Even though「～だが」を選択する。(A) During「～の間中」と (D) Without「～なしで」は前置詞。(C) Still「まだ」は副詞。

訳 ノバク氏は Sun 社の仕事の話に興味を引かれたが、今の会社に残ることにした。

Vocab. □ remain 残る

3. [正答率 **88.5%**]

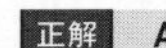

空欄には前後の節を結ぶ接続詞が必要なので、接続詞の用法を持つ (A) since が正解。〈現在完了の節＋ since ＋過去の一時点を表す節〉という形になり、「～以来…している」という〈継続〉を表す。(B) during「～の間中」は前置詞、(C) still「まだ」と (D) already「すでに」は副詞。

訳 デイヴィッドはパートタイムのアシスタントとして勤務していた大学生のころからここにいます。

4. [正答率 **86.4%**]

空欄の後ろからカンマまで、またカンマ後も SV がある節になっているので、節をつなぐ接続詞の (D) Although「～だが」がふさわしい。(A) Despite「～にもかかわらず」と (B) Instead of「～の代わりに」は前置詞、(C) Regardless「それにもかかわらず」は副詞。

訳 チームメンバーをもっと増やしてほしいという要請は認められなかったが、私たちはそれでもこのプロジェクトを期限内に完了させることができた。

Vocab. □ deny ～を拒否する　□ complete ～を完了させる　□ on time 間に合って、時間通りに

5. [正答率 **81.7%**]

空欄後には節が続いているので、空欄に入るのは接続詞。選択肢中、接続詞は (C) while「～の間」と (D) whether「～かどうか」だが、文意を成立させるのは while。(A) during「～の間中」と (B) upon「～の上に」は前置詞。

訳 ビデオの上映中は、どなたも上映室の入退室をお控えください。

Vocab. □ refrain from *doing* ～を控える　□ broadcast ～を放送する

6. Leslie subscribes to many clothing catalogs ------- she can keep up with current fashion trends.

(A) so that
(B) owing to
(C) ever since
(D) in order to

7. ------- increases in production costs, Mercer's has raised the price of many of its products.

(A) Whenever
(B) In fact
(C) Due to
(D) While

8. The charts and tables contained in this manual may not be reproduced ------- written permission from the manufacturer.

(A) unless
(B) if
(C) without
(D) when

9. ------- the unexpected loss of sales over the past quarter, the director requested a thorough review of our marketing strategies.

(A) If
(B) Because of
(C) Ever
(D) When

10. ------- the severe weather, none of the conference attendees are likely to arrive in time for the morning meeting.

(A) Because
(B) In case
(C) On account of
(D) Although

6. [正答率 **81.5%**]

正解 A

空欄直後は節になっているので、節を結ぶ接続詞の (A) so that「～できるように」と (C) ever since「～して以来ずっと」のうち、文意の通る (A) を選ぶ。(B) owing to「～が原因で」は前置詞。(D) in order to「～するために」は直後に原形動詞が続く。

訳 レズリーは今のファッションの流行についていけるように服のカタログを大量に定期購読している。

Vocab. □ subscribe to ～を定期購読する　□ keep up with ～に遅れずについていく

7. [正答率 **78.3%**]

正解 C

空欄の後ろには名詞句が続き、カンマの後ろは不足要素のない文なので、空欄には名詞と文をつなぐ前置詞が入る。選択肢中、前置詞は (C) Due to「～のため」のみ。(A) Whenever「～するときはいつでも」と (D) While「～の間」は接続詞。(B) In fact「実際は」は副詞句。

訳 生産コストの増加によって Mercer's は自社製品の多くを値上げした。

Vocab. □ increase 増加　□ raise（数量・程度）を上げる

8. [正答率 **78.2%**]

正解 C

空欄の後は名詞句であることを確認し、唯一の前置詞である (C) without「～なしで」を選ぶ。(A) unless「～でない限り」、(B) if「もし～ならば」、(D) when「～するときは」はいずれも接続詞で、後ろに節（主語＋動詞）が続く。

訳 このマニュアルに掲載された図と表はメーカーからの書面による許可なく複製することを禁じます。

Vocab. □ reproduce ～を複製する　□ permission 許可

9. [正答率 **76.4%**]

正解 B

選択肢に前置詞と接続詞が混在する場合、まず空欄の後ろからカンマまでの構造を確認する。ここでは名詞 loss とその修飾語句から成る名詞句。よって、空欄には選択肢で唯一前置詞として機能する (B) Because of「～のため」が入る。(A) If と (D) When は接続詞。(C) Ever は「かつて」などの意味の副詞。

訳 前四半期の予想外の売上減少のため、部長はマーケティング戦略の徹底的な見直しを要求した。

Vocab. □ unexpected 予想外の、予期していない　□ thorough 徹底的な　□ strategy 戦略

10. [正答率 **76.3%**]

正解 C

空欄直後が the severe weather「悪天候」という名詞句で、カンマ後には SV の節が続いているので、名詞をつなぐ前置詞の働きを持つ (C) On account of「～のために」が入る。(A) Because「～なので」、(B) In case「～に備えて」、(D) Although「～だが」は接続詞で、後ろに節（主語＋動詞）が続く。

訳 悪天候のため、会議の出席者はだれも朝の会議には間に合わなさそうだ。

Vocab. □ severe 厳しい、ひどい　□ attendee 出席者　□ in time 時間内に

11. United Parcel can make overnight deliveries ------- packages are brought to the store by 5 P.M.

□□□

(A) of
(B) with
(C) if
(D) over

12. ------- they are instructed otherwise, employees should place all photographs into one of our standard photo envelopes.

□□□

(A) Unless
(B) Even
(C) Without
(D) Beyond

13. Joshua mistakenly attached the original document to the e-mail ------- the edited version.

□□□

(A) because of
(B) rather than
(C) so that
(D) as soon as

14. ------- the company head has aspirations of expanding internationally, he has put those plans on hold for now.

□□□

(A) Although
(B) Even
(C) Despite
(D) Regardless

15. ------- the wild popularity of its new line of action figures, KidFun's market share increased dramatically.

□□□

(A) In order to
(B) As a result
(C) Thanks to
(D) By the time

11. ［ 正答率 **75.0%** ］

正解 C

空欄の前後にそれぞれ完結した節があるので、接続詞である (C) if「もし～ならば」が正解となる。残りの選択肢はすべて前置詞なので、節を導くことができない。文末の by 5 P.M. (= no later than 5 P.M.) は「午後5時までに」という意味。

訳 午後5時までに小包が店舗に持ち込まれれば、United Parcel 社では翌日到着便での配達が可能となる。

Vocab. □ overnight delivery 翌日配達

12. ［ 正答率 **72.9%** ］

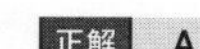

正解 A

カンマの前後に節があるので、節をつなぐ接続詞の (A) Unless「～でない限り」が正解。(C) Without「～なしで」と (D) Beyond「～を超えて」は前置詞なので、節ではなく名詞句をつなぐ。(B) Even「～でさえ」は副詞。

訳 別の指示がない限り、従業員はすべての写真を標準の写真用封筒に入れる必要がある。

Vocab. □ place A into B AをBに入れる

13. ［ 正答率 **71.3%** ］

正解 B

空欄前後に the original document と the edited version という対照的なものを示す名詞句があるので、名詞をつなぐ (B) rather than「～ではなくて」が正解。(A) because of「～が原因で」も前置詞だが、文意が通らない。(C) so that「～できるように」と (D) as soon as「～したらすぐに」は接続詞。

訳 ジョシュアは、誤って修正版ではなく初稿をメールに添付してしまった。

Vocab. □ mistakenly 誤って

14. ［ 正答率 **70.5%** ］

正解 A

空欄の後ろに節があり、カンマを隔ててもう1つの節が続いている。よって、節をつなぐ役目を持つ接続詞の (A) Although「～だが」が正解。(C) Despite「～にもかかわらず」は前置詞で、節ではなく名詞をつなぐ。(B) Even「～でさえ」と (D) Regardless「それにもかかわらず」は副詞。

訳 その会社のトップは、海外で事業を拡大する野心があるものの、その計画を当面は保留することにした。

Vocab. □ aspiration 野心　□ put ... on hold …を保留する

15. ［ 正答率 **69.7%** ］

正解 C

空欄からカンマまでは the wild popularity (of ... figures) という名詞句なので、前置詞の (C) Thanks to「～のおかげで」が正解。(A) In order to「～するために」は後ろに動詞の原形が来る。(B) As a result「その結果」は副詞、(D) By the time「～のときまでには」は接続詞。

訳 アクション・フィギュアの新シリーズの大人気のおかげで、KidFun 社の市場シェアは著しく高まった。

Vocab. □ wild 激しい、熱狂的な　□ line（商品の）シリーズ　□ dramatically 劇的に

16. At the awards banquet, the president thanked the staff for maintaining a high level of customer satisfaction ------- the year.

□□□

(A) while
(B) continually
(C) throughout
(D) if

17. ------- fuel costs have gone up by 20 percent, tour companies have increased their ticket prices to stay profitable.

□□□

(A) Still
(B) Due to
(C) Despite
(D) As

18. BestPlay, a retail electronics chain, was in danger of shutting down ------- losing market share to its rival, AmeriTV.

□□□

(A) after
(B) by the time
(C) although
(D) during

19. The organizers ordered extra food for the event ------- the number of guests exceeded their expectations.

□□□

(A) barring
(B) even
(C) in case
(D) at

20. While Scott's boss is still upset over yesterday's argument, Scott himself is acting ------- nothing is wrong.

□□□

(A) only if
(B) due to
(C) even so
(D) as though

16. [正答率 69.6%]

正解 C

空欄の後ろには、名詞 the year しかないので、空欄には前置詞の (C) throughout「～を通して、～中」が入る。(A) while「～の間、～である一方」と (D) if「もし～ならば」は接続詞なので、後ろには節が続く。(B) continually「引き続いて、絶えず」は副詞。

訳 社長は授賞パーティーでスタッフに対し、1年を通して高い顧客満足度を維持したことに感謝した。

Vocab. □ banquet 宴会、パーティー □ maintain ～を維持する □ satisfaction 満足

17. [正答率 65.2%]

正解 D

空欄からカンマまでが主節の原因を表す節となっていることを確認し、接続詞の (D) As「～なので」を選ぶ。(B) Due to も原因を表すが、前置詞なので後ろに名詞（句）が続く場合に用いる。(C) Despite「～にもかかわらず」も前置詞、(A) Still「まだ」は副詞。

訳 燃料費が20%上昇したため、ツアー会社は黒字を保つためにチケット料金を値上げした。

Vocab. □ fuel cost 燃料費 □ go up 上がる □ profitable 利益になる

18. [正答率 62.2%]

正解 A

空欄の後ろの losing 以下は動名詞句で、空欄前の「閉店の危機に陥っていた」という内容の発端となる出来事が書かれている。よって前置詞の用法がある (A) after「～の後で」が適切。(B) by the time「～までに」と (C) although「～だけれども」は接続詞、(D) during「～の間中」は前置詞。

訳 電化製品の小売りチェーンである BestPlay は、競合企業の AmeriTV にシェアを奪われた後、閉店の危機に陥っていた。

Vocab. □ retail 小売りの □ in danger 危険に直面して

19. [正答率 60.9%]

正解 C

空欄には前後の節をつなぐ接続詞が入るので、接続詞である (C) in case「～の場合に備えて」が正解。(A) barring は「～がなければ、～を除いて」という意味の前置詞。(B) even は「～さえ」という意味の副詞。(D) at は前置詞。

訳 主催者は来客数が予想を上回る場合に備えて、イベント用の食事を多めに注文した。

Vocab. □ organizer 主催者 □ exceed ～を超える

20. [正答率 60.6%]

正解 D

接続詞 While「～だけれども」が結ぶ2つの節は、対照的な内容になる。カンマ前では「上司は腹を立てている」とあるので、空欄に接続詞の (D) as though「あたかも」が入れば is acting as though nothing is wrong で「何事もないかのように振る舞っている」となり、自然な文脈になる。(A) only if「～しさえすれば」は接続詞、(B) due to「～のために」は前置詞、(C) even so「それでもなお」は副詞。

訳 スコットの上司は昨日の口論をまだ不快に思っているが、スコット自身はさも何事もなかったかのように振る舞っている。

Vocab. □ upset 怒った、取り乱した

21. ------- rises in domestic labor expenses, many companies have transferred their factory production overseas.

□□□

(A) As
(B) If
(C) Due to
(D) When

22. It is essential ------- all accountants at the firm abide by the standards specified in our guidelines.

□□□

(A) that
(B) for
(C) whether
(D) of

23. ------- there is enough time to go over everything on the agenda, meeting attendees will only get one break.

□□□

(A) Because of
(B) Consequently
(C) So that
(D) Nevertheless

24. ------- the replacement of equipment in the factory, productivity has increased and the occurrence of accidents has decreased.

□□□

(A) Although
(B) Since
(C) Because
(D) When

25. ------- her trip to the Manila headquarters, Ms. Lee returned with many new ideas about how to manage her employees.

□□□

(A) Whenever
(B) Following
(C) Afterward
(D) Because

21. [正答率 59.9%]

正解 C

空欄の後ろからカンマまで名詞句 rises in domestic labor expenses なので、前置詞の (C) Due to「～のため」を選択する。(A) As は前置詞として使われる場合は「～として」という意味なので文脈に合わない。(B) If「もし～なら」と (D) When「～のとき」は接続詞。

訳 国内の人件費の上昇により、多くの企業が海外へ工場生産を移転している。

Vocab. □ domestic 国内の □ labor expenses 人件費 □ transfer ～を移転する

22. [正答率 58.7%]

正解 A

空欄の前後に節があるので、節を結ぶ接続詞の (A) that を入れ、it is essential that ...「…が欠かせない」という〈it is ＋形容詞＋ that ＋節〉の形を作る。(B) for と (D) of は前置詞。(C) whether「～かどうか」は接続詞。

訳 当社の会計士全員が、当社のガイドラインで定められている基準を守ることは重要だ。

Vocab. □ abide by ～に従う、～を順守する □ specified 定められた

23. [正答率 57.0%]

正解 C

カンマの前後に節があるので、節をつなぐ接続詞の (C) So that「～できるように」が空欄に入る。(A) Because of「～が原因で」は前置詞で名詞（句）をつなぐ。(B) Consequently「その結果」と (D) Nevertheless「それにもかかわらず」は副詞で、節や句をつなぐ機能を持たない。

訳 議題のすべての項目を扱うのに十分な時間が持てるよう、会議の出席者は一度しか休憩をとらない。

Vocab. □ go over ～を検討する □ agenda 議題 □ break 休憩

24. [正答率 56.2%]

正解 B

空欄の後ろからカンマまでは the replacement of ...「…の交換」という名詞句が続いているので、空欄には前置詞が入る。選択肢の中で前置詞の機能を持つのは (B) Since「～以来」のみ。ほかの選択肢はすべて接続詞で、(A) Although は「～だが」、(C) Because は「～なので」、(D) When は「～するとき」。

訳 その工場で機器の交換が行われて以来、生産性が向上し、事故の発生も少なくなった。

Vocab. □ replacement 交換 □ occurrence 発生

25. [正答率 53.0%]

正解 B

空欄の後ろからカンマまでが her trip (to the Manila headquarters) という名詞句なので、名詞句を結ぶ前置詞の (B) Following「～に続いて（＝ after）」が正解。(A) Whenever「～はいつでも」と (D) Because「～なので」は接続詞、(C) Afterward「その後」は副詞。

訳 リーさんはマニラ本社への出張の後、スタッフをどう管理するかについて新たな着想をたくさん得て戻ってきた。

Vocab. □ headquarters 本社

26. ------- one of the leading geneticists in the country, Allison Smith is often asked to collaborate on research projects.

☐☐☐

(A) Because
(B) As
(C) Since
(D) Among

27. Jacksonville is the center of business activity in Florida, ------- Orlando is the state's most popular tourist destination.

☐☐☐

(A) furthermore
(B) likewise
(C) while
(D) without

28. ------- searching for her file cabinet key, Janet found her employee badge, which had been missing for more than a week.

☐☐☐

(A) Because
(B) While
(C) During
(D) In addition

29. ------- sales drop during the fourth quarter, profits for the year will still be the highest in the firm's history.

☐☐☐

(A) Meanwhile
(B) Despite
(C) Even if
(D) Yet

30. There are many issues we must consider ------- deciding which materials supplier to use for our Brazilian manufacturing plant.

☐☐☐

(A) during
(B) as
(C) over
(D) when

26. [正答率 50.9%] 　　　**正解 B**

空欄の後ろからカンマまでは名詞句が続いている。主語 Allison Smith について「国内随一の遺伝学者」と説明しているので、〈立場・役割〉を表す前置詞 (B) As「～として」が適切。(A) Because「～なので」は接続詞。(C) Since「～以来」には前置詞と接続詞両方の用法があり、(D) Among「～の中で」も前置詞だが意味がかみ合わない。

訳 アリソン・スミス氏は国内随一の遺伝学者の一人として、よく研究プロジェクトへの協力の要請を受ける。

Vocab. □ leading 一流の　□ geneticist 遺伝学者

27. [正答率 49.1%] 　　　**正解 C**

カンマの前後は節になっているので、空欄には接続詞が必要。選択肢中、接続詞は (C) while「～の一方で」のみ。この問題文中では 2 つの都市を対照するために用いられている。(A) furthermore「さらに」と (B) likewise「同様に」は副詞、(D) without「～なしで」は前置詞。

訳 ジャクソンヴィルがフロリダ州における商業の中心地であるのに対し、オーランドは州内で最も人気のある観光地だ。

28. [正答率 39.0%] 　　　**正解 B**

空欄と直後の現在分詞 searching の間には she was が省略されている。接続詞の (B) While を入れれば「～している間」となり、文意が通る。(A) Because「～なので」は接続詞だが意味がかみ合わない。(C) During「～の間」は前置詞、(D) In addition「さらに、そのうえ」は副詞。

訳 書類棚の鍵を探していて、ジャネットは 1 週間以上見当たらなかった従業員バッジを発見した。

29. [正答率 36.5%] 　　　**正解 C**

空欄の後ろからカンマまで、またカンマ以降も節が続いているので、接続詞の (C) Even if「たとえ～でも」が適切。(B) Despite「～にもかかわらず」は前置詞、(A) Meanwhile「一方で」は副詞、(D) Yet は副詞で「まだ」、もしくは「けれども (= but)」という意味の接続詞だが、文頭に置かれて 2 つの節を結びつけることはできない。

訳 たとえ第 4 四半期に売上が落ちたとしても、今年の利益は会社創業以来、最高になるだろう。

Vocab. □ fourth quarter 第 4 四半期

30. [正答率 19.4%] 　　　**正解 D**

空欄と直後の現在分詞 deciding の間には we are が省略されている。空欄の後ろは分詞構文で、接続詞の (D) when を空欄に入れると、「～する際」という意味が明確になる。(A) during「～の間中」と (C) over「～を越えて」は前置詞。(B) as は前置詞で「～として」、また接続詞で「～するとき」という意味がある。as we decide なら正解となりうる。

訳 ブラジルの製造工場向けの原材料サプライヤーをどこにするか決める際、考慮しなければならないことがたくさんある。

Vocab. □ material 原材料　□ supplier 供給業者　□ manufacturing plant 製造工場

タイプ4　前置詞問題の攻略

攻略のポイント

① 前置詞の根本的なイメージとその広がりを押さえる
② 動詞や空欄前後の語句との慣用的な結びつきを考える
③ 2 語以上の句で前置詞として働く表現を見抜く

▶例題

As store manager, you are responsible ------- scheduling all of the full-timers as well as tracking their hours worked.

(A) to
(B) with
(C) for
(D) by

▶解き方

As store manager, you are responsible ------- scheduling all of the full-timers as well as tracking their hours worked.

(A) to
(B) with
(C) for
(D) by

① 空欄前後の語句、ここでは are responsible に注目
② (C) for を入れて be responsible for「～に責任がある」とする

正解　C

訳　店長として、あなたは全正社員の勤務計画をまとめ、勤務時間を管理する責任があります。

基本的に前置詞の知識を問う問題です。時間をかければ解けるというタイプの問題ではありませんので、短時間で解いて次に進みましょう。

前置詞の基本イメージと慣用的な結びつき

1 基本イメージ

・at 点　・to 到達点　・from 起点　・on 接触　・in 範囲

2 動詞、名詞、形容詞との慣用的な結びつき

方向 動詞＋目的語＋ to ＋名詞

adapt、adjust、accommodate、contribute

利益、交換、理由 動詞＋目的語＋ for ＋名詞

buy、pay、exchange、mistake、praise、scold、blame、punish

みなす 動詞＋目的語＋ as ＋名詞

regard、look on、see、view、think of

変化 動詞＋目的語＋ into ＋名詞

change、turn、convert、translate、divide

分離 動詞＋目的語＋ from ＋名詞

tell、know、distinguish

妨げ 動詞＋目的語＋ from ＋（動）名詞

keep、prevent、stop、hinder

奪取、伝達 動詞＋目的語＋ of ＋名詞

rob、deprive、remind、inform、assure、convince、persuade、advise、notify

供給 動詞＋目的語＋ with ＋名詞

provide、supply、furnish、present

対象 動詞＋目的語＋ on ＋名詞

congratulate、concentrate、impose

前置詞

due to / owing to / because of	～が原因で
thanks to	～のおかげで
according to	～によると
next to	～の隣で
in addition to	～に加えて

by means of	～によって
in charge of	～を担当して
on behalf of	～を代表して
in compliance with / in accordance with	～に従って
in[with] regard to	～に関して

1. Mr. Trevino is well liked because he always shows a great deal of consideration ------- his fellow employees.

(A) for
(B) in
(C) under
(D) at

2. ------- behalf of the OU-Tulsa Alumni Association, welcome to the 51st annual Alumni Gathering.

(A) With
(B) On
(C) From
(D) At

3. All nominations for Employee of the Month should be dropped in the box ------- the 3rd floor break room.

(A) between
(B) about
(C) next
(D) beside

4. The directors of Cleen, Inc., are satisfied ------- the results of the testing of the new laundry detergent.

(A) for
(B) as
(C) with
(D) on

5. ------- updating our consumer database, we will be able to serve our clients more efficiently.

(A) Behind
(B) For
(C) As
(D) By

1. [正答率 89.5%]　正解 **A**

空欄前に he always shows ... consideration「彼はいつも多くの配慮を示す」とあり、空欄後に his fellow employees「彼の同僚」とあるので、配慮の〈対象〉を表す前置詞の (A) for が正解。(B) in は〈空間の中〉、(C) under は〈真下〉、(D) at は〈地点〉を表す。

訳 トレビーノ氏は同僚にいつも多くの配慮を示すため、とても好かれている。

Vocab. □ a great deal of 多大な、たくさんの　□ fellow employee 同僚

2. [正答率 87.5%]　正解 **B**

空欄後の behalf of と結びつく前置詞を選ぶ。on behalf of で「～を代表して、～に代わって」という意味の文脈に合う慣用表現になるので、(B) On が正解。文中の alumni は alumnus「男子卒業生」の複数形だが、卒業生が男女両方を含む場合にも用いられる。女子卒業生は alumna。

訳 OU-Tulsa 同窓会を代表し、第 51 回年次同窓会に歓迎いたします。

Vocab. □ annual 毎年恒例の、年 1 回の

3. [正答率 86.2%]　正解 **D**

空欄前の the box の位置を示す前置詞を選ぶ。空欄後に the 3rd floor break room とあるので、(D) beside「～の真横に、そばに」を入れて「3 階の休憩室のそばにある箱」とする。(A) between は「(2 者) の間」、(B) about は「～に関して」、(C) next は next to の形で「～の隣に」という意味。

訳 月間最優秀社員賞への推薦はすべて、3 階の休憩室のそばにある箱の中に入れてください。

Vocab. □ break room 休憩室

4. [正答率 86.0%]　正解 **C**

空欄前に are satisfied「満足している」とあるので、be satisfied by/with ～の形で「～に満足している」という意味を表す (C) with が正解。(B) as は as a result of「～の結果」の形で用いられる。

訳 Cleen 社の経営陣は、新しい洗濯用洗剤のテスト結果に満足している。

Vocab. □ detergent 洗剤

5. [正答率 75.0%]　正解 **D**

カンマ前の updating (... database)「～を更新すること」が、カンマ後の文に対してどういう意味関係にあるかを考え、〈手段〉を表す (D) By「～によって」を選ぶ。(A) Behind は「～の後ろに」、(B) For は「～のために」、(C) As は「～として」という意味。

訳 消費者データベースを更新することによって、より効率よく顧客にサービスを提供できるようになるだろう。

Vocab. □ efficiently 効率的に

6. Tourists crossing the border are advised to respond ------- inquiries by customs officials with honesty and respect.

□
□
□

(A) to
(B) as
(C) under
(D) along

7. Rates at the Pineapple Palace remain the same ------- the year due to the consistent number of guests.

□
□
□

(A) into
(B) since
(C) throughout
(D) upon

8. To receive the rebate, send the bar code from the package to the address below ------- with your original receipt.

□
□
□

(A) over
(B) on
(C) down
(D) along

9. An unexpected issue forced Mr. Davidson to put ------- his holiday until the following month.

□
□
□

(A) on
(B) off
(C) out
(D) down

10. The next presentation will provide everyone ------- more information about workplace safety.

□
□
□

(A) with
(B) by
(C) on
(D) for

6. [正答率 74.1%]　正解 A

〈be advised to *do*〉「～するよう強くすすめられる」の不定詞部分に入っている動詞 respond の後が空欄になっている。respond は、respond to「～に回答する」という形で用いる。よって、(A) to を入れて respond to inquiries「質問に答える」とする。

訳 国境を越える観光客は、税関職員の質問に対して正直かつ丁寧に答えるべきだ。

Vocab. □ inquiry 質問　□ customs 税関

7. [正答率 70.8%]　正解 C

空欄の後ろに the year という〈期間〉があるので、(C) throughout「～の間中」を入れて throughout the year「1年中」とするのが適切。(A) into は「～の中へ」、(B) since は「～以来」、(D) upon は「～の後すぐに」という意味。

訳 宿泊客数が安定しているので、Pineapple Palace の宿泊料金は年間を通して変わらない。

Vocab. □ consistent 一貫した

8. [正答率 65.8%]　正解 D

空欄部がなくても文が成立するので、直後の前置詞 with「～とともに」の意味を強める副詞を選ぶ。空欄に (D) along「一緒に」を入れると、along with で「～と一緒に」という意味を表す。(A) over は、get ~ over with で「(いやな) ～を終わらせる」という意味になる。

訳 割戻金をお受け取りになる場合は、パッケージについているバーコードをレシートの原本と一緒に以下の住所までお送りください。

Vocab. □ rebate 払い戻し、割戻金

9. [正答率 63.6%]　正解 B

空欄に (B) off を入れると put off で「～を延期する」という意味になり、目的語 his holiday と合う。(A) on は put on「～を身に着ける」、(C) out は put out「～を取り出す、消す」、(D) down は put down「～を書き留める、下に置く」というイディオムを作る。

訳 予想外の問題により、デイヴィッドソン氏は休暇を翌月まで延期せざるをえなくなった。

Vocab. □ unexpected 予想外の　□ following 次に来る

10. [正答率 59.9%]　正解 A

空欄の前にある動詞 provide は、provide A with B という形で「A に B を提供する」という意味になるので、(A) with を使って provide everyone with more information とするのが正解。同様の語法をとる動詞に supply「提供する」、equip「備えつける」などがある。

訳 次のプレゼンテーションは、職場の安全に関してさらなる情報を全員に提供する。

Vocab. □ workplace 職場

11. Aura, Inc. has just introduced a revolutionary new activity tracker that can even be worn ------- sleep.

☐☐☐

(A) against
(B) under
(C) during
(D) with

12. If you wish to receive our monthly industry publication, please submit an application ------- the end of today's workshop.

☐☐☐

(A) for
(B) to
(C) through
(D) at

13. You will receive one fuel discount point ------- every $10 that you spend in our chain of grocery stores.

☐☐☐

(A) to
(B) up
(C) at
(D) for

14. If digital movie sales remain at this level, it will be the first time ------- 4 years that those profits have surpassed DVD revenues.

☐☐☐

(A) since
(B) among
(C) in
(D) during

15. The newest copy machine allows users to upload their digital images as well as print ------- color.

☐☐☐

(A) by
(B) on
(C) in
(D) through

11. [正答率 59.5%] 正解 C

空欄後の sleep は「睡眠」という〈行為〉ではなく、「睡眠期間」という〈時間〉の意味なので、〈期間〉を表す (C) during「～の間中ずっと」が正解。ほかの選択肢もすべて前置詞で、(A) against は「～に対抗して」、(B) under は「～の下に、～の条件・状態の下に」、(D) with は「～とともに」。

訳 Aura 社は睡眠中にも着用できる画期的な新しい活動量計を発表したばかりだ。

Vocab. □ revolutionary 革新的な

12. [正答率 58.7%] 正解 D

空欄には、直後に続いている the end of today's workshop という名詞句を目的語にとる前置詞が入る。〈一時点〉を表す名詞句を目的語にとるのは (D) at。(A) for は〈期間の長さ〉、(B) to は〈終点〉、(C) through は〈期間〉を目的語にとる。

訳 弊社の月刊業界誌をご希望の場合は、本日のワークショップ終了時に申込書をご提出ください。

Vocab. □ publication 出版物

13. [正答率 51.1%] 正解 D

空欄直前の one fuel discount point と直後の every $10 を適切につなぐ前置詞は、「～に対して」という意味の (D) for で、〈等価交換〉を表す。receive A for B で「B につき A を受け取る」という意味になる。(C) at は「～の値段で」という意味で〈金額〉を目的語にとる。

訳 当社の食料品チェーン店でのご利用額 10 ドルごとに、燃料割引ポイントを 1 ポイント差し上げます。

Vocab. □ grocery store 食料雑貨店、スーパー

14. [正答率 49.4%] 正解 C

空欄後の 4 years が「4 年間の中で」という〈期間限定〉の意味で the first time を修飾すれば文意が通るので、(C) in を空欄に入れて the first time in 4 years「4 年間で初めて」とする。(A) since は「～以来」、(B) among は「(3 つ以上のもの) の中で」、(D) during は「～の間 (中ずっと)」。

訳 デジタルムービーの売上がこのレベルで推移すれば、4 年ぶりにその収益が DVD の売上を上回ることになる。

Vocab. □ profit 収益　□ surpass ～を上回る

15. [正答率 44.2%] 正解 C

in は色や形を表す語を目的語にとれる前置詞。in color で「カラーで (に)」となるので、(C) in が正解。問題文は、allow ... to *do*「…が～するのを可能にする」という表現の不定詞の部分に A as well as B「B だけでなく A も」の形で upload と print という 2 つの動詞を並列する構造になっている。

訳 この最新コピー機によって、ユーザーはカラー印刷だけでなく、デジタル画像のアップロードも行うことができます。

16. Payments can be made ------- cash or credit card, but checks will not be accepted.

(A) of
(B) by
(C) even
(D) either

17. When calling our reservation helpline, be sure to have your flight information ------- hand.

(A) with
(B) by
(C) on
(D) from

18. This notice is to inform you that the credit limit on your CountryWide card will be increased to €10,000 as ------- January 1.

(A) for
(B) to
(C) of
(D) on

19. The event planner has narrowed ------- the venue choices to three possible locations.

(A) up
(B) down
(C) through
(D) over

20. The rescue crew carried water, blankets, and bandages, ------- other items.

(A) except
(B) only
(C) together
(D) among

16. [正答率 42.4%]

正解 B

空欄後に cash or credit card という名詞句があり、空欄には前置詞が必要なので、〈方法・手段〉を表す前置詞の (B) by を選ぶ。(A) of を入れた be made of は「(材料) で作られている」、(C) even「～でさえ」は副詞、(D) either は either A or B で「A か B のどちらか」。

訳 お支払いは現金またはクレジットカードでできますが、小切手ではお受けできません。

Vocab. □ check 小切手

17. [正答率 39.5%]

正解 C

直後の名詞 hand と一緒に have your flight information「フライト情報をご用意ください」という文脈に合うイディオムを作るのは (C) の on。on hand で「手元に」という意味になる。(B) by を入れると by hand「手を使って」という意味のイディオムになり、文脈と合わない。

訳 当社の予約サポート番号にお電話いただく際は、お客様のフライト情報を必ずお手元にご用意ください。

Vocab. □ helpline 電話相談サービス

18. [正答率 39.5%]

正解 C

as ------- January 1 の部分に注目する。空欄に (C) of が入れば、〈as of ＋日付〉「〈日付〉から」という表現が成立する。as of January 1 で「1月1日から」という意味になり、文意に合う。〈as of ＋日付〉は「〈日付〉時点で (の)」という意味でも使われる。

訳 この通知は、お客様の CountryWide カードのご利用限度額が 1月1日より 1万ユーロに増額されることをお知らせするものです。

Vocab. □ inform 〈人〉 that ... 人に…だと知らせる

19. [正答率 37.4%]

正解 B

narrow down で「～を絞り込む」という意味なので、(B) down を空欄に入れて、has narrowed down the venue choices「会場の選択肢を絞り込んだ」とすると、文脈に合う。(B) 以外の選択肢は動詞 narrow の後に続けても意味を成さない。

訳 イベントプランナーは会場の選択肢を候補となる 3 つの場所に絞り込んだ。

Vocab. □ narrow ～を絞る

20. [正答率 36.8%]

正解 D

文末の ------- other items は情報を補足している。前置詞の (D) among「～の中で」を入れると、among other items「ほかの物品にまじって」となり、文意が通る。(A) except「～を除いて」は前置詞、(B) only「唯一の」「～だけ」は形容詞または副詞、(C) together「一緒に」は副詞。

訳 救助隊は、水、毛布、包帯などの物品を持っていった。

Vocab. □ rescue crew 救助隊

21. Mr. McMann thinks that the budget surplus would best be put to use ------- investing it in new equipment.

□□□

(A) as
(B) with
(C) by
(D) of

22. Analysts have attributed the recent increase in sales of organic foods ------- Europeans' growing concerns about food safety.

□□□

(A) on
(B) to
(C) with
(D) of

23. Several managers argued ------- the requests made during the most recent board meeting.

□□□

(A) at
(B) under
(C) with
(D) against

24. Due to concerns over the safety of the new X83 road bike, sales have been halted ------- further notice.

□□□

(A) as
(B) until
(C) onto
(D) under

25. The decision to accept the settlement offer was made ------- the objections of the vice president of the firm.

□□□

(A) along
(B) over
(C) in
(D) for

21. [正答率 34.4%]

正解 C

空欄前の the budget surplus would best be put to use「予算の余剰分が最大限活用される」に対し、空欄後は investing it in new equipment「それを新機器に投資すること」と活用方法が動名詞で示されているので、〈手段・方法〉を表す (C) by「～によって」が正解。

訳 マックマン氏は予算の余剰分を新しい機器への投資に活用することが最善の策だと信じている。

Vocab. □ budget 予算 □ surplus 余剰分 □ put ... to use …を活用する

22. [正答率 33.8%]

正解 B

動詞 attribute は、attribute A to B で、「A（結果）を B（原因）のおかげ／結果と考える」という語法があるので、(B) to が正解。A に the recent increase「最近の増加」、B に Europeans' growing concerns「ヨーロッパの人々の関心の高まり」が来ている。

訳 アナリストたちは、最近のオーガニック食品の売上の伸びは食品の安全性に対するヨーロッパの人々の関心が高まっているためだとしている。

Vocab. □ concern 関心

23. [正答率 30.8%]

正解 D

空欄後の the requests「要求」を目的語にし、動詞 argued と一緒に適切な意味を成す前置詞は、(D) against「～に反対して」。argued against the requests で「その要求に反対した」という意味になる。(A) at は「～に（で）」、(B) under は「～の下に」、(C) with は「～とともに」。

訳 つい最近の役員会議中に出された要求に対し、重役数人は異議を唱えた。

Vocab. □ board meeting 役員会議

24. [正答率 30.3%]

正解 B

空欄後の目的語 further notice「次の通達」と、空欄前の動詞 have been halted「停止されている」との整合性を考慮し、(B) until「～まで」を選ぶ。until は、継続する動作や状態の〈終了時〉を示し、「further notice（次の通達）」が出る時点を〈終了時〉とみなすことができる。

訳 新型ロードバイク「X83」の安全性に関する懸念のため、販売は次の通達が出るまで中止されている。

Vocab. □ concern 懸念 □ further さらなる

25. [正答率 29.7%]

正解 B

the objections の前に入る適切な前置詞を選ぶ問題。文脈から、「～に反して、～を押し切って（= despite）」という意味を持つ (B) の over を選ぶ。ただし、over は「～に関して（= about / on）」という意味でも使われ、make a decision over で「～に関して決定を下す」という使い方もあるので注意しておこう。

訳 和解の申し入れに応じるという決定は、副社長の反対にもかかわらず下された。

Vocab. □ settlement 和解

26. Due to privacy concerns, photography is not permitted anywhere ------- the health club premises.

☐☐☐

(A) on
(B) for
(C) to
(D) after

27. If we continuously develop new and exciting video games, our firm will continue to prosper ------- the upcoming decade.

☐☐☐

(A) among
(B) at
(C) with
(D) into

28. The computer issues, which had been brought ------- by a virus, were quickly solved by the IT department.

☐☐☐

(A) about
(B) up
(C) together
(D) off

29. The Redbird Café is popular with tourists, partly because it is located ------- the central train station.

☐☐☐

(A) across
(B) next
(C) among
(D) opposite

30. Mile-Hi Jumpers assigns professional instructors to look ------- for clients during their first solo skydive.

☐☐☐

(A) out
(B) up
(C) in
(D) over

26. [正答率 29.5%]

正解 A

空欄の直後にある名詞 the (health club) premises「(スポーツクラブの) 敷地」を目的語にとる前置詞は (A) の on である。on the premises で「(その) 敷地内で、構内で」という意味の表現になる。この意味では、premise は常に複数形の premises という形で用いられる。

訳 プライバシーへの配慮により、当スポーツクラブ敷地内のどの場所でも写真撮影は禁止されています。

Vocab. □ premises 敷地

27. [正答率 20.1%]

正解 D

continue「続ける」という動詞があるので、空欄以下の部分は「次の 10 年間に入っても」という意味になると推測できる。よって、空欄には〈内部 (場所・空間・時間) への動き〉を表す前置詞の (D) into「～の中へ」が入る。

訳 新たな面白いビデオゲームを継続して開発すれば、わが社は今後 10 年間発展し続けるだろう。

Vocab. □ prosper 発展する、栄える □ upcoming 来たるべき

28. [正答率 19.0%]

正解 A

(A) about を空欄に入れると、句動詞 bring about「～を引き起こす」の受動態ができ、文脈に合う。(B) は bring up で「(議題) を持ち出す、(子供) を育てる」、(C) は bring together で「～を寄せ集める」、(D) は bring off で「～をうまく成し遂げる」という意味になる。

訳 ウイルスによってもたらされたコンピュータの問題は、IT 部によって迅速に解決された。

Vocab. □ solve ～を解決する

29. [正答率 18.7%]

正解 D

動詞 located「(場所) にある」と the central train station「中央駅」の間にある空欄に (D) opposite「～の反対側に」を入れると、カフェの位置を適切に表せる。(A) は across from だと「～の向かいに (= opposite)」という意味になる。(B) は next to で「～の隣に」、(C) among は「～の中に」。

訳 Redbird Café は観光客に人気だが、その理由の一つは中央駅の向かいにあるからだ。

Vocab. □ partly ある程度は、一部には

30. [正答率 16.7%]

正解 A

look と for の間にある空欄に (A) out を入れると、look out for「～に (害がないよう) 注意を払う、～を見守る」という文脈に合う慣用表現ができる。(B) は look up で「～を見上げる、(言葉) を調べる」、(C) は look in で「～の中を見る、～を訪問する」、(D) は look over で「～にざっと目を通す」という意味。

訳 Mile-Hi Jumpers は、顧客が最初の単独スカイダイビングをする際、彼らを見守るプロのインストラクターを手配している。

Vocab. □ assign ～を手配する

タイプ5　代名詞問題の攻略

攻略のポイント

① **適切な格を選ぶ**

② **適切な代名詞（指示語）を選ぶ**

→ 文脈に応じた代名詞を選ぶ。または構文を把握して it や that を入れる

▶例題

By signing ------- name, you confirm that you agree to abide by the rules set forth in this contract.

(A) you
(B) your
(C) yours
(D) yourself

▶解き方

By signing ------- name, you confirm that you agree to abide by the rules set forth in this contract.

(A) you 主格
(B) your 所有格
(C) yours 所有代名詞
(D) yourself 再帰代名詞

① 選択肢の「格」を確認
② 空欄直後の名詞を修飾できる形が必要なので (B) your が正解

正解　B

訳 署名によって、あなたはこの契約書に記載の規則を順守することに同意したと認めることになります。

Vocab. □ abide by ～を順守する　□ set forth ～を明記する

代名詞問題は適切な「格」や指示語が問われます。

代名詞の格と出題パターン

■ 格、所有代名詞、再帰代名詞

主格「～は」	所有格「～の」	目的格「～を、～に」	所有代名詞	再帰代名詞
I	my	me	mine	myself
you	your	you	yours	yourself yourselves
he	his	him	his	himself
she	her	her	hers	herself
it	its	it	-	itself
we	our	us	ours	ourselves
they	their	them	theirs	themselves

■ 代名詞の出題パターン

空欄（主格） ＋動詞	------- ask that ...	**We** ask that ...
空欄（所有格） ＋名詞	------- feedback during ------- lunch	**your** feedback during **her** lunch
動詞 ＋空欄（目的格）	contact ------- by e-mail	contact **me** by e-mail
前置詞 ＋空欄（目的格）	meet with -------	meet with **him**
動詞 ＋空欄（再帰代名詞）	Please help ------- to ... can make ------- available	Please help **yourself** to ... can make **myself** available
前置詞 ＋空欄（再帰代名詞）	complete it by -------	complete it by **herself**
節 ＋空欄（再帰代名詞）	I can make it -------.	I can make it **myself**.

1. To complete the waiver, you must read the statement below and sign ------- name at the bottom of the document.

(A) you
(B) your
(C) yours
(D) yourself

2. Surprised by someone walking into the office at midnight, Stephen knocked ------- documents off the desk.

(A) his
(B) he
(C) himself
(D) him

3. Our clerks are working more quickly since ------- began using the new software.

(A) they
(B) their
(C) them
(D) themselves

4. Sierra Smith is a well-known environmentalist who has devoted ------- to ensuring the survival of the Giant Panda.

(A) she
(B) her
(C) herself
(D) hers

5. Sean created the charts and graphs ------- and will present them at the upcoming board meeting.

(A) he
(B) him
(C) his
(D) himself

1. [正答率 **96.8%**]　　正解 **B**

代名詞 you の適切な格を判断する問題。空欄は直後の名詞 name にかかる。選択肢中、名詞を修飾できるのは所有格である (B) your「あなたの」のみ。(A) you は主格で「あなたは」または目的格で「あなたを、あなたに」、(C) yours は所有代名詞で「あなたのもの」、(D) yourself は再帰代名詞で「あなた自身」の意味。

訳 権利放棄を完了するには、下記の記述を読んで文書の下部に署名しなければならない。

Vocab. □ waiver 権利放棄（証書）

2. [正答率 **91.9%**]　　正解 **A**

空欄直後に名詞 documents「書類」があるので、名詞を修飾する所有格の (A) his「彼の」を選ぶ。knock A off B は「A を B から落とす」という意味。(B) he「彼は」は主格、(C) himself「彼自身」は再帰代名詞、(D) him「彼を、彼に」は目的格。

訳 深夜にオフィスへ歩いて入ってきた人に驚いて、スティーブンは彼の書類をデスクから落としてしまった。

3. [正答率 **91.5%**]　　正解 **A**

空欄には、接続詞の since「～以来」が導く節で主語となる語が入る。選択肢中、主語となりうる語は主格である (A) の they のみ。前半の節の主語 Our clerks を、後半の節では they で受けている。(B) の their は所有格、(C) の them は目的格、(D) の themselves は再帰代名詞。

訳 当社の事務担当者たちは、新しいソフトウエアを使い始めてから、以前より迅速に仕事をしている。

Vocab. □ clerk 事務員

4. [正答率 **87.1%**]　　正解 **C**

空欄直前の動詞 devote は devote oneself to で「～に献身する」という意味になるので、再帰代名詞の (C) herself が空欄に入る。(A) she は主格、(B) her は所有格または目的格、(D) hers「彼女のもの」は所有代名詞。

訳 シエラ・スミスさんは、ジャイアントパンダの生存を守ることに献身してきた著名な環境活動家だ。

Vocab. □ environmentalist 環境活動家

5. [正答率 **87.1%**]　　正解 **D**

空欄の前には、主語 Sean、動詞 created、目的語 the charts and graphs という文の要素がそろっている。よって、空欄の位置には、主語を強調する働きのある再帰代名詞の (D) himself「彼自ら、自分で (= by himself)」が入る。(A) he は主格、(B) him は目的格、(C) his は所有格または所有代名詞。

訳 ショーンは、図表とグラフを自分で作成し、今度の役員会議でそれらを発表する。

Vocab. □ board meeting 役員会議

6. The president, because the firm has been losing money, took a reduction in pay -------.

☐
☐
☐

(A) her
(B) hers
(C) she
(D) herself

7. We are not sure whether the developers will be able to complete the research -------.

☐
☐
☐

(A) theirs
(B) their own
(C) themselves
(D) they

8. The managers routinely assess the employees to confirm ------- understanding of the company's rules and regulations.

☐
☐
☐

(A) they
(B) them
(C) their
(D) themselves

9. The boss had not expected to be involved in implementing the plan, but she ended up doing most of the work -------.

☐
☐
☐

(A) she
(B) her
(C) hers
(D) herself

10. Your generous donation makes ------- possible for us to help those in need of food and housing.

☐
☐
☐

(A) it
(B) that
(C) this
(D) these

6. [正答率 86.9%]

正解 D

空欄の前で文を完結できるので、文の必要要素となる主格の (C) she、名詞要素として機能する所有代名詞の (B) hers、所有格または目的格の (A) her は空欄に入れることができない。再帰代名詞は主語を強調する用法があるので、(D) herself「自ら」が正解となる。

訳 会社が赤字続きのため、社長は自ら減給した。

Vocab. □ reduction in pay 減給

7. [正答率 85.8%]

正解 C

be (not) sure whether ...「…かどうか確かである(ない)」という構文が空欄の前で成立しているので、副詞的な用法がある再帰代名詞の (C) themselves「彼ら自身で(= by themselves)」が正解。(B) は on their own「自分たちの力で」であれば、空欄に入りうる。(A) は所有代名詞、(D) は主格。

訳 開発担当者たちが独力で調査を終えられるかどうか、私たちには定かでない。

Vocab. □ complete ～を完了させる

8. [正答率 85.7%]

正解 C

空欄直前に動詞 confirm、空欄直後に目的語となる名詞 understanding があるので、空欄には understanding を修飾できる所有格の (C) their「彼らの」が入る。(A) they は主格、(B) them は目的格、(D) themselves は再帰代名詞。

訳 管理者は会社の規則と規制に関する従業員の理解を確認するため、定期的に評価を行う。

Vocab. □ routinely 定期的に

9. [正答率 85.4%]

正解 D

but 以降は、空欄がなくても必要な要素のそろった節になっているので、空欄には主語 she を強調する働きを持つ再帰代名詞の (D) herself「自ら」を入れる。(A) she は主格、(B) her は所有格または目的格、(C) hers「彼女のもの」は所有代名詞。

訳 上司はその計画の実施に巻き込まれるとは予想していなかったが、結局は仕事の大半を自分ですることになった。

Vocab. □ implement ～を実行する □ end up *doing* 結局～することになる

10. [正答率 84.0%]

正解 A

動詞 make(s) に注目し、〈make it +形容詞+ for A + to *do*〉「A が～することを…にする」という形を作れる (A) it を選ぶ。it は make の形式目的語として、真の目的語である〈for A + to *do*〉以下の代わりになる。

訳 皆さまが多大な寄付をしてくださるので、私たちは食べ物と住む場所を必要としている人々を援助することができます。

Vocab. □ generous 気前のよい □ in need of ～を必要として

11. The director answered the phone ------- because all of the secretaries were attending a staff meeting.

☐
☐
☐

(A) her
(B) herself
(C) she
(D) hers

12. Our main competitor's new line of laptop computers is both cheaper and lighter than -------.

☐
☐
☐

(A) our
(B) ourselves
(C) ours
(D) us

13. Mr. Moran will need to submit all of the receipts to the accountant, so please keep ------- in one main file.

☐
☐
☐

(A) him
(B) it
(C) us
(D) them

14. The apartment's security system is outdated, so we are planning to replace ------- within the next few months.

☐
☐
☐

(A) them
(B) ours
(C) it
(D) one

15. Frederick asked Christine to check the contents of the boxes in the warehouse before distributing ------- to the retailers.

☐
☐
☐

(A) him
(B) it
(C) her
(D) them

11. [正答率 81.9%]　正解 B

空欄がなくても、The director answered the phone「部長が電話に出た」という節が完成しているので、主語を強調する機能を持つ再帰代名詞の (B) herself「自ら」が入る。(A) her は所有格または目的格、(C) she は主格、(D) hers「彼女のもの」は所有代名詞。

訳 部長が自ら電話をとったのは、秘書全員がスタッフ会議に出席していたからだ。

Vocab. □ director 部長

12. [正答率 81.2%]　正解 C

空欄の前に cheaper と lighter という比較級がある。空欄には Our main competitor's new line of laptop computers「競合企業の新シリーズのノートパソコン」の比較対象となる〈物〉を表す語が入るので、所有代名詞の (C) ours「私たちのもの」が正解。

訳 当社の重要な競合企業の新シリーズのノートパソコンは、当社のものよりも安くて軽量だ。

Vocab. □ line（商品の）シリーズ　□ laptop computer ノートパソコン

13. [正答率 80.7%]　正解 D

選択肢には目的格が並んでいる。空欄には keep の目的語が入るので、空欄前のどの名詞が目的語として適切か確認する。意味を考えると、1つのファイルに keep しておくのは前半の節の receipts「領収書」だとわかる。複数の物なのでこれを指す代名詞は (D) them「それらを（に）」になる。

訳 モラン氏がすべての領収書を会計士に提出する必要がありますので、それらを1つのメインファイルに保管してください。

Vocab. □ receipt 領収書

14. [正答率 80.4%]　正解 C

空欄前にある他動詞 replace「～を取り替える」の目的語となる語を文中に探す。取り替えられる物として適切なのは The apartment's security system という3人称単数の〈物〉になるので、これを指す (C) it が正解となる。

訳 アパートの警備システムが時代遅れになったので、私たちは今後数カ月以内にそれを取り替えることを計画している。

Vocab. □ outdated 時代遅れの

15. [正答率 79.3%]　正解 D

空欄直前にある動名詞 distributing「～を配送する」の目的語となる名詞を、空欄より前の部分から探す。配送される物は the boxes「箱」であると考えられるので、この the boxes を受けることができる3人称複数の (D) them を選ぶ。

訳 フレデリックはクリスティンに、小売店へ配送する前に倉庫の箱の中身を確認するように頼んだ。

Vocab. □ warehouse 倉庫　□ retailer 小売店

16. ------- who are caught removing security tags from our merchandise will be prosecuted.

□
□
□

(A) This
(B) These
(C) That
(D) Those

17. Bethany had to use the computer in the hotel lobby because she had left ------- at home.

□
□
□

(A) she
(B) her
(C) hers
(D) herself

18. Ms. Zaxby resigned from her position with NorCo and plans to start a business for -------.

□
□
□

(A) she
(B) her own
(C) hers
(D) herself

19. Clients who refer a friend for membership in January will receive 20 percent off ------- dues for February.

□
□
□

(A) our
(B) his
(C) your
(D) their

20. Nearly ------- in the IT department went to the retirement party for Ms. Albert.

□
□
□

(A) everyone
(B) someone
(C) each one
(D) anyone

16. [正答率 **77.8%**] 正解 D

関係代名詞の who が導く節（who ... merchandise）の部分を無視し、残った ------- will be ... に注目すれば、主語が空欄に入るとわかる。who 節で後述される人を指せるのは (D) Those「（～する）人たち」のみ。who と be 動詞が省略される場合もある。

訳 当社の製品からセキュリティタグを外しているところを見つかった人は、告訴されます。

Vocab. □ merchandise（集合的に）製品　□ prosecute ～を起訴する、訴追する

17. [正答率 **75.0%**] 正解 C

動詞 had left「～を置き忘れた」の目的語が欠けている。前半でホテルのロビーのコンピュータ（the computer）を使ったことが述べられているので、her computer を 1 語で表す所有代名詞の (C) hers「彼女のもの」が空欄に入る。

訳 ベサニーは自分のコンピュータを家に置いてきたため、ホテルにあるものを使わなければならなかった。

18. [正答率 **73.2%**] 

再帰代名詞の (D) herself を空欄に入れると、直前の for とともに for herself「自ら、独力で」という文意に合う慣用表現になる。(A) she は主格、(B) her own は on her own で「独力で」という意味を表す。(C) hers「彼女のもの」は所有代名詞。

訳 ザックスビー氏は NorCo 社の仕事を辞め、自分で事業を始める予定だ。

Vocab. □ position 職

19. [正答率 **70.4%**] 正解 D

選択肢には、だれの dues「料金」かを示す所有格代名詞が並んでいる。関係詞節（who ... January）を省略し、Clients will receive 20 percent off ------- dues に注目すれば、dues は clients の支払う金額だとわかるので、3 人称複数代名詞の所有格 (D) their が正解。

訳 1 月中にご友人へ会員制度をご紹介いただいたお客様には、2 月分のご請求額から 20%を値引きいたします。

Vocab. □ refer ～を紹介する

20. [正答率 **70.1%**] 正解 A

Nearly は「ほとんど」という意味で、ある状態または数にもう少しで達することを示すので、(A) everyone を空欄に入れて「ほぼ全員」とする。(C) の each one「それぞれ」は nearly の後ろでは使えない。なお、no/none/never/nothing/nobody の前では nearly ではなく、almost を使う。

訳 IT 部のほぼ全員が、アルバートさんの退職パーティーに出席した。

Vocab. □ retirement 退職

21. Longmont County employees earn better pay, on average, than ------- working similar positions at private firms.

□
□
□

(A) that
(B) them
(C) theirs
(D) those

22. I have reviewed the new regulations and recommend that upper management implement ------- immediately.

□
□
□

(A) us
(B) you
(C) it
(D) them

23. Alternative medications for treatment, including ------- used by herbalists, are listed on our Web site.

□
□
□

(A) them
(B) this
(C) that
(D) those

24. You can seek advice from colleagues regarding this matter, but the final decision is -------.

□
□
□

(A) your
(B) yours
(C) yourself
(D) you

25. During this economic downturn, technology firms have fared better than ------- in other industries.

□
□
□

(A) these
(B) that
(C) those
(D) theirs

21. [正答率 68.0%]

正解 D

ロングモント郡と他社の employees「従業員」が比較されている。複数名詞を比較する場合は、(D) those を用い、than those (= employees) working similar positions at private firms で「民間企業の似た職位で働いている従業員よりも」と考える。(A) that は単数名詞の代わりに用いる。

訳 ロングモント郡の公務員は、平均すれば民間企業の同等の立場で働いている社員よりも高給だ。

Vocab. □ on average 平均して　□ private firm 民間企業

22. [正答率 66.2%]

正解 D

空欄前の implement「～を実施する」の目的語は the new regulations「新しい規制」を指す代名詞なので、3 人称複数名詞を指す代名詞の (D) them が正解。なお、recommend「～をすすめる」の目的語となる that 節内では仮定法現在（原形動詞。問題文では implement）が使われる。

訳 新しい規制を確認したので、経営上層部にすぐにその規制を実施するべきだと提言いたします。

Vocab. □ upper management 経営幹部、上級管理職

23. [正答率 62.2%]

正解 D

空欄には、複数名詞 (Alternative) medications (for treatment) の反復を避ける代名詞が入る。(D) those は「種類」が同一であることを示し、後ろに修飾語句を伴うことができる。those (= medications) used by herbalists で「漢方医が使う薬」という意味。

訳 漢方医が用いるものも含め、代替治療薬は当方のウェブサイト上に一覧があります。

Vocab. □ alternative 代替の

24. [正答率 59.1%]

正解 B

the final decision is ------- の部分に注目する。主語の decision「決心」とのイコール関係が成立する所有代名詞の (B) yours (= your decision) を選ぶ。(A) your は所有格なので、後ろには名詞が続く。(C) yourself は再帰代名詞、(D) you は主格または目的格。

訳 この件については同僚の方にアドバイスを求めてもよいですが、最終の決断はご自身で行ってください。

Vocab. □ seek ～を求める

25. [正答率 58.4%]

正解 C

technology firms「技術系企業」と in other industries「ほかの業界の」の firms「企業」が比較されている。この firms の繰り返しを避けるため、複数名詞を指す代名詞の (C) those が空欄に入る。those in other industries で「ほかの業界の企業」という意味になる。

訳 最近の景気低迷の中、IT 企業はほかの業界の企業よりも業績がよい。

Vocab. □ fare やっていく、暮らす

26. ------- interested can attend a seminar to learn more about our Working Professionals Degree Program.

☐
☐
☐

(A) That
(B) Those
(C) They
(D) These

27. Ms. Carver liked Mr. Walsh's suggestions for the ad campaign and asked the team leader to incorporate -------.

☐
☐
☐

(A) her
(B) him
(C) us
(D) them

28. After updating the students' contact cards, please make sure that ------- are returned to the cabinet in the office.

☐
☐
☐

(A) they
(B) you
(C) we
(D) it

29. Despite the firm's economic struggles, the CEO gave the employees his assurance that ------- would be no layoffs.

☐
☐
☐

(A) it
(B) there
(C) they
(D) this

30. Mr. Stouffer purchased the restaurant, reasoning that the opportunity might only present ------- once in a lifetime.

☐
☐
☐

(A) him
(B) it
(C) himself
(D) itself

26. ［正答率 57.1%］ 正解 B

主語が ------- interested、動詞が can attend であることを確かめる。attend は「～に出席する」という意味なので、主語には〈人〉を示す語が必要。〈Those ＋形容詞または現在分詞・過去分詞〉の形で「～な人々」という意味を表す (B) の Those が正解となる。

訳 興味のある方は、私どもの「社会人学位プログラム」を詳しく知るためのセミナーにご参加ください。

Vocab. □ degree program 学位取得プログラム

27. ［正答率 56.6%］ 正解 D

incorporate「～を組み入れる」の目的語として適切な名詞は、前半にある Mr. Walsh's suggestions「ウォルシュ氏の提案」という複数名詞であると文脈から判断できる。よって、3 人称複数の名詞を指す目的格の代名詞である (D) them を選択する。

訳 カルヴァーさんはウォルシュ氏の広告キャンペーンに関する提案を気に入ったので、チームリーダーにそれを組み込むよう頼んだ。

Vocab. □ incorporate ～を組み入れる

28. ［正答率 56.4%］  正解 A

空欄に入る代名詞が指す語を空欄より前から探す。空欄には are returned の主語となる語が必要であることから、「返されるもの」に該当する the students' contact cards「生徒の連絡カード」が入ることがわかる。よって、3 人称複数の名詞を指す主格代名詞の (A) they が正解となる。

訳 生徒の連絡カードを更新した後は、それらをきちんとオフィスのキャビネットに戻してください。

29. ［正答率 32.9%］  正解 B

この文の主節は「CEO が that 以下の内容を確約した」という内容で、that 直後に空欄がある。空欄に (B) there を入れれば there would be no layoffs「人員解雇はない」となり、自然な文脈になる。ほかの選択肢はいずれも代名詞で、文中のどの語を指すとしても that 節内で意味が通らない。

訳 会社が経営難に陥っているにもかかわらず、最高経営責任者は従業員に解雇しないと約束した。

Vocab. □ struggle 苦闘　□ assurance 保証、確約　□ layoff 解雇

30. ［正答率 23.2%］ 正解 D

空欄前の present は他動詞で、目的語に (D) itself をとると、ある状況や機会などが「突然起こる、出現する」という意味になる。この itself は動詞 present の主語 the opportunity を示している。このように、同じ文の主語と目的語が同一の人や物になる場合は itself のような再帰代名詞を使う。

訳 ストゥファー氏は、この機会は一生に一度しかないかもしれないと判断し、そのレストランを買収した。

Vocab. □ reason that ... …だと判断する、論証する　□ once in a lifetime 一生に一度

タイプ6 関係詞問題の攻略

攻略のポイント

① 文に足りない要素があるかをチェックし、どの格が適切かを見極める
② 先行詞に合う関係代名詞（例：人なら who、人以外なら which）を選ぶ
③ 関係副詞と複合関係詞の用法も押さえておく

▸例題

John misplaced his ID badge, ------- made it difficult to enter the building after he came back from lunch.

(A) that
(B) when
(C) which
(D) where

▸解き方

John misplaced his ID badge, ------- made it difficult to enter the building after he came back from lunch.

(A) that 主格
(B) when 関係副詞
(C) which 主格
(D) where 関係副詞

① 直後に動詞 made が続く → 主格の関係代名詞が必要
② この場合の先行詞は前の文全体「ジョンが ID バッジを置き忘れたこと」なので (C) が正解

正解 C

訳 ジョンは ID バッジを置き忘れたので、ランチから戻ってきた後、建物になかなか入れなかった。

▸格の見抜き方

・主語の働きをする（空欄直後に動詞が続く）▸ **主格**
・直後の名詞を修飾する（直後は節が続く）▸ **所有格**
・後ろに続く節の動詞の目的語になる ▸ **目的格**

関係詞問題は先行詞と文中の働きに応じた格の見極めのほかに、関係副詞との使い分けが問われます。

関係代名詞の先行詞と格、関係副詞、複合関係詞

■ 関係代名詞

先行詞	主格	所有格	目的格
人	who	whose	who(m)
人以外	which	whose	which
どちらも	that	-	that
なし	what	-	what

■ 関係副詞

後ろには完全な文が続く。 ※ 文の中で副詞として働く。

先行詞 ＊は省略可能	関係副詞
時を表す語*	when
場所を表す語*	where
理由を表す語* the reason	why
なし	how

■ 複合関係代名詞

複合関係代名詞	名詞節	副詞節
whoever	～する人はだれでも	たとえだれが～しようとも
whichever	～するものはどれでも	たとえどれが～しようとも
whatever	～するものは何でも	たとえ何が～しようとも

■ 複合関係副詞

関係副詞同様、後ろには完全な文が続く。 ※ 文の中で副詞として働く。

複合関係副詞	副詞節
whenever	～するときはいつでも、たとえいつ～しようとも
wherever	～するところならどこでも、たとえどこで～しようとも
however	たとえどんなに～しようとも、どのように～しても

1. Deneris, Inc. employs two consultants ------- are responsible for ensuring the company follows federal financial guidelines.

☐
☐
☐

(A) which
(B) when
(C) whose
(D) who

2. Janice Thomas, a former employee, drops by our offices ------- she returns to the city for a visit.

☐
☐
☐

(A) whoever
(B) however
(C) whichever
(D) whenever

3. Laptops and communication apps have made it possible for people to work ------- they are, whether at home, a hotel, or an Internet cafe.

☐
☐
☐

(A) wherever
(B) whenever
(C) whatever
(D) whomever

4. The manager fired several workers ------- computers were found to have been used to access prohibited websites.

☐
☐
☐

(A) that
(B) whose
(C) which
(D) what

5. This is the venue ------- the seminar will be held — it's big enough to seat the 300 people who have registered.

☐
☐
☐

(A) which
(B) what
(C) where
(D) why

1. [正答率 90.0%] 正解 D

空欄の前に consultants「コンサルタント」、後ろに動詞 are があるので、空欄には〈人〉を先行詞にとる主格の (D) who が入る。(A) which は〈物〉を先行詞にとる主格・目的格の関係代名詞、(B) when は〈時〉を表す関係副詞、(C) whose は所有格の関係代名詞。

訳 Deneris 社は、同社が必ず連邦の財務ガイドラインに沿うようにすることに責任を持つコンサルタントを2人雇っている。

2. [正答率 86.2%] 正解 D

空欄後には文の要素がそろった節が続いている。不足要素がない場合は複合関係代名詞の (A) whoever「～はだれでも」、(C) whichever「～のどちらでも」ではなく、(B) however「いかに～でも」や (D) whenever「～するときはいつでも」などの複合関係副詞を用い、このうち、(D) が文意に合う。

訳 かつてわが社で働いていたジャニス・トーマスさんは、市を訪問しに戻るたびにわが社のオフィスに立ち寄ります。

Vocab. □ drop by ～に立ち寄る

3. [正答率 83.9%] 正解 A

(A) wherever「～するところならどこでも」は〈場所〉、(B) whenever「～するときはいつでも」は〈時〉を表す複合関係副詞。whether 以下に場所の具体例があるので、〈場所〉を表す (A) が正解。(C) whatever「～するものは何でも」と (D) whomever「～する人はだれにも」は複合関係代名詞。

訳 ノートパソコンとコミュニケーションアプリで、自宅でもホテルでも、またネットカフェでも、あらゆる場所で仕事ができるようになった。

4. [正答率 82.6%] 正解 B

空欄の後は、computers が主語、were が動詞の節になっている。computers がだれのものかを示す所有格の (B) whose を入れると、コンピュータが解雇された従業員のものであることが示され、文意が通る。(A) that と (C) which（ともに主格の場合）は直後に動詞が入る。(D) what は先行詞を含む関係代名詞。

訳 部長は、禁止されているサイトにコンピュータでアクセスしたことが判明した数人の従業員を解雇した。

Vocab. □ fire ～を解雇する　□ prohibited 禁止されている

5. [正答率 81.7%] 正解 C

空欄後の節（the seminar will be held）に構文上の不足要素がない場合は、関係代名詞の (A) which や (B) what ではなく、関係副詞の (C) where や (D) why を用いる。空欄前に先行詞となる〈場所〉を示す名詞 venue「会場」があるので、(C) の where が正解。

訳 ここがセミナーの開かれる会場です。お申込済みの 300 名にご着席いただくのに十分な広さがあります。

Vocab. □ venue 会場　□ seat（～名）を収容する

6. Our records show ------- you have been a member of our frequent-flier program for five years now.

☐☐☐

(A) when
(B) what
(C) that
(D) who

7. FunWorld has just released its most action-packed videogame, ------- is sure to be a best seller.

☐☐☐

(A) it
(B) that
(C) which
(D) what

8. We are examining the expense records of the former head of management, ------- was fired last year by the board of directors.

☐☐☐

(A) it
(B) which
(C) that
(D) who

9. Simpson Corp. is one of the few local firms ------- profits have grown despite the economic slowdown.

☐☐☐

(A) which
(B) who
(C) how
(D) whose

10. After the renovations, the department store's restaurant will include a secure room ------- shoppers can keep their purchases while dining.

☐☐☐

(A) there
(B) what
(C) where
(D) which

6. [正答率 **75.4%**]

正解 C

空欄の後の節が、空欄の前にある他動詞 show「～（ということ）を示す」の目的語にあたる名詞節になっている。この名詞節には、主語（you）、動詞（have been）、補語（a member of ... program）がそろい、不足要素はないので、「～ということ」という意味になる接続詞の (C) that を選ぶ。

訳 当社の記録によると、お客様はこの 5 年間、マイレージプログラムの会員です。

Vocab. □ frequent-flier program マイレージプログラム

7. [正答率 **72.6%**]

正解 C

文頭からカンマまでは節になっていて、空欄後は動詞が続いているので、空欄には接続詞と代名詞の機能を兼ね備える関係代名詞が必要となる。先行詞は action-packed videogame なので、〈物〉を先行詞とする関係代名詞として (B) that と (C) which が候補となる。空欄直前にカンマがあるので非制限用法を持つ (C) which が正解。

訳 FunWorld は同社の製品の中で最もアクション満載のビデオゲームを発売したばかりで、そのゲームは確実にベストセラーになるだろう。

8. [正答率 **70.5%**]

正解 D

カンマ以下には主語がないので、空欄には動詞 was fired「解雇される」に対する主語が必要。「解雇される」のは the former head of management という〈人〉なので、候補は〈人〉を先行詞にとる (C) か (D) に絞られる。空欄はカンマの後にあるので、非制限用法のある (D) who が正解。

訳 当社は昨年、役員会から解任された前経営責任者の経費記録を調べています。

Vocab. □ expense 経費　□ board of directors 取締役会、役員会

9. [正答率 **69.7%**]

正解 D

空欄前の the few local firms「数少ない地元企業」について補足説明を加える関係代名詞が求められている。空欄直後に profits という名詞があり、firms と profits の間に「企業の利益」という所有関係が成り立つので、所有格の (D) whose が正解。(C) how は〈方法〉を表す関係副詞。

訳 Simpson 社は、不況にもかかわらず利益を伸ばした数少ない地元企業の一つだ。

Vocab. □ profit 収益　□ slowdown 減速

10. [正答率 **69.2%**]

正解 C

a secure room は買い物客が買ったものを保管できる（shoppers can keep their purchases）〈場所〉なので、空欄には〈場所〉を表す関係副詞の (C) where が入る。この where は、〈前置詞＋関係代名詞〉の in which と言い換えることができる。

訳 改装工事後、デパートのレストランには、食事の間にお客様が購入されたものを置いておける預り所を設置します。

Vocab. □ secure room 預り所、保管室　□ dine 食事をする

11. This is the space ------- we will hold the meeting if the conference room is unavailable at that time.

□
□
□

(A) which
(B) that
(C) where
(D) when

12. Delaney Tech is a company ------- employees consistently report a high level of job satisfaction.

□
□
□

(A) who
(B) that
(C) whose
(D) those

13. Our local wine industry has lost much of its restaurant business to winemakers in Oregon, ------- make wines of comparable quality.

□
□
□

(A) when
(B) where
(C) who
(D) that

14. The organizer gave special thanks to the event sponsors, many of ------- donated considerably more than the minimum requested amount.

□
□
□

(A) what
(B) they
(C) whom
(D) that

15. MedicLabs has developed several imaging devices, two of ------- were awarded the Anthem Prize for Health Technology.

□
□
□

(A) them
(B) whose
(C) that
(D) which

11. [正答率 67.8%] 正解 C

空欄の後に続く we will hold the meeting には文の要素（SVO）が全部そろっているので、空欄には関係副詞が入る。空欄の前に the space という〈場所〉を示す語があるので、〈場所〉を表す関係副詞の (C) where が正解。(A) は in which であれば文が成立する。

訳 会義室が使用できないときは、ここで会議ができます。

Vocab. □ unavailable 利用できない

12. [正答率 66.7%] 正解 C

空欄前に a company「企業」とあり、直後の名詞 employees「従業員」との間に「企業の従業員」という関係が成り立つので、所有格の関係代名詞である (C) whose が正解。主格や目的格の関係代名詞を用いる場合は、後ろに主語や目的語が欠けた不完全な文が続く。(D) those「それら」は代名詞。

訳 Delaney Tech 社は、常に従業員の仕事満足度が高い企業だ。

Vocab. □ consistently 一貫して

13. [正答率 60.6%] 正解 C

カンマの後ろの節には主語が欠けている。先行詞が winemakers in nearby Oregon なので、〈人〉を先行詞にとる関係代名詞の (C) who が空欄に必要。主節の後にカンマがあり、関係詞の非制限用法になっているので、この用法がない (D) that を入れることはできない。

訳 地元のワイン業界は、同等の品質のワインを製造しているオレゴン州のワインメーカーに、飲食店向けの多くの取引を奪われてきた。

Vocab. □ comparable 匹敵する、引けを取らない

14. [正答率 59.5%] 正解 C

カンマ以下の many of ------- donated の空欄部分に sponsors を入れると「スポンサーの多くが寄付した」となり文意が通るので、〈人〉を先行詞にとり、前置詞 of の目的語になる (C) whom を選ぶ。(D) that は、目的格の関係代名詞としても用いられるが、前置詞の目的語になれない。

訳 主催者側はイベントのスポンサーに特別な謝意を示した。彼らの多くが求められる最低額よりかなり多くの額を寄付したのだ。

Vocab. □ considerably かなり、相当

15. [正答率 35.7%] 正解 D

カンマの前後の節を結ぶ接続詞がないので、空欄には接続詞の機能を持ち、直前の前置詞 of の目的語となる名詞の機能も果たす関係代名詞が入る。先行詞が imaging devices「イメージング装置」なので、〈物〉を先行詞にとる関係代名詞の (D) which が正解。(C) that には前置詞の目的語となる用法がない。なお、devices で文が終わり、Two of them で 2 文目が始まれば (A) は正解になりうる。

訳 MedicLabs はイメージング装置をいくつか開発し、そのうちの 2 台は Anthem 賞健康促進技術部門を獲得した。

タイプ 7　比較・数問題の攻略

攻略のポイント

① 比較：ヒントとなる語句をもとに原級・比較級・最上級の中で適切な形を選ぶ

原級　〈(not) as ＋形容詞／副詞＋ as〉

比較級　〈-er ＋ than〉、〈more/less ＋形容詞／副詞＋ than〉、〈the ＋比較級 , the ＋比較級〉、文中に of the two（二者のうちで）がある

最上級　〈the -est〉、〈the most/least ＋形容詞／副詞〉、of all や ever などの強調表現が続く

② 数：名詞の可算・不可算、単数・複数の情報から適切な修飾語を選ぶ

▶例題 1

The cost of installing the new Wi-Fi system was ------- than we had expected it to be.

(A) low
(B) lower
(C) lowest
(D) too low

▶解き方

The cost of installing the new Wi-Fi system was ------- than we had expected it to be.

(A) low 原級
(B) lower 比較級
(C) lowest 最上級
(D) too low 副詞＋原級

① 直後に than があるので (B) の比較級を選ぶ

正解 B　訳 新しい Wi-Fi を設置するコストは私たちの予想より低かった。

比較問題は、原級・比較級・最上級の中で適切なものを判別する、あるいは比較を強調する副詞を問うものがあります。数問題は単数形と複数形の使い分け、もしくは名詞に応じた適切な修飾語が問われます。

▶例題 2

------- students performing in tonight's play also belong to the Broomfield High Drama Club.

(A) Much
(B) Every
(C) A little
(D) Many

▶解き方

------- students performing in tonight's play also belong to the Broomfield High Drama Club.

(A) Much
(B) Every
(C) A little
(D) Many

① 複数形の名詞 students を修飾する語を選ぶ
→ (D) Many「たくさんの」が正解
※ (A) Much「たくさんの」と (C) A little「少しの」は不可算名詞を修飾し、(B) Every「すべての」は可算名詞の単数形を修飾する

正解 D

訳 今夜の劇で演じた多くの生徒は Broomfield High Drama クラブにも所属しています。

1. The price to run our ad for a week is going to be ------- than what we had anticipated.

□
□
□

(A) too high
(B) high
(C) higher
(D) highest

2. Blum Foods expects its new organic cakes to become the ------- popular convenience breakfast food it has ever produced.

□
□
□

(A) much
(B) most
(C) very
(D) so

3. The MX-23 Digital Planner is the ------- electronic calendar that I have ever used.

□
□
□

(A) very
(B) quite
(C) more
(D) best

4. Horizon's new mobile phone plan offers ------- expensive rates than competing providers.

□
□
□

(A) least
(B) lesser
(C) little
(D) less

5. These flexible bifocal glasses are ------- more comfortable than my old ones were.

□
□
□

(A) very
(B) far
(C) many
(D) quite

1. [正答率 98.2%] 比較 正解 C

形容詞 high のさまざまな形が選択肢に並んでいる。空欄直後に比較級と結びつく than「～よりも」があるので、比較級の (C) higher を選ぶ。(A) too high「高すぎる」は、「…するには～すぎる」という意味を表す〈too ＋形容詞＋ to *do*〉の形で不定詞とともに用いられることが多い。

訳 広告を1週間出す費用は、われわれが予想していた額よりも高くなりそうだ。

Vocab. □ run an ad 広告を出す（ad = advertisement）

2. [正答率 85.9%] 比較 正解 B

最上級を示す the と ever があるので、(B) most を空欄に入れて the most popular という最上級の形にすればよい。(that) it has ever produced は「同社が今まで生産してきた（食品）」という意味。expect ... to *do* は「…が～するのを予想する」という意味。

訳 Blum Foods 社は、新しいオーガニックケーキがこれまで生産してきた中で最も人気の高い便利な朝食用食品になると見込んでいる。

3. [正答率 78.4%] 比較 正解 D

空欄の前の the と文末の ever は、最上級が用いられている可能性を示す目印になる。(D) best を空欄に入れると、the best electronic calendar で「最高のデジタルカレンダー」という意味の最上級ができる。

訳 MX-23 デジタルプランナーは、これまで使った中で最高のデジタルカレンダーだ。

Vocab. □ electronic calendar デジタルカレンダー

4. [正答率 68.8%] 比較 正解 D

空欄直後の形容詞 expensive の後に than「～よりも」という比較級を示す語が続くので、「～よりも…でない」という〈劣勢比較〉を表す (D) less を空欄に入れ、less expensive rates than「～よりも高くない料金」とする。(B) lesser「（程度などが）それほどではない」は形容詞。

訳 Horizon 社の新しい携帯電話サービス・プランは競合他社よりも割安だ。

Vocab. □ competing 競合する

5. [正答率 55.8%] 比較 正解 B

空欄直後の比較級 more comfortable を強調する語として、(B) far「はるかに」を選ぶ。ほかに much や a lot なども比較級の程度を強調できる。(A) と (D) は原級の形容詞を修飾する副詞。(C) many の後に more が続く場合は、〈many more ＋可算名詞の複数形〉という形で「ずっと多くの～」という意味を表す。

訳 この柔軟性のある遠近両用眼鏡は、私が以前使っていたものよりもはるかに装着感がよい。

Vocab. □ flexible 柔軟な　□ bifocal 遠近両用の

6. We have decided to move our offices to a less expensive building in order to ------- our expenses.
□
□
□
(A) lower
(B) fewer
(C) smaller
(D) lesser

7. This year, homebuyers reacted ------- than in previous years upon hearing positive forecasts from real estate experts.
□
□
□
(A) stronger
(B) the strongest
(C) more strongly
(D) the most strongly

8. Analysts predict that retail sales will increase by 12 percent this quarter, ------- better than many industry observers had expected.
□
□
□
(A) far
(B) more
(C) so
(D) quite

9. Our new SLS-345 printer operates the ------- of any machine we have ever used.
□
□
□
(A) more efficient
(B) most efficient
(C) more efficiently
(D) most efficiently

10. The proposed water park would occupy an area approximately ten times ------- size of a baseball stadium.
□
□
□
(A) a
(B) than
(C) as
(D) the

6. [正答率 52.1%] 比較 　正解 A

不定詞を後ろにとる in order to「～するために」の直後に空欄があるので、空欄には動詞の原形が入る。(A) lower は、形容詞 low「低い」の比較級でもあるが、動詞で「(数量など) を減らす、(音量・室温など) を下げる」という意味もあるので、(A) が正解。

訳 諸経費を減らすため、賃料の安いビルにオフィスを移すことにした。

Vocab. □ expense 経費

7. [正答率 46.8%] 比較 　正解 C

選択肢には比較級および最上級の形容詞・副詞が並んでいる。空欄後に比較級を示唆する than「～よりも」があるので、正解は比較級の (A) stronger か (C) more strongly に絞られる。空欄には動詞 reacted を修飾できる副詞が必要なので、(C) が正解となる。

訳 今年、住宅を購入する人々は不動産の専門家からの明るい見通しを聞き、前年よりも強い反応を示した。

Vocab. □ react 反応する　□ real estate 不動産

8. [正答率 30.8%] 比較 　正解 A

空欄直後にある比較級 better「よりよい」を強調する副詞として、(A) far「さらに」を選択する。比較級を強調できる副詞にはほかにも much、a lot、way などがある。本文では空欄前に「which is (主格の関係代名詞＋ be 動詞)」が省略されていると考えるとよい。

訳 アナリストは小売店での売上がこの四半期に 12%増加すると予想しており、これは業界の観測筋が予想していたものよりもはるかによい数字だ。

Vocab. □ quarter 四半期　□ observer 観測筋、監視者

9. [正答率 29.8%] 比較 　正解 D

空欄後に名詞がないので、名詞を修飾する形容詞ではなく、動詞 operates を修飾する副詞 efficiently の比較級か最上級が空欄に入る。空欄後に of と ever という最上級を示唆する語があるので、最上級の (D) most efficiently が正解。なお、machine の後には関係代名詞 that が省略されている。

訳 当社の新型プリンター SLS-345 は、今まで使用してきた機器の中で最も高効率性で作動します。

10. [正答率 26.3%] 比較 　正解 D

〈数詞＋ times the size of X〉で、「X の～倍の大きさ」の意味になるので、正解は (D) the。approximately ten times the size of a baseball stadium「野球場の約 10 倍の大きさ」が、前の名詞 an area を修飾している。同じ形をとる名詞には age/height/length/number/weight などがある。

訳 提案されているウォーターパークは、野球場の広さの約 10 倍のエリアを占めるだろう。

Vocab. □ occupy ～を占める

11. Lacy's now offers a line of men's wear as part of a plan to distinguish itself from ------- department store chains.
□
□
□

(A) another
(B) one another
(C) other
(D) one other

12. If you liked tonight's lecture, please visit the Cornwall Institute for more information on ------- fascinating and often misunderstood topic.
□
□
□

(A) this
(B) few
(C) these
(D) many

13. Please be patient for ------- few minutes, as the plane will resume taxiing as soon as the runway has been cleared.
□
□
□

(A) another
(B) still
(C) more
(D) far

14. ------- of the merchandise in the park's shop may also be purchased online from our Web site.
□
□
□

(A) Much
(B) A number
(C) Few
(D) Many

15. The concert was so well-attended that there was barely enough ------- for everyone in the school's auditorium.
□
□
□

(A) seat
(B) spot
(C) room
(D) ticket

11. [正答率 67.0%] 数　　正解 C

選択肢の中で空欄後の department store chains という複数形の名詞を修飾できるのは、形容詞用法のある (C) other「別の、その他の」。(A) another「もう1つの」は、形容詞としては①単数形の名詞、②〈数詞＋複数形の名詞〉のいずれかを修飾する。(B) one another「お互い」は代名詞。

訳 ほかの百貨店チェーンとの差別化を図る計画の一環として、これから Lacy's は男性ウェアのブランドを販売いたします。

Vocab. □ distinguish A from B AをBと区別する

12. [正答率 53.6%] 数　　正解 A

文末にある可算名詞の単数形 topic を修飾できる語が空欄に入る。選択肢中、この条件に合うのは (A) this のみ。(B) few「ほとんどない」、(C) these「これらの」、(D) many「たくさんの」が topic を修飾する場合は、複数形の topics にする必要がある。

訳 今夜の講義がお気に召しましたら、この素晴らしくも誤解されがちなトピックに関してさらなる情報を求め、ぜひ Cornwall Institute を訪れてください。

Vocab. □ fascinating 素晴らしい　□ misunderstood 誤解される

13. [正答率 51.9%] 数　　正解 A

for ------- few minutes の部分に注目する。空欄には、a few minutes「数分間」の不定冠詞 a に相当する修飾語が必要。(A) another は an ＋ other に由来する語なので、不定冠詞の役目も備えており適切。(C) more は for a few more minutes の語順であれば空欄に入りうる。

訳 滑走路が空き次第、飛行機は地上走行を再開いたしますので、乗客の皆さまはあと数分お待ちください。

Vocab. □ resume ～を再開する　□ taxiing（飛行機の）地上走行

14. [正答率 33.0%] 数　　正解 A

空欄には merchandise「商品」という不可算名詞に対する代名詞が求められているので、(A) Much が正解。(D) Many も代名詞の機能を持っているが、可算名詞に対して用いる。(B) は A number of という形で「多くの」という意味になり、後ろには可算名詞が続く。(C) Few も可算名詞とともに用いる。

訳 公園の売店にある商品の多くは、当店のサイトからオンライン購入もできます。

Vocab. □ merchandise（集合的に）商品

15. [正答率 31.3%] 数　　正解 C

空欄の前に不定冠詞 a がないこと、また選択肢には s がついていないことに注目して、不可算名詞の (C) room「（空いている）場所、空間」を選択する。(A) seat「席」、(B) spot「場所」、(D) ticket「入場券」はすべて可算名詞。

訳 コンサートには多くの人が訪れたため、学校の講堂には全員が入れるスペースがやっとある程度だった。

Vocab. □ barely かろうじて　□ auditorium 講堂、公会堂

タイプ 8　構文・語法問題の攻略

攻略のポイント

① 問題文の構造を見抜く
② 構文を完成させるもの、適切な用法を持つものを選ぶ

▶例題 1

Jason found ------- difficult to concentrate on work when he was moved from his private office to a large room with no dividers.

(A) it
(B) that
(C) some
(D) this

▶解き方

Jason found ------- difficult to concentrate on work when he was moved from his private office to a large room with no dividers.

S　V　O'　C　O

(A) it
(B) that
(C) some
(D) this

① SVOC の第 5 文型
② 空欄部分は to concentrate 以下を受ける仮目的語なので (A) を選ぶ
※ find it difficult to *do* で「～することが難しいとわかる」

正解 A

訳 ジェイソンは自分専用の仕事部屋から仕切りのない大部屋へ移動することになり、仕事に集中しづらいと感じた。

文の構造を見抜いて適切な語句を選択できるか、また語句特有の語法を理解しているかが問われます。

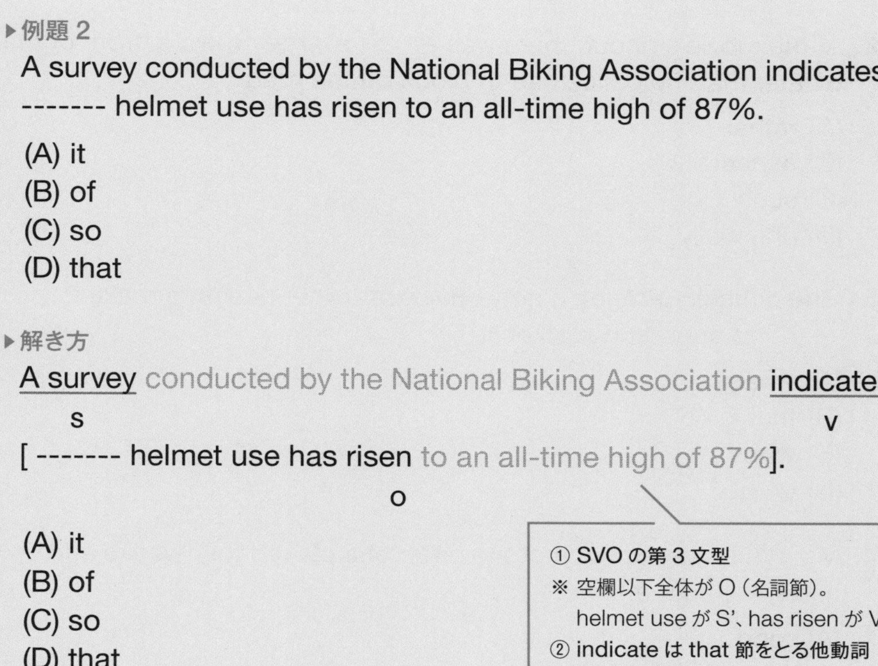

▶例題 2

A survey conducted by the National Biking Association indicates ------- helmet use has risen to an all-time high of 87%.

(A) it
(B) of
(C) so
(D) that

▶解き方

A survey (S) conducted by the National Biking Association indicates (V)
[------- helmet use has risen to an all-time high of 87%]. (O)

(A) it
(B) of
(C) so
(D) that

① SVO の第 3 文型
※ 空欄以下全体が O（名詞節）。
helmet use が S'、has risen が V'
② indicate は that 節をとる他動詞
→ (D) が正解

正解 **D**

訳 全国自転車協会が実施した調査によると、ヘルメット使用率は過去最高の 87%に増加した。

1. Organizers of the end-of-year banquet were informed that the CEO intends to speak for ------- a long time.

□
□
□

(A) very
(B) quite
(C) too
(D) so

2. At the movie's debut, there was ------- a large crowd in front of the theater that the police had to block off the road.

□
□
□

(A) rather
(B) especially
(C) such
(D) unusually

3. One difficult decision a new business owner needs to make is ------- to spend on marketing.

□
□
□

(A) what
(B) that
(C) who
(D) which

4. Ms. White was upset that the order she placed four weeks ago had ------- not arrived.

□
□
□

(A) soon
(B) already
(C) yet
(D) still

5. I don't know ------- that package, which was sent Monday night, could have arrived so quickly.

□
□
□

(A) how
(B) when
(C) whose
(D) what

1. [正答率 **88.9%**] 　　正解 B

空欄の後ろに a long time「長い時間」という名詞句があるので、冠詞 a の前に置くことができる (B) quite「かなり」が正解。(A) very「とても」、(C) too「あまりに」、(D) so「とても」は a の直前に入れることができない。

訳 年末の晩餐会の主催者は、CEO がかなり長いスピーチを行う予定だという知らせを受けた。

Vocab. □ organizer 主催者　□ banquet 晩餐会、パーティー

2. [正答率 **72.1%**] 　　正解 C

that 以下は完成した節なので、この that は関係代名詞ではなく、接続詞だとわかる。(C) such を入れれば、〈such a/an ＋形容詞＋名詞＋ that ...〉「非常に〈形容詞〉な〈名詞〉」という構文ができる。(A) rather「いくぶん、かなり」、(B) especially「特に」、(D) unusually「いつになく」は、いずれも副詞。

訳 映画の初公開で劇場前に非常に大勢の人が押し寄せ、警察は道路を封鎖しなければならなかった。

Vocab. □ block off ～を封鎖する

3. [正答率 **68.8%**] 　　正解 A

空欄以下には補語となる名詞句が必要。〈疑問詞＋ to *do*〉で名詞句ができ、〈spend A on B〉「A を B に費やす」の A に該当する「費やされるもの」を示す疑問詞が空欄に入る。(A) what を入れると、what to spend on marketing「広告に何を（どのくらいの額を）費やすか」となり、文意が通る。

訳 新規事業主が下す必要のある 1 つの難しい判断は、マーケティングにいくらかけるかだ。

4. [正答率 **60.9%**] 　　正解 D

選択肢はいずれも副詞。空欄には that 以下の the order ... had not arrived という否定文を強調する副詞が入るが、空欄が had と not arrived の間にあることから (D) still「まだ」を選ぶ。(C) yet「まだ」も否定文を強調するが had not arrived yet のように文末で使う。(A) soon は「すぐに」、(B) already は「すでに」という意味。

訳 ホワイトさんは 4 週間前の注文がまだ届いていないことに怒っていた。

Vocab. □ upset 怒った、取り乱した

5. [正答率 **58.6%**] 　　正解 A

空欄以下は know の目的語となる名詞節。〈方法・手段〉を表す (A) how を入れれば「どうやってこの荷物がこんなに早く届いたか」となり、文意も通る。(B) when は文末に〈時〉を表す so quickly があるので不可。(C) whose は直後に代名詞を入れられない。(D) what は主語や目的語などに使うが、ここでは節に欠けている要素がないので不可。

訳 月曜の夜に発送された荷物が、どうやったらこんなに早く届けられたのかがわからない。

6. Madison Publishers earned such high revenue during the book promotion ------- some managers supported extending the campaign.

(A) which
(B) than
(C) that
(D) whether

7. ------- wishing to apply for the open position must submit a minimum of three references along with a résumé.

(A) Some
(B) Anyone
(C) Whoever
(D) Something

8. This office suite is large ------- for our planned addition of almost 100 more employees.

(A) sufficient
(B) enough
(C) adequate
(D) plentiful

9. Environmental experts predict that many local farmers will ------- be forced to relocate due to the major water shortage.

(A) lately
(B) eventually
(C) formerly
(D) previously

10. Our consumer protection program monitors ------- and where your credit card is being used to detect any possible fraud.

(A) what
(B) who
(C) which
(D) how

6. [正答率 55.1%]　正解 C

空欄の前に such high revenue (during the book promotion) とあり、後ろには節が続いている。空欄に (C) that を入れると、〈such ＋形容詞＋不可算名詞＋ that ...〉「とても〈形容詞〉な〈名詞〉なので…だ」という構文になる。関連表現の〈so ＋形容詞／副詞＋ that ...〉は「とても〈形容詞／副詞〉なので…だ」も押さえておこう。

訳 Madison 出版社はその本の販促期間に売上がぐんと伸びたので、一部の管理職はキャンペーンの延長に賛同した。

Vocab. □ revenue 収益

7. [正答率 54.1%]　正解 B

空欄から position までが主語、動詞が submit となっている。空欄の直後に名詞を後置修飾する現在分詞 wishing があり、wish するのは〈人〉なので、空欄には〈人〉を表す代名詞の (B) Anyone「だれでも」が入る。(C) は Whoever wishes なら正解になりうる。

訳 募集中の仕事にご応募されたい方は、履歴書と一緒に最低 3 名からの推薦状の提出が必要です。

Vocab. □ a minimum of 最低でも　□ reference 推薦状　□ résumé 履歴書

8. [正答率 53.3%]　正解 B

空欄直前の形容詞 large を後ろから修飾できる副詞の (B) enough を選ぶ。〈形容詞／副詞＋ enough for ...〉の形で「…に対して十分に～」という意味を表す。(A) sufficient「十分な」、(C) adequate「十分な」、(D) plentiful「豊富な」は形容詞で、名詞を修飾する。

訳 このオフィスは、従業員をあと 100 人ほど増やす当社の計画を実行するのに十分な広さだ。

Vocab. □ suite （一続きの）部屋

9. [正答率 52.5%]　正解 B

未来時制を示す助動詞 will があるので、未来時制と合う副詞の (B) eventually「やがては、結局は」を選ぶ。(A) lately「最近」は現在完了時制、(C) formerly「以前は、かつて」は過去および過去完了時制、(D) previously「以前に」は過去および現在完了・過去完了時制とともに用いる。

訳 環境問題の専門家たちは、大規模な水不足のため、地元の多くの農業従事者がやがては移転を余儀なくされるだろうと予測している。

Vocab. □ relocate 移転する　□ shortage 不足

10. [正答率 50.5%]　正解 D

空欄から used までが動詞 monitor「～を監視する」の目的語なので、(D) how を空欄に入れ、how and where your credit card is being used「どのように、どこであなたのカードが使われているか」とする。(A) what は〈物〉の、(B) who は〈人〉の情報が後続部分で欠けている場合に使われる。(C) which は名詞とセットで「どちらの～」という意味。

訳 当社の顧客保護プログラムは、いかなる不正使用の可能性も検知するため、お客様のクレジットカードがどこで、どのように使用されているかを監視します。

Vocab. □ monitor ～を監視する　□ detect ～を検出する　□ fraud 不正（行為）

11. The Erie Farmer's Market, which operates weekly from May to October, is ------- the area's most popular attractions.

☐☐☐

(A) anywhere
(B) such
(C) among
(D) some

12. ------- demanding an increase in base pay, the mechanic's union called for shorter working hours.

☐☐☐

(A) Moreover
(B) Additionally
(C) Besides
(D) Furthermore

13. ------- finishing the Brighton Marathon will receive a commemorative medal.

☐☐☐

(A) Whoever
(B) When
(C) Sometime
(D) Anyone

14. BWM's newest sports car had been on the market for not ------- a year when it was recalled due to defective airbags.

☐☐☐

(A) quite
(B) more
(C) only
(D) far

15. The new paving machine is expected to increase the crew's productivity by ------- over 25 percent.

☐☐☐

(A) well
(B) more
(C) several
(D) much

11. [正答率 44.3%]　正解 C

主語は The Erie Farmer's Market で動詞は空欄前の is、空欄の後ろに the area's most popular attractions という名詞句が続いている。前置詞の (C) among は、〈among＋形容詞の最上級＋複数名詞〉で「最も～なものの一つ」という意味で、空欄にこれを入れれば文法的にも正しく、文意も通る。

訳 Erie Farmer's Market は 5 月から 10 月まで毎週開かれ、この地域で最も人気の場所の一つだ。

Vocab. □ attraction 観光地

12. [正答率 39.5%]　正解 C

空欄後に動名詞 demanding「～を要求すること」があるので、正解は前置詞用法を持つ (C) Besides「～に加えて」。(A) Moreover、(B) Additionally「加えて」、(D) Furthermore は副詞。(C) Besides にも副詞の用法があり、(A) (C) (D) は「そのうえ」という意味の同義語。

訳 整備士労働組合は基本給増額の要求に加え、労働時間の短縮を求めた。

Vocab. □ base pay 基本給

13. [正答率 36.3%]　正解 D

空欄から Marathon までが主語になっていて、現在分詞 finishing は the Brighton Marathon を目的語にとり、空欄に入る名詞を修飾する。空欄には、マラソンを完走する〈人〉を表せる (D) Anyone「だれでも」が適切。(A) は Whoever finishes なら正解になりうる。

訳 ブライトン・マラソンを完走した出場者全員に記念メダルが贈られます。

Vocab. □ commemorative 記念の

14. [正答率 19.1%]　正解 A

not ------- は a year を修飾している。(A) quite「完全に」は副詞だが、not quite は部分否定で「完全には～ではない」となり、not quite a year で「完全に 1 年というわけではない、1 年足らずで」という意味になる。(C) only「わずかに」は、空欄前に not がなければ for only a year で「わずか 1 年間」となる。

訳 BWM 社の最新のスポーツカーは、エアバッグの欠陥でリコールされるまで 1 年足らずしか市場に出ていなかった。

Vocab. □ recall（不良品など）を回収する　□ defective 欠陥のある

15. [正答率 12.4%]　正解 A

空欄には直後の over 25 percent を強調する副詞として、(A) well「優に」を選ぶ。well over で「～をはるかに上回る」という意味になる。(D) much「はるかに」も副詞だが、比較級の強調に用いられる。(B) more は many/much の比較級、(C) several「いくつかの」は形容詞。

訳 新しい舗装機械は作業員の生産性を優に 25%以上増大することが期待されている。

Vocab. □ pave ～を舗装する

タイプ 9 語彙問題の攻略

攻略のポイント

① 問題文をすべて読んで意味を把握する

② 動詞の場合は自動詞と他動詞の使い分け、後ろに to 不定詞と動名詞のどちらがくるかにも注意して答えを選ぶ

▶例題 1

The museum will be presenting a slide show on 17th century European history for visitors ------- the Rubens exhibit.

(A) staring
(B) looking
(C) viewing
(D) gazing

▶解き方

The museum will be presenting a slide show on 17th century European history for visitors ------- the Rubens exhibit.

(A) staring じっと見る
(B) looking (意識的に) 見る
(C) viewing ～を (ある特定の見方で興味を持って) 見る
(D) gazing (興味を持って) 見つめる

① 空欄直後の the Rubens exhibit「ルーベンス展」を目的語にとる他動詞が入る

② 他動詞の (C) viewing が正解

※ ほかの選択肢は自動詞で用いられることが多く、目的語をとる場合は at などの前置詞が必要

語彙問題は Part 5 で最も多く出題されます。単語力に加え、自動詞・他動詞の区別、慣用表現やコロケーションの知識も問われます。

正解 C

訳 その美術館はルーベンス展を見にくる来訪者に対して、17 世紀ヨーロッパの歴史に関するスライド・ショーを上映する予定だ。

▶例題 2

Ms. Ledson gave her assistant a small bonus as a token of -------.

(A) behavior
(B) style
(C) rule
(D) appreciation

▶解き方

Ms. Ledson gave her assistant a small bonus **as a token of -------.**

(A) behavior 行動
(B) style スタイル、形式
(C) rule 規定
(D) appreciation 感謝

① as a token of -------「～のしるしとして」に注目
② (D) appreciation を入れて、「感謝のしるしに」という意味の慣用表現を完成させる

正解 D

訳 レドソンさんはアシスタントに感謝のしるしとして、心ばかりのボーナスを支給した。

1. The managers held a meeting to discuss potential issues with the ------- proposal for their car dealership.

□
□
□

(A) existence
(B) expansion
(C) experience
(D) excess

2. In light of Ms. Jenkins' approaching retirement, we will soon have to ------- a new director of marketing.

□
□
□

(A) revise
(B) exist
(C) recruit
(D) look

3. Lisa Mills, an internationally renowned violinist, received a standing ovation after her musical -------.

□
□
□

(A) play
(B) performance
(C) instrument
(D) applause

4. In addition to his work as an electrician, Mr. Ferrigno also ------- a small convenience store.

□
□
□

(A) puts
(B) runs
(C) catches
(D) does

5. Any luggage left unattended in the terminal should be brought to the security office -------.

□
□
□

(A) immediately
(B) lately
(C) especially
(D) primarily

1. [正答率 **97.0%**]　正解 B

選択肢に並ぶ名詞から、空欄後の名詞 proposal「提案」を修飾し適切な複合名詞句を作る語を選ぶ。(B) expansion「拡張」を空欄に入れると、the expansion proposal で「拡張案」となり、意味が通る。(A) existence は「存在」、(C) experience は「経験」、(D) excess は「過剰」。

訳 経営者たちは、自動車販売店の拡張案に伴う、潜在的な問題を討議する会議を開いた。

Vocab. □ potential 潜在的な

2. [正答率 **89.3%**]　正解 C

空欄後の a new director of marketing「新しいマーケティング部長」を目的語にとる他動詞が空欄に必要なので、(C) recruit「～を採用する」を選ぶ。(A) の revise「～を改訂する」も他動詞だが、〈人〉を目的語にはとらない。(B) exist「存在する」と (D) look「見る」は自動詞なので目的語をとらない。

訳 ジェンキンズ氏の退職が近づいてきていることを考えると、新しいマーケティング部長をもうすぐ探さなければならないだろう。

Vocab. □ in light of ～を考えて

3. [正答率 **86.8%**]　正解 B

バイオリニストの Lisa Mills が空欄に入る行為の後にスタンディングオベーションを受けたという文脈から、「(音楽の) 演奏」を表す (B) performance を選ぶ。(A) play は「演劇」、(C) instrument は「楽器」、(D) applause は「拍手」という意味。

訳 国際的に有名なバイオリニストであるリサ・ミルズさんは、演奏後にスタンディングオベーションを受けた。

Vocab. □ ovation 拍手喝采

4. [正答率 **84.5%**]　正解 B

空欄直後の a small convenience store を目的語にとる動詞として適切なのは、「(会社や店など) を経営する」という意味の (B) runs。「走る」という意味の自動詞としておなじみの run だが、他動詞としても run an ad「広告を出す」、run a meeting「会議を主催する」などの表現がある。

訳 電気技師としての仕事に加えて、フェリグノ氏は小さなコンビニエンスストアも経営している。

Vocab. □ in addition to ～に加えて　□ electrician 電気技師

5. [正答率 **84.0%**]　正解 A

動詞 should be brought「運ばれるべきだ」を修飾する副詞として適切な意味を持つのは、(A) の immediately「即座に」。ほかの選択肢もすべて副詞で、(B) lately は「最近」、(C) especially は「特に」、(D) primarily は「第一に、元来」。

訳 ターミナルで見つかった持ち主不明の荷物はすべて、即座に警備室へ運ばなければならない。

Vocab. □ unattended 持ち主不明の、管理されていない

6. Before ------- for the night, employees should make sure to shut off all the electronic equipment.

□□□

(A) reminding
(B) accompanying
(C) requiring
(D) leaving

7. English-language manuals for MPT's entire line of photocopiers are ------- for downloading from our Web site.

□□□

(A) reasonable
(B) available
(C) serviceable
(D) possible

8. Please sign at the bottom of this form to ------- the delivery of your furniture.

□□□

(A) confront
(B) contend
(C) conceal
(D) confirm

9. Solar energy is being used by a ------- number of homeowners, as many people are trying to reduce their electricity use.

□□□

(A) lengthening
(B) deepening
(C) prolonging
(D) growing

10. This seminar will teach corporate managers how to ------- meetings efficiently and effectively.

□□□

(A) conduct
(B) determine
(C) convey
(D) forward

6. [正答率 **83.7%**]

正解 D

空欄に leave「退社する」の動名詞である (D) leaving を入れると、従業員に対して夜に退社する前に電源を切るよう促す自然な意味の文になる。(A) reminding「～に思い出させる」、(B) accompanying「～に同行する」、(C) requiring「～を求める」は他動詞なので文法的にも不適切。

訳 夜に退社する前に、従業員はすべての電気機器の電源が切れているのを確かめる必要がある。

Vocab. □ equipment 機器、設備

7. [正答率 **83.0%**]

正解 B

選択肢には、接尾辞 -able/-ible（～できる）を含む形容詞が並ぶ。「manuals は download するのに〈空欄〉だ」という文脈から、(B) available「入手できる」が適切。(D) possible「可能な」は〈be possible for〈人・物事〉to *do*〉の形で用いられる。(A) reasonable は「筋の通った」、(C) serviceable は「役に立つ」。

訳 MPT 社が開発したコピー機の全シリーズの英語版取扱説明書は、当社のウェブサイトからダウンロードできます。

Vocab. □ photocopier コピー機

8. [正答率 **81.7%**]

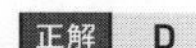

正解 D

空欄後の the delivery of your furniture「家具の配達」を目的語にとる動詞として適切なのは、(D) confirm「～を確認する、裏づけする」。(A) confront は「～に直面する」、(B) contend は「～だと主張する」、(C) conceal は「～を隠す」という意味になる。

訳 お客様の家具の配送を確認するため、こちらのフォームの下部にご署名をお願いいたします。

9. [正答率 **76.9%**]

正解 D

空欄直後の名詞 number「数」を修飾する分詞として、(D) growing「増えている」が適切。a growing number of で「ますます多くの」という意味になる。(A) lengthening は「（長さが）伸びている」、(B) deepening は「深まっている」、(C) prolonging は「（期間が）延びている」。

訳 多くの人が電気の使用量を削減しようとしている中、太陽光エネルギーを利用する住宅所有者の数が増えている。

Vocab. □ homeowner 住宅所有者

10. [正答率 **73.4%**]

正解 A

空欄直後の名詞 meetings「会議」を目的語にとる他動詞が空欄に入るので、正解は (A) conduct「～を行う」。conduct はほかに「～を導く、（演奏など）を指揮する」などの意味もある。(B) determine は「～を決定する」、(C) convey は「（感情など）を伝える、～を運ぶ」、(D) forward は「～を転送する」という意味。

訳 このセミナーでは、企業経営者の方々に効率的かつ効果的に会議を行う方法をお教えします。

Vocab. □ efficiently 効率的に □ effectively 効果的に

11. After over twenty years at the firm, the current CFO intends to ------- within the next six months.

□
□
□

(A) replace
(B) retire
(C) relieve
(D) remove

12. The director will be here at noon to interview several ------- for the lead in her new film.

□
□
□

(A) candidates
(B) scenes
(C) stages
(D) performances

13. Recently, many companies have begun ------- the maintenance of their computer networks to specialized technicians.

□
□
□

(A) outsourcing
(B) employing
(C) joining
(D) delivering

14. Although the offer on the home was reasonable, it was ultimately ------- down by the seller.

□
□
□

(A) passed
(B) turned
(C) spoken
(D) backed

15. The group spent a lot of time on their team project, hoping their hard work would be -------.

□
□
□

(A) rewarded
(B) redeemed
(C) restored
(D) refined

11. [正答率 **76.1%**] 　正解 B

空欄の後ろに目的語がないので、自動詞の (B) retire「退職する」が正解となる。ほかの選択肢は他動詞で後ろに目的語となる名詞（句）がくる必要がある。(A) replace は「～を取り替える、～の後任になる」、(C) relieve は「～を安心させる」、(D) remove は「～を取り除く」。

訳 20 年以上勤めた後、現在の最高財務責任者はこれから半年以内に退職するつもりでいる。

Vocab. □ firm 会社

12. [正答率 **75.9%**] 　正解 A

空欄の前にある動詞 interview「～を面接する」の目的語が空欄に入る。面接の対象は〈人〉なので、〈人〉を表す名詞の (A) candidates「候補者」が正解となる。(B) scenes は「シーン、場面」、(C) stages は「舞台、段階」、(D) performances は「業績、演技」という意味。

訳 監督は新作映画の主役候補を面接するために、正午にここに来る予定です。

Vocab. □ lead 主役

13. [正答率 **75.8%**] 　正解 A

空欄後の名詞 the maintenance「メンテナンス、整備」を目的語にとるには、他動詞 outsource「～を外部委託する」の動名詞である (A) outsourcing が適切。(B) employ(ing) は「～を雇う」、(C) join(ing) は「～に参加する」、(D) deliver(ing) は「～を配送する」。

訳 最近、企業の多くはコンピュータ・ネットワークの保守を専門の技術者に外部委託し始めている。

Vocab. □ specialized 専門の

14. [正答率 **75.7%**] 　正解 B

カンマの前に「家の付け値は手頃だったが」とあるので、空欄に (B) を入れ、空欄直後の down と一緒に (was) turned down「却下された」とすると、文意が通る。(A) は pass down で「(次の世代に) ～を伝える」、(D) は back down で「(主張など) を取り下げる」という意味。

訳 その家の付け値は手頃だったが、結局は売り手によって却下された。

Vocab. □ ultimately 最終的には

15. [正答率 **74.8%**] 　正解 A

hard work would be の後ろに続く過去分詞を選ぶ。hard work がどうされると期待してプロジェクトに多くの時間をかけたかを考えると、(A) rewarded「報われる」が適切。(B) redeem(ed) は「(クーポンなど) を引き換える」、(C) restore(d) は「～を回復させる」、(D) refine(d) は「～を精製する」。

訳 そのグループは自らの努力が報われることを期待してチームのプロジェクトに多くの時間を費やした。

16. The lead editor congratulated her team on the timely ------- of the three-book project.

□□□

(A) delay
(B) completion
(C) purpose
(D) function

17. There will be a hearing today to ------- whether the new building codes comply with all state regulations.

□□□

(A) determine
(B) devise
(C) deploy
(D) deny

18. All customers of Roka TV received ------- about the upcoming changes in channel programming.

□□□

(A) notifications
(B) compensations
(C) subscriptions
(D) invoices

19. Although the new building is still in the early ------- of planning, Mr. Fujiwara has requested a meeting with the architect tomorrow.

□□□

(A) paths
(B) levels
(C) stages
(D) means

20. For ------- of your travel expenses, present all receipts to the bookkeeper within 30 days of the conclusion of your trip.

□□□

(A) replacement
(B) revision
(C) refusal
(D) reimbursement

16. [正答率 73.8%]　正解 B

三部作のプロジェクト (the three-book project) について予定通りの「何」にお祝いを言った (congratulated) かを考えると、空欄には名詞の (B) completion「完了」が適切。(A) delay は「遅れ」、(C) purpose は「目的」、(D) function は「機能」。

訳 編集長はチームに対し、三部作の本のプロジェクトを予定通り完了させたことを祝った。

Vocab. □ timely 予定・時間通りの

17. [正答率 73.7%]　正解 A

空欄の後ろ全体が接続詞 whether「～かどうか」に導かれる名詞節なので、これを目的語にとる動詞として適切な意味の (A) determine「～を決定する、判断する」を選ぶ。(B) devise は「～を考案する」、(C) deploy は「(人) を配置する」、(D) deny は「～を否定する」。

訳 新しい建築法規がすべての州法に準拠するかどうかを判断するために、本日、ヒアリングが行われる。

Vocab. □ comply with ～に準拠する、～に従う

18. [正答率 73.7%]　正解 A

空欄には動詞 received「～を受け取った」の目的語で、about the upcoming changes「今度の変更についての」が修飾する名詞が入るので、(A) notifications「通知」が適切。(B) compensations は「報酬」、(C) subscriptions は「定期購読」、(D) invoices は「請求書」。

訳 Roka TV の顧客は全員、今回のチャンネル編成変更の通知を受け取った。

Vocab. □ upcoming 今度の

19. [正答率 72.8%]　正解 C

空欄の前の形容詞 early「初期の」と後の前置詞句 of planning「計画の」の両方と合う (C) stages「段階」が正解。(A) path(s) は「細道、道筋」、(B) level(s) は「(到達した) 程度」、(D) means は単複同形の名詞で「方法、手段」。

訳 その新しい建築物はまだ計画の初期段階にあるが、フジワラ氏は建築家との打ち合わせを明日開くことを求めた。

Vocab. □ architect 建築家

20. [正答率 72.1%]　正解 D

空欄に入る名詞は、後ろの of your travel expenses「出張費用の」という前置詞句に修飾されている。被修飾語として適切なのは、(D) reimbursement「返済、払い戻し金」。(A) replacement は「交代、代用品」、(B) revision は「改訂」、(C) refusal は「拒絶」。

訳 出張費の払い戻しを受けられるよう、出張の終了後 30 日以内にすべての領収書を会計係に提出してください。

Vocab. □ travel expenses 旅費、出張費　□ conclusion 終結

21. The price of gasoline rose to its highest level in five years as concerns mounted over possible ------- shortages.

□
□
□

(A) supply
(B) process
(C) deadline
(D) number

22. Public transportation in the state's capital is far more ------- than that of the surrounding suburbs.

□
□
□

(A) financial
(B) efficient
(C) residential
(D) sufficient

23. The design department has reduced the amount of overtime hours employees may claim in an ------- to cut costs.

□
□
□

(A) order
(B) advance
(C) effort
(D) occurrence

24. Due to her success with similar projects, Ms. Branagan has been ------- to lead the marketing team.

□
□
□

(A) managed
(B) submitted
(C) functioned
(D) assigned

25. Ms. Kim, who observed the ------- product demonstration, was able to describe the procedure in great detail.

□
□
□

(A) gradual
(B) approximate
(C) entire
(D) numerous

21. [正答率 70.6%]　　正解 A

空欄直後に shortages「不足」とあるので、空欄には不足している〈物〉が入る。「ガソリン価格の上昇」につながるのは、(A) supply「供給」の不足である。(B) process「プロセス、工程」、(C) deadline「締切」、(D) number「数」はいずれも文脈に合わない。

訳 供給不足の懸念が募って、ガソリン価格は過去5年で最高の水準まで上昇した。

Vocab. □ mount 高まる

22. [正答率 70.3%]　　正解 B

空欄は比較級を形成する more と than の間にあり、首都の公共交通手段と、周辺の郊外の公共交通手段が比較されているので、(B) efficient「効率のよい、無駄がない」が適切。(A) financial は「財政的な」、(C) residential は「住宅の」、(D) sufficient は「十分な」という意味。

訳 その国の首都における公共交通手段は、周辺の郊外に比べてはるかに効率的だ。

Vocab. □ capital 首都　□ suburb 郊外

23. [正答率 70.3%]　　正解 C

選択肢に並ぶ名詞のうち、(C) effort を入れれば、in an effort to *do*「～しようと努力して、～するために」という慣用表現になり、文意も通る。(A) は in order to *do* で「～するために」、(B) は in advance で「前もって」、(D) occurrence は「出来事」という意味。

訳 デザイン部はコストを削るために、従業員に支払われる残業の時間数を減らした。

Vocab. □ claim ～を要求する

24. [正答率 69.4%]　　正解 D

主語が Ms. Branagan という〈人〉なので、be assigned to *do* で「～する仕事を任される」という意味になる (D) assigned が正解。(A) managed は「管理された」、(B) submitted は「提出された」という意味。(C) の function「機能する」は自動詞で、受動態では用いない。

訳 類似のプロジェクトでの成功で、ブラナガンさんはマーケティングチームを率いる仕事を任された。

Vocab. □ due to ～のために

25. [正答率 59.2%]　　正解 C

直後の product demonstration「製品の実演」を修飾するのに適切な形容詞は、(C) entire「全体の」。(A) gradual は「徐々の」、(B) approximate は「(数値が) おおよその」、(D) numerous は「数多くの」という意味。(D) numerous の後ろには複数名詞が続く。

訳 キムさんは製品の実演全体を観察しており、手順を詳しく説明できた。

Vocab. □ observe ～を観察する　□ procedure 手順

26. Any changes to the company handbook at Siever Engineering must be ------- approved by the board of directors.

(A) numerically
(B) evenly
(C) unanimously
(D) relatively

27. Atlas automobiles do not need to be returned to the same branch from which they were ------- rented.

(A) fully
(B) permanently
(C) originally
(D) shortly

28. The numbers provided are a very ------- estimate of the profits that the new division is likely to generate.

(A) perishable
(B) legible
(C) conservative
(D) hesitant

29. The ------- in revenues through November has been attributed to the release of our newest line of mobile phones.

(A) elevation
(B) opening
(C) compilation
(D) assignment

30. To prepare for our annual shoe sale, we will be taking ------- and rearranging the displays after closing on Saturday.

(A) inventory
(B) invention
(C) investigation
(D) inversion

26. [正答率 55.0%]

正解 C

空欄直後の過去分詞 approved「承認される」を修飾し、「変更が承認される必要がある」という前後の流れに合うのは、(C) unanimously「全員一致で」である。(A) numerically は「番号順に」、(B) evenly は「均等に」、(D) relatively は「比較的」という意味。

訳 Siever Engineering 社では会社ハンドブックのどんな変更にも取締役会全員の承認がいる。

Vocab. □ board of directors 取締役会、役員会

27. [正答率 52.6%]

正解 C

空欄は、the same branch を先行詞とする〈前置詞+関係代名詞〉の from which が導く節で過去分詞 rented「借りられた」を修飾している。(C) originally「最初に」を空欄に入れると、the same ... rented が「車が最初に借りられた同じ支店」という意味になる。(A) fully は「十分に」、(B) permanently は「永続的に」、(D) shortly は「まもなく」。

訳 Atlas 社の車は最初に借りたのと同じ支店に返却する必要がない。

Vocab. □ branch 支店

28. [正答率 51.7%]

正解 C

空欄直後の名詞 estimate「見積もり」を修飾するのにふさわしい形容詞は、「控えめの」という意味の (C) conservative。(A) perishable は「腐りやすい」、(B) legible は「(文字が)読みやすい」、(D) hesitant は「ためらった」という意味。

訳 出されている数値は、新部門がもたらす可能性のある利益をとても控えめに推定したものだ。

Vocab. □ generate ～を発生させる、もたらす

29. [正答率 50.8%]

正解 A

A is attributed to B は「A (結果) が B (原因) によるものと考える」という意味。収益の何が最新シリーズの発売によるものかを考えると、(A) elevation「上昇」が適切。(B) opening は「空き」、(C) compilation は「編集物」、(D) assignment は「割り当て」。

訳 11 月までの収益の増加は、当社の最新シリーズの携帯電話の発売に起因する。

Vocab. □ revenue 収益

30. [正答率 48.9%]

正解 A

文頭に To prepare for our annual shoe sale「年 1 度の靴の特売の準備のため」とある。空欄に (A) を入れ、take (an) inventory「棚卸しをする」とすると、特売の準備として適切な仕事内容になる。(B) invention は「発明 (品)」、(C) investigation は「調査」、(D) inversion は「逆、反対」。

訳 年 1 度の靴の特売の準備をするために土曜の閉店後に棚卸しと展示商品の並べ替えをいたします。

Vocab. □ annual 毎年恒例の、年 1 回の □ rearrange ～を整理し直す

31. The finance director oversees the ------- of available funds into various departmental budgets.

(A) allocation
(B) operation
(C) interaction
(D) commission

32. The tourism board believes that the state's ------- national park should be highlighted in their promotional brochure.

(A) generous
(B) expansive
(C) thorough
(D) valid

33. ------- for the vacant position must be willing to travel across the country on a regular basis.

(A) Candidates
(B) Openings
(C) Requirements
(D) Applications

34. After Steve helped Ms. Herring remove a virus from her computer, she showed her ------- by letting him leave early that day.

(A) gratitude
(B) contribution
(C) compliment
(D) anticipation

35. A penalty will be ------- on any motorists surpassing the legal speed limit on Main Street.

(A) imposed
(B) exposed
(C) disposed
(D) supposed

31. [正答率 47.4%] 正解 A

空欄の後ろの of available funds「利用可能な資金の」に修飾されて文意が通るのは、(A) allocation「割り当て、配分」。allocation of A into B で「A を B に割り当てること」を意味する。(B) operation は「運営」、(C) interaction は「交流」、(D) commission は「委託」。

訳 財務部長はさまざまな部署の予算に投入する利用可能な資金の割り当てを管理している。

Vocab. □ departmental 部署の　□ budget 予算

32. [正答率 46.7%] 正解 B

空欄直後の名詞句 national park「国立公園」を修飾するのにふさわしい形容詞は、(B) expansive「広々とした」。(A) generous は「寛大な」、(C) thorough は「徹底的な」、(D) valid は「有効な」という意味。

訳 観光局は州の広々とした国立公園を宣伝用冊子の目玉にすべきだと考えている。

Vocab. □ highlight ～を強調する、目立たせる　□ brochure 冊子

33. [正答率 46.7%] 正解 A

選択肢に並ぶ名詞のうち、「職の空きに対する～は全国出張に意欲的でなければならない」という文脈には、(A) Candidates「候補者」が合う。(B) Openings は「(職などの) 空き」、(C) Requirements は「必要条件」、(D) Applications は「応募、申し込み」という意味。

訳 その空いている職に就く候補者は、定期的な全国出張に意欲的でなければならない。

Vocab. □ vacant 空いている　□ on a regular basis 定期的に

34. [正答率 45.9%] 正解 A

空欄に入る名詞を表現する手段は、by letting him leave early (彼を早退させることによって) なので、動詞 show(ed)「～を表す」の目的語として (A) gratitude「感謝」を選ぶ。(B) contribution は「貢献」、(C) compliment は「ほめ言葉」、(D) anticipation は「予感」。

訳 コンピュータからウイルスを除去するのをスティーブが手伝ってくれたので、ハーリングさんはその日彼を早く退社させることで感謝を表した。

Vocab. □ let 〈人〉 *do* 〈人〉 に～することを許す

35. [正答率 43.4%] 正解 A

空欄直前の be と選択肢に並ぶ過去分詞で受動態を作る。主語は A penalty「罰則」なので、impose「～を科す」の過去分詞である (A) を空欄に入れ、will be imposed「科される」とする。(B) expose(d) は「～をさらす」、(C) dispose(d) は「～を配置する」、(D) suppose(d) は「～と仮定する」。

訳 メインストリートで法定速度を超えた運転者には罰則が科せられる。

Vocab. □ surpass ～を超える

36. ------- Greg had misspelled the e-mail address, as none of his correspondences to Blue Sky, Inc. had been received.

☐
☐
☐

(A) Roughly
(B) Practically
(C) Apparently
(D) Eventually

37. The total purchase must be over $200 in order for the 15 percent discount to -------.

☐
☐
☐

(A) apply
(B) offer
(C) extend
(D) receive

38. Due to the cost of training new workers, the firm has a goal of reducing employee ------- to below 15 percent this year.

☐
☐
☐

(A) turnout
(B) turnover
(C) turnaround
(D) turnabout

39. Mr. Johannsen needed to take a lengthy ------- around an accident on the highway, so he will be late for the meeting.

☐
☐
☐

(A) congestion
(B) probability
(C) detour
(D) prevention

40. The *Arvada Times* will try to increase its ------- by lowering the price of its print edition.

☐
☐
☐

(A) proprietor
(B) circulation
(C) solution
(D) layout

36. [正答率 43.3%]

正解 C

文全体を見ると、後半の「グレッグからの連絡が1つも届いていなかった」ことが、前半の節に対する理由になっているので、空欄には (C) Apparently「どうやら～のようだ」が適切。(A) を文頭に使う場合は通常 Roughly speaking「おおざっぱに言って」の形になる。(B) Practically は「事実上」。(D) Eventually は「結局」。

訳 どうやらグレッグはメールアドレスのスペルを誤っていたようだ。というのも、彼から Blue Sky あての連絡は1つも届いていなかったからだ。

Vocab. □ correspondence 連絡、通信

37. [正答率 41.9%]

正解 A

in order for X to *do*「X が～するために」の X が the 15 percent discount で *do* の部分が空欄になっている。空欄の後に目的語がないので、自動詞の (A) apply「適用される」が入る。(B) offer「～を提供する」、(C) extend「～を延ばす」、(D) receive「～を受け取る」はいずれも他動詞。

訳 15%割引が適用されるには、ご購入金額の合計が 200 ドルを超える必要があります。

38. [正答率 41.2%]

正解 B

employee ------- が、動名詞 reducing「～を減らすこと」の目的語になるので、(B) turnover「離職率、回転率」を空欄に入れ、employee turnover「従業員離職率」とする。(A) turnout は「出席者、生産高」、(C) turnaround は「方向転換」、(D) turnabout は「(考えなどの) 転換」。

訳 新入社員の研修費が理由で、その会社は今年度の従業員離職率を 15%以下に減らすことを目標にしている。

39. [正答率 40.8%]

正解 C

後半の節に「彼は会議に遅れそうだ」とあるので、(C) detour「回り道」を入れて「長く迂回する必要があった」とすれば自然な文意になる。take a detour で「迂回する」という意味。(A) congestion は「混雑、渋滞」、(B) probability は「可能性」、(D) prevention は「防止」。

訳 ヨハンセン氏は幹線道路の事故を避けて長距離の迂回をする必要があったので、会議に遅れるだろう。

Vocab. □ lengthy 長い

40. [正答率 40.0%]

正解 B

空欄は increase「～を増やす」の目的語。続く by 以降、つまり紙媒体の価格を下げることによって何を増やそうとするかを考えると、(B) circulation「発行部数」が適切。(A) proprietor は「所有者」、(C) solution は「解決策」、(D) layout は「レイアウト」。

訳 Arvada Times 紙は紙媒体の価格を下げることで発行部数を伸ばそうとするだろう。

Vocab. □ lower ～を下げる

41. It is important to ------- a job interview by sending an e-mail expressing appreciation for their time and attention.
□
□
□
(A) end up
(B) make up
(C) turn up
(D) follow up

42. As a ------- to your fellow patrons, please refrain from texting during the movie.
□
□
□
(A) gratitude
(B) courtesy
(C) compliment
(D) praise

43. This QR code reader works at close -------, so please hold the camera right up to the code.
□
□
□
(A) distance
(B) space
(C) range
(D) area

44. The firm's profit in its fourth year was higher than that of its first three years -------.
□
□
□
(A) combining
(B) combined
(C) combination
(D) combinations

45. The foreperson commended the Silverton Factory management team for their ------- safety record.
□
□
□
(A) skillful
(B) exemplary
(C) mutual
(D) preventable

41. [正答率 39.6%]

正解 D

空欄後の a job interview「就職面接」が空欄に入る不定詞の目的語となるので、「～をフォローする」という意味になる (D) follow up が正解。(A) end up は「結果として～になる」、(B) make up は「(割合) を占める」、(C) turn up は「(電化製品など) の出力を上げる」。

訳 相手の時間と配慮への謝意を伝えるメールを送ることで就職面接をフォローすることは重要です。

Vocab. □ appreciation 感謝の気持ち

42. [正答率 39.2%]

正解 B

as a courtesy to「～のために」は注意書きなどでよく使われる表現。(B) courtesy「礼儀正しいこと」を空欄に入れ、「周りのお客様のために」とする。(A) gratitude は「感謝」、(C) compliment は「ほめ言葉」、(D) praise は「賛辞、称賛」。

訳 周りのお客様にご配慮いただき、映画の上映中にテキストメッセージを打つことはご遠慮ください。

Vocab. □ fellow 同類の、同じ　□ patron 常連、利用客　□ refrain from *doing* ～を控える

43. [正答率 39.1%]

正解 C

距離や空間の大きさに関する名詞が選択肢に並ぶ。at close ------- の部分は right up to the code「しっかりコードの前に」と具体的に言い換えているので、至近距離を表していることがわかる。(C) range「範囲、射程距離」を選び at close range「近距離で」とする。(A) distance「距離」は長短 (long/short) を表す語と結びつく。(B) space は「空間」、(D) area は「地域」。

訳 この QR コードの読み取り機は近距離で機能しますので、カメラをしっかりコードにかざしてください。

Vocab. □ work 機能する　□ right 正確に、ぴったり

44. [正答率 36.7%]

正解 B

空欄には直前の名詞 first three years を修飾する分詞が求められているので、(A) combining と (B) combined に絞る。combine は「～を組み合わせる」という意味の他動詞であるにもかかわらず、空欄の後ろに目的語が存在しないので、受動の関係を表す (B) combined が正解であると判断する。(C) combination「組み合わせ」は名詞。

訳 その企業の 4 年目の収益は、最初の 3 年を合わせたものよりも高かった。

Vocab. □ profit 収益

45. [正答率 36.4%]

正解 B

空欄直後の名詞句 safety record「安全記録」を修飾するのにふさわしい形容詞は (B) exemplary「模範的な」。(A) skillful は「熟練の」、(C) mutual は「相互の」、(D) preventable は「回避可能な」という意味。

訳 現場監督は、Silverton 工場管理チームの模範的な安全記録を称賛した。

Vocab. □ foreperson 監督官　□ commend ～をほめる

46. Each skydiver must sign this form to ------- that you accept all risks and waive our liability for any injuries.

□
□
□

(A) provide
(B) consult
(C) affirm
(D) notice

47. Redman Enterprises ------- profits of more than £3,000,000 during the last fiscal year.

□
□
□

(A) rebounded
(B) realized
(C) refunded
(D) referred

48. The charity will spend a large ------- of the proceeds from the carnival on elementary schools in low-income areas.

□
□
□

(A) size
(B) proportion
(C) range
(D) inclusion

49. Do not ------- any receipts from your travels, as you will need them to submit your expense report.

□
□
□

(A) disperse
(B) dispose
(C) discard
(D) dispense

50. Sponsoring local sports teams is one way for businesses to ------- publicity for their services.

□
□
□

(A) focus
(B) generate
(C) benefit
(D) volunteer

46. [正答率 35.7%] 　正解 C

空欄直後の that 節を目的語にとる動詞が空欄に入るので、正解は (C) affirm「～であると確約する」。(A) provide と (D) notice に that 節が続く場合は、それぞれ「～ということを規定する」、「～ということに気づく」という意味になる。(B) consult は「～に意見を求める、～を調べる」。

訳 スカイダイビングの参加者は、すべてのリスクを受け入れ、いかなるけがに対しても当社に賠償責任を求めないことを確約するこの書類に署名をしてください。

Vocab. □ waive ～を行使しない、放棄する　□ liability 責任

47. [正答率 34.7%] 　正解 B

realize a profit で「利益を上げる」という意味になるので、(B) realized が正解。(A) rebound(ed)「はね返る」は自動詞、(C) refund(ed)「～を払い戻す」は他動詞。(D) refer(red) は refer to の形で「～に言及する、～を参照する」、他動詞では「～を差し向ける」という意味。

訳 Redman Enterprises 社は前回の会計年度で 300 万ユーロを超える利益を上げた。

Vocab. □ fiscal year 会計年度

48. [正答率 33.0%] 　正解 B

空欄には直前にある形容詞 large に修飾され、直後にある前置詞句 of the proceeds「収益金の」で修飾される名詞が入るので、(B) proportion「部分、割合」が適切。a large proportion of で「～の大部分」という意味を表す。(A) size は「サイズ、大きさ」、(C) range は「幅」、(D) inclusion は「包含、包括」。

訳 その慈善団体はカーニバルの収益金の大部分を低所得者が住む地域の小学校に使う。

Vocab. □ proceeds 収益

49. [正答率 30.8%] 　正解 C

接続詞 as が導く後半の節で「それら（領収書）が必要になる」とあるので、前半の節は領収書を捨てないよう促すと予想がつく。よって、(C) discard「～を破棄する」が正解。(B) は dispose of で「～を捨てる」という意味。(A) disperse は「～を分散させる」、(D) dispense は「～を施す、分配する」。

訳 出張費用の領収書は経費報告書を提出するために必要となるので破棄しないでください。

Vocab. □ receipt 領収書　□ expense 経費

50. [正答率 30.2%] 　正解 B

空欄直後の名詞 publicity「宣伝」を目的語にとる動詞として適切なのは (B) generate「～を創出する」。generate publicity for で「～の宣伝をする」という意味になる。(A) focus は「～を集中する」、(C) benefit は「～の利益になる」、(D) volunteer は「～を進んで行う」。

訳 地域のスポーツチームのスポンサーを務めることは、企業がサービスを宣伝する一つの方法だ。

Vocab. □ sponsor ～を支援する

51. The joint venture was halted after the two firms could not ------- to an agreement on one of the key issues.

☐
☐
☐

(A) go
(B) reach
(C) come
(D) make

52. Please check the contents of this box thoroughly to make sure that all of the items have arrived -------.

☐
☐
☐

(A) intense
(B) internal
(C) intact
(D) invalid

53. As ------- exposure to heat can damage these flash drives, please store them in a cool, dark place.

☐
☐
☐

(A) stretched
(B) spoiled
(C) prolonged
(D) abused

54. This year's National Health Summit, held in L.A., will ------- with the presentation of the Outstanding Physician Award.

☐
☐
☐

(A) feature
(B) conclude
(C) announce
(D) include

55. Melrose Motors halted the development of its luxury sports car after having second ------- about its marketability.

☐
☐
☐

(A) cares
(B) opinions
(C) concerns
(D) thoughts

51. [正答率 29.8%]

正解 C

come to an agreement で「合意に達する」という意味の慣用表現を作ると文意が通るので、(C) come が正解。(B) reach を使った reach an agreement も同義だが、reach は to が入らない点に注意する。

訳 その共同事業は 2 社が重要事項の一つで合意に至らなかった後、中止された。

Vocab. □ halt ～を中断・中止する

52. [正答率 28.8%]

正解 C

選択肢に形容詞が並んでいるので、空欄前の動詞 arrive が SVC の文型をとるとわかる。この場合の arrive は「～の状態で到着する」という意味を表すので、(C) intact「無傷の」が空欄に入れば文意が通る。(A) intense は「強烈な」、(B) internal は「内部の」、(D) invalid は「無効な」。

訳 品物のすべてが破損せずに届いたことをご確認いただくため、この箱の中身をしっかり確かめてください。

Vocab. □ content 中身　□ thoroughly 徹底的に、完全に

53. [正答率 28.6%]

正解 C

空欄に入る過去分詞は直後の名詞 exposure「(～に) さらされること」を修飾する。過去分詞と被修飾語は受け身の関係になるので、prolong「～を長引かせる」の過去分詞である (C) prolonged が正解。(A) stretch(ed) は「～を引き伸ばす」、(B) spoil(ed) は「～をだめにする」、(D) abuse(d) は「～を悪用・濫用する」。

訳 これらのフラッシュドライブは長時間高温にさらすと損傷することがございますので、冷暗所に収納してください。

Vocab. □ exposure さらすこと

54. [正答率 27.7%]

正解 B

空欄直後に前置詞 with があるので、「～で終わる」となり、文意が通る (B) conclude が正解。(A) feature は「～を特色とする」、(C) announce は「～を公表する」、(D) include は「～を含む」という意味。

訳 ロサンゼルスで開催される今年の全国健康サミットは優秀医師賞の授与式をもって閉会となります。

55. [正答率 23.8%]

正解 D

(D) thoughts「考え」を空欄に入れると、have second thoughts about「～について考え直す」という慣用表現が完成し、文意が通る。(A) cares は「心配、世話」、(B) opinions は「意見」、(C) concerns は「懸案事項、不安」という意味。

訳 Melrose Motors 社は市場性について再考して高級スポーツカーの開発を中止した。

Vocab. □ halt ～を中断・中止する　□ marketability 市場性

56. To speed up the nomination process, you can consult a politician with an extensive network of government -------.
□
□
□
(A) policies
(B) contacts
(C) projections
(D) announcements

57. There are a ------- number of hotel rooms available, so attendees will be accommodated on a first come, first served basis.
□
□
□
(A) limited
(B) lesser
(C) few
(D) little

58. The frequent occurrence of breakdowns at the plant this year ------- the need to hire more mechanics.
□
□
□
(A) demonstrates
(B) concerns
(C) employs
(D) obligates

59. Any questions you may have should be ------- to Mr. Schumann in the personnel department.
□
□
□
(A) answered
(B) noticed
(C) directed
(D) confirmed

60. Jennifer Hoppert's ------- sense of style has propelled her to the top of the designer clothing industry.
□
□
□
(A) respective
(B) impeccable
(C) successive
(D) potential

56. [正答率 22.5%] 正解 B

選択肢の中で、an extensive network of government -------「政府の〜の広いネットワーク」の network「ネットワーク」と意味がかみ合うのは、(B) contacts「(人との) つき合い、縁故」。(A) policies は「政策」、(C) projections は「見積もり」、(D) announcements は「発表」。

訳 指名のプロセスを早めるため、政府筋に広い人脈を持つ政治家に相談することもできます。

Vocab. □ extensive 広範な

57. [正答率 22.1%] 正解 A

空欄直後の名詞 number「数」を適切に修飾する語を選ぶ。a number of は「多数の、いくつかの」という意味だが、形容詞の (A) limited「限られた」が空欄に入ると「限られた数の」という意味になる。(C) は a few だと「少しの」という意味だが、number とともに用いることはできない。

訳 ご利用いただけるホテルの客室の数には限りがありますので、先着順でのご利用となります。

Vocab. □ accommodate 〜を泊める、収容する
□ on a first come, first served basis 先着順で

58. [正答率 21.0%] 正解 A

選択肢に並ぶ動詞のうち、the need「必要性」を目的語にとり、かつ全体の文脈に合うのは (A) demonstrates「〜を明確に示す」。(B) concerns は「(人) を心配させる」または「〜に関連する」、(C) employs は「〜を雇用する」、(D) obligates は「〜に義務を負わせる」。

訳 今年、工場で機械故障が頻発したことは、より多くの技術者を雇う必要性を明確に示している。

Vocab. □ frequent 頻繁な □ occurrence 発生 □ breakdown 故障

59. [正答率 20.8%] 正解 C

direct A to B「A を B に向ける」を受動態にすると A be directed to B「A が B に向けられる」の形になるので、(C) directed が正解。(A) answer(ed)「〜に答える」、(B) notice(d)「〜に気づく」、(D) confirm(ed)「〜を確認する」は、いずれも前置詞 to とつながらない。

訳 ご質問があれば、人事部のシューマンさんにお尋ねください。

Vocab. □ personnel department 人事部

60. [正答率 20.4%] 正解 B

空欄には、sense「センス、感覚」を修飾する形容詞が入るので、(B) impeccable「欠点のない、非の打ちどころのない」が適切。(A) respective は「それぞれの、各自の」、(C) successive は「連続する、次の」、(D) potential は「可能な、潜在的な」という意味。

訳 ジェニファー・ホッパートさんは完璧な流行センスでデザイナー衣料品業界のトップに立った。

Vocab. □ propel 〜を前進させる

Part 6 の攻略

攻略のポイント

① 本文冒頭から１問目の空欄まで読んで解答 → ２～４問目も同様に解く
※必要があれば空欄後の１文もチェック。

② 問題タイプ１～９は Part 5 の攻略法で解答する。必要に応じて文脈を考慮する

③ 空欄に文を入れる「タイプ 10：一文選択問題」は本文冒頭から全体の文脈を追って解答する

▶例題

Questions 1-4 refer to the following notice.

Attention Customers:

Big Box Office is closed for -------- (1.) until the end of February. ① During this time, we are expanding our floor space and rearranging the layout of the store. The result will be a better shopping experience for you, with a wider range of goods available. -------- (2.), our already low prices will be even lower, for the best bargains around.

We apologize for the inconvenience, and appreciate your patience during the -------- (3.).

Starting March 1, we'll be holding a grand reopening sale and showing off our new look. -------- (4.).

Sincerely,

Big Box Office Management

1 つの文書の中に 4 つの空欄があり、各空欄を埋めるのに適切な語句や文を (A) ~ (D) から選ぶ問題です。

1. 正解 B ｜ 語彙／文脈

(A) inventory 棚卸し
(B) renovations 改装（工事）
(C) cleaning 清掃
(D) bankruptcy 倒産

空欄前の for は〈理由・目的〉を表すので、空欄には 2 月末まで店を閉める理由を示す語が入る。①に「売り場の拡大とレイアウト変更」について書かれているので (B) が正解。

2. 正解 C ｜ 語彙／文脈

(A) Nevertheless それにもかかわらず
(B) On the contrary 反対に
(C) In addition さらに
(D) For example たとえば

接続副詞を選ぶ問題は Part 6 頻出。
空欄前後の文で改装後にどのような改善があるかが述べられているので内容を補足・追加する (C) が正解。(A) と (B) は前後が逆説的な関係のときに用いられる。

3. 正解 B ｜ 品詞

(A) transiting 動詞 transit「通過する」の動名詞または現在分詞
(B) transition 名詞「移行」
(C) transited 過去形・過去分詞
(D) transitional 形容詞「過渡期の」

空欄前に定冠詞 the があり、後ろはピリオドで文が終わっているので空欄には名詞が必要。選択肢中、名詞は (B) transition「移行」のみ。

4. 正解 **D** | 一文選択

(A) The timing of the project is yet to be determined.
(B) We will update you when we next meet.
(C) Your contributions are much appreciated.
(D) We look forward to seeing you then.

(A) プロジェクトの時期はまだ決定されていません。
(B) 次回お会いするときに最新情報をお伝えします。
(C) 皆さまの貢献に深く感謝いたします。
(D) 皆さまのお越しをお待ちしております。

一文を入れる問題。 直前の文で、「新装オープンセールを開催し、新店舗をお披露目する」と述べており、その際に来客を期待する (D) が文脈に合う。このお知らせを書いた経営者と客が会う予定はないので (B) は不可。(A)、(C) はプロジェクトや「皆さまの貢献」が本文に出てきていない。

訳 1-4 番は次のお知らせに関するものです。

お客様各位

Big Box Office は改装工事のため 2 月末まで閉店いたします。この間に売り場を拡大し、店内のレイアウト変更をします。改装後はさらに充実した品ぞろえで、より良いお買い物をお楽しみいただけます。さらに、最高の特売品をご用意いたしますので今までの低価格がよりお得になる予定です。

改装期間中、ご迷惑をおかけして申し訳ありませんがご理解のほどよろしくお願い申し上げます。

3 月 1 日より新装オープンセールを開催し、新店舗をお披露目いたします。**皆さまのお越しをお待ちしております。**

よろしくお願いいたします。

Big Box Office 経営幹部

Vocab.
□ rearrange ~を配列し直す、再配置する　□ layout レイアウト
□ a wider range of さらに幅広い　□ bargain お買い得品
□ apologize for ~について謝罪する　□ inconvenience 不便さ

Part 6 に役立つ接続副詞リスト

文脈に応じて適切なものを選べるよう、覚えておきましょう。

結果・結論	therefore / accordingly / for this reason / thus / hence	そのため、したがって
	consequently / as a result / as a consequence	その結果
逆接・対比	however	しかしながら
	nevertheless / nonetheless / regardless / still / even so / despite that	それにもかかわらず
	having said that / that being said	とはいっても
	conversely / in contrast	反対に、対照的に
	on the contrary	それどころか
	on the other hand	一方では
追加	also / in addition / additionally / furthermore / moreover / what's more / besides	その上、さらに
具体例	for example / for instance	たとえば
	specifically	とくに、具体的に
	in fact / indeed	実のところ
選択	alternatively	あるいは
	instead	その代わりに、そうせずに
	rather	むしろ、そうではなく
仮定	in that case / if so	その場合は
	otherwise	そうでない場合は、さもなくば
類似	similarly / likewise	同様に
時間関係	meanwhile / in the meantime	その間、それまでの間
	at the same time	同時に
	afterward / after that / subsequently / then	その後で、それから

※ 接続副詞と同じ働きをする副詞句や分詞句などもリストに含めています。

□□□ **Questions 1-4** refer to the following article.

BROOMFIELD, January 3—The City of Broomfield has approved Grady, Inc.'s plans for the construction of a new sports complex on the edge of town. Although a number of ------- (**1.**) of the area had expressed concerns about congestion on local roads, the proposal was approved by the city council yesterday. The completed facility ------- (**2.**) a gym, a bowling alley, and a swimming pool, as well as an ice rink.

A similar Grady proposal was rejected ------- (**3.**) last year. ------- (**4.**) . The council felt that this would have led to a large number of vehicles congesting local streets.

1. (A) residents
(B) residential
(C) residences
(D) reside

2. (A) contained
(B) will contain
(C) had contained
(D) containing

3. (A) soon
(B) later
(C) then
(D) early

4. (A) There was not enough demand among the locals.
(B) The building did not meet fire and safety standards.
(C) The architectural style was considered unattractive.
(D) The proposed design didn't include enough parking.

□□□ **Questions 5-8** refer to the following e-mail.

From: Tracym@weston.com
To: Jamesv@weston.com
Date: July 31
Re: Meeting

Dear James,

As promised, here is the ------- (**5.**) of our meeting this morning. The Smith Project is scheduled to begin August 10 and is expected to run for three months. The budget allows for an extra two weeks if ------- (**6.**) deem this necessary. We approved both the staff numbers that you asked for and your request for assistance from our marketing team. ------- (**7.**), we decided to wait until closer to the start date to determine how much of the work will need to be outsourced.

------- (**8.**). I am certain that the project will be a success under your leadership.

Kindest regards,

Tracy Mellon

5. (A) summary
(B) attendance
(C) handout
(D) schedule

6. (A) you
(B) their
(C) its
(D) ourselves

7. (A) Accordingly
(B) However
(C) Otherwise
(D) For example

8. (A) I hope that you will consider joining our team.
(B) The client is extremely satisfied with the results.
(C) Payment is not due until the project is completed.
(D) Thank you for everything you have done so far.

□□□ **Questions 9-12** refer to the following letter.

Furniture Road
325 Redtail Lane
Tulsa, OK 74112

To whom it may concern:

There seems to be some confusion over a desk that we purchased from your store. Your ad stated the price had been reduced from $600 to $500 and included free delivery. We contacted your salesperson to secure the desk, and prepaid the $500 in compliance ------- **9.** her request. However, when the desk arrived at our office, the deliveryman presented ------- **10.** with an invoice for $100 more for the desk as well as $30 for delivery. We refused to pay this and he left, taking the desk. Needless to say, we are rather ------- **11.** with this turn of events. We want to either have the desk delivered again or our payment returned to us immediately. ------- **12.**.

Sincerely,

Raj Kumar
Simpson International

9. (A) to
(B) from
(C) of
(D) with

10. (A) us
(B) it
(C) them
(D) himself

11. (A) frustrating
(B) frustration
(C) frustrated
(D) frustrate

12. (A) Please contact us as soon as possible to resolve this matter.
(B) The desk was, unfortunately, damaged during transit.
(C) We now realize the information in the ad was incorrect.
(D) Hopefully, you will have more of the desks in stock soon.

□□□ **Questions 13-16** refer to the following advertisement.

Folsom Photo

Well-known for our competitive pricing and great customer service, Folsom Photo is among the most highly ------- (**13.**) corporate photography firms in Australia. ------- (**14.**). Visit us online at www.folsomphoto.au to see a full client list and a selection of testimonials.

Whether you want quality pictures for a pamphlet or to create a visually appealing Web site, Folsom Photo is the one you can trust. ------- (**15.**), our photographers come to you, with everything necessary to create a great photo shoot. Our pictures can boost the success of any online or print advertisement. Call 0433-555-652 today to see how Folsom Photo can meet ------- (**16.**) needs.

13. (A) rate
(B) rated
(C) rating
(D) rates

14. (A) We will respond to your inquiries as soon as possible.
(B) Choose from the wide range of cameras in our online catalog.
(C) Employees are urgently needed to work in our corporate offices.
(D) Satisfied clients include Outback Gear and Bianco Footwear.

15. (A) As a result
(B) What's more
(C) For example
(D) However

16. (A) their
(B) its
(C) your
(D) our

Questions 1-4 refer to the following article.

BROOMFIELD, January 3—The City of Broomfield has approved Grady, Inc.'s plans for the construction of ①a new sports complex on the edge of town. Although a number of --1.-- of the area had expressed concerns about congestion on local roads, the proposal was approved by the city council yesterday. The completed facility --2.-- a gym, a bowling alley, and a swimming pool, as well as an ice rink.

A similar Grady proposal was rejected --3.-- last year. --4.--. The council felt that ②this would have led to a large number of vehicles congesting local streets.

1-4 番は次の記事に関するものです。

ブルームフィールド、1月3日 ― ブルームフィールド市は Grady 社が市郊外に新しいスポーツ施設を建設する計画を承認した。地域住民の多くは地元の道路が混雑することに懸念を示したが、昨日、市議会はこの計画を可決した。完成後の施設にはジムやボウリング場とプール施設に加え、スケート場が入る予定だ。

昨年初めに Grady 社の類似案は否決されていた。**提案された設計には十分な広さの駐車場がなかったからだ。**そのために多くの車が地元の道路を渋滞させることになると議会は判断していた。

Vocab. □ approve ～を承認する □ complex 複合施設 □ on the edge of ～の端に
□ congestion 渋滞 □ completed 完成した □ lead to ～につながる
□ congest ～を渋滞させる

1. 正解 A | [正答率 87.8%] 品詞

(A) residents　(B) residential
(C) residences　(D) reside

a number of「数々の」の後ろには名詞の複数形が必要。(A) residents「住民」と (C) residences「住居」が名詞だが、had expressed concerns「懸念を示した」の適切な主語となる (A) residents を選ぶ。(B) residential「居住の」は形容詞、(D) reside「住む」は動詞の原形。

2. 正解 B | [正答率 74.3%] 動詞／文脈

(A) contained　(B) will contain
(C) had contained　(D) containing

動詞 contain「～を含む」の正しい時制を選ぶ問題。主語 The completed facility「完成後の施設」は① a new sports complex「新しいスポーツ施設」のこと。冒頭の「市が建設計画を承認した」や、空欄直前の文の「計画が昨日可決された」から、建設はまだ始まっていないと判断して未来を表す形の (B) will contain を入れる。(A) contained は過去形、(C) had contained は過去完了形、(D) containing は動名詞または現在分詞。

3. 正解 D | [正答率 70.3%] 語彙

(A) soon　(B) later
(C) then　(D) early

空欄直後の last year と組み合わせて用いられる副詞は、(D) early「早く」。early last year で「昨年の初めに」という意味になる。(A) soon は「まもなく」、(B) later は「後で」(C) then は「そのとき」という意味。

4. 正解 D | [正答率 58.1%] 一文選択

(A) There was not enough demand among the locals.　(A) 地元住民の間で需要が十分になかった。
(B) The building did not meet fire and safety standards.　(B) 建物が防火安全基準を満たしていなかった。
(C) The architectural style was considered unattractive.　(C) 建築様式が魅力的でないと考えられた。
(D) The proposed design didn't include enough parking.　(D) 提案された設計には十分な広さの駐車場がなかった。

最終文の② this が空欄の内容を受けている。「そのために多くの車が地元の道路を渋滞させることになると議会は判断していた」とあるので、駐車場の不足を示す (D) を入れる。(A) demand「需要」、(B) fire and safety standards「防火安全基準」、(C) architectural style「建築様式」は、いずれも駐車場の不足と結びつかない。

Questions 5-8 refer to the following e-mail.

From: Tracym@weston.com
To: Jamesv@weston.com
Date: July 31
Re: Meeting

Dear James,

As promised, here is the --------(5.) of our meeting this morning. ①The Smith Project is scheduled to begin August 10 and is expected to run for three months. The budget allows for an extra two weeks if --------(6.) deem this necessary. We approved both ②the staff numbers that you asked for and your request for assistance from our marketing team. --------(7.), we decided to wait until closer to the start date to determine how much of the work will need to be outsourced.

--------(8.). I am certain that the project will be a success under your leadership.

Kindest regards,

Tracy Mellon

5-8 番は次のメールに関するものです。

送信者：Tracym@weston.com
受信者：Jamesv@weston.com
日付：7月31日
件名：ミーティング

ジェームズさん

約束通り、今朝のミーティングの概要をお伝えします。スミスプロジェクトは8月10日に開始する予定で、3カ月間続くことが見込まれています。必要と判断された場合は2週間追加できる予算を用意しています。ご希望のありました人員の数とマーケティングチームによる支援の要請はどちらも承認いたしました。しかし、どれくらいの仕事を外注する必要があるかについて決定を下すのは、プロジェクトの開始日が近くなるまで待つことにいたしました。

これまでのご協力に感謝いたします。ご指導のもとにプロジェクトが成功すると確信しています。

よろしくお願いいたします。

トレイシー・メロン

Vocab.
- □ be scheduled to *do* ～することが予定されている
- □ be expected to *do* ～すると見込まれている　□ run 続く　□ allow for ～を可能にする
- □ deem ～と判断する　□ outsource ～を外注する

5. 正解 A | [正答率 65.2%] 語彙／文脈

(A) summary　(B) attendance
(C) handout　(D) schedule

第 1 段落①以降に The Smith Project の説明が続くことから、このプロジェクトについて今朝のミーティングで討議したと判断し、(A) summary「概要」を選ぶ。(B) attendance は「出席」、(C) handout は「(配布される) 資料」、(D) schedule は「予定」という意味。

6. 正解 A | [正答率 72.7%] 代名詞

(A) you　(B) their
(C) its　(D) ourselves

空欄直前に接続詞 if があるので、後ろには SV が必要。動詞 deem に対する主語が欠けているので、主格の (A) you「あなたは」が入る。deem O C「O が C だと考える」(= consider O C) という語法を確認しておこう。(B) their「彼らの」と (C) its「それの」は所有格、(D) ourselves「私たち自身」は再帰代名詞。

7. 正解 B | [正答率 45.5%] 語彙／文脈

(A) Accordingly　(B) However
(C) Otherwise　(D) For example

前後の文脈をつなぐ接続副詞を入れる問題。空欄直前の文で「希望のあった人員の数とマーケティングチームによる支援の要請を承認した」と読み手の要望を認めているのに対し、空欄の後ろで「外注については判断を待つことにした」と述べているので、逆接を表す (B) However「しかしながら」が正解。(A) Accordingly は「したがって」、(C) Otherwise は「さもないと」、(D) For example「たとえば」という意味。

8. 正解 D | [正答率 40.9%] 一文選択

(A) I hope that you will consider joining our team.
(B) The client is extremely satisfied with the results.
(C) Payment is not due until the project is completed.
(D) Thank you for everything you have done so far.

(A) 私たちのチームへの参加をご検討いただけると幸いです。
(B) 顧客は結果に大変満足しています。
(C) プロジェクトが完了するまでお支払いの必要はありません。
(D) これまでのご協力に感謝いたします。

第 1 段落②から、読み手がプロジェクトに必要な人員数を検討して要望を出したとわかる。よって、プロジェクトに対するこれまでの仕事ぶりに感謝する (D) が適切。(A) は、読み手がまだプロジェクトに加わっていないことになるため不自然。プロジェクトはこれから始まるため、(B) の「顧客が満足している」も不適切。メールアドレスから社内のやりとりだとわかるので (C) の「支払い」は不自然。

Questions 9-12 refer to the following letter.

Furniture Road
325 Redtail Lane
Tulsa, OK 74112

To whom it may concern:

There seems to be some confusion over a desk that we purchased from your store. Your ad stated the price had been reduced from $600 to $500 and included free delivery. We contacted your salesperson to secure the desk, and prepaid the $500 in compliance --9.---- her request. However, when the desk arrived at our office, the deliveryman presented --10.---- with an invoice for $100 more for the desk as well as $30 for delivery. We refused to pay this and he left, taking the desk. Needless to say, we are rather --11.---- with this turn of events. We want to either have the desk delivered again or our payment returned to us immediately. --12.----.

Sincerely,

Raj Kumar
Simpson International

9-12 番は次の手紙に関するものです。
ファーニチャー通り
レッドテイル通り 325 番地
タルサ　オクラホマ州　74112

ご担当者様

貴店で購入した机に関して、何らかの混乱があるようです。広告には机の価格は 600 ドルから 500 ドルに値引きされていて、その中に配送費も含まれると記載されていました。当社は机を購入するため貴社の販売員に連絡をとり、請求通りに 500 ドルを支払いました。しかし机が当社に届いた際、配送担当者は机の代金としてさらに 100 ドルと配送料 30 ドルの請求書を提示しました。当社がこの支払いを拒否すると、担当者は机を持ち帰りました。言うまでもなく、当社はこの事態をとても不満に思っています。早急に机を再送、もしくは返金していただけますようお願いいたします。**この問題を解決するため、早急に当方までご連絡ください。**

よろしくお願いいたします。

ラージ・クマール
Simpson International

Vocab. > □ **ad** 広告＝advertisement　□ **secure** ～を確実に手に入れる　□ **invoice** 請求書
□ **needless to say** 言うまでもなく

9. 正解 D | [正答率 47.8%] 前置詞

(A) to (B) from
(C) of (D) with

選択肢には前置詞が並んでいる。空欄直前に compliance（従うこと）があり、(D) with を入れれば in compliance with「～に従って」という慣用表現ができて文脈にも合う。動詞の comply「従う」や形容詞の compliant「準拠している」も後ろに続く前置詞は with であることを覚えておこう。

10. 正解 A | [正答率 50.5%] 代名詞

(A) us (B) it
(C) them (D) himself

空欄前の presented は「〈人〉に〈物〉を提示する」という意味の動詞として使われた場合、present〈人〉with〈物〉または present〈物〉to〈人〉の形をとる。ここでは空欄の後ろに with があるので前者となり、空欄には〈人〉が入る。「配送担当者」(deliveryman) が請求書を提示する相手としては (A) us が適切。

11. 正解 C | [正答率 68.7%] 品詞

(A) frustrating (B) frustration
(C) frustrated (D) frustrate

空欄には、書き手の気持ちを表す語が入るので、(C) frustrated が適切。be frustrated with で「～に不満を持っている、いらだっている」という意味。(A) frustrating「(物や事が)いらだたしい、もどかしい」は形容詞、(B) frustration「失望」は名詞、(D) frustrate「～をイライラさせる」は動詞。

12. 正解 A | [正答率 65.7%] 一文選択

(A) Please contact us as soon as possible to resolve this matter.
(B) The desk was, unfortunately, damaged during transit.
(C) We now realize the information in the ad was incorrect.
(D) Hopefully, you will have more of the desks in stock soon.

(A) この問題を解決するため、早急に当方までご連絡ください。
(B) その机は残念ながら、輸送中に損傷していました。
(C) 広告の情報が不正確だったことは現状で理解しています。
(D) 願わくは、貴社の机の在庫がすぐに増えるといいのですが。

手紙を書いたラージ・クマールさんは、机の注文に関する状況や苦情を述べ、空欄直前の文で机の再送か返金を求めている。それについて返答を求める (A) が文脈に合う。注文した机は配送担当者が持ち帰ったので (B) は誤り。広告に記載されていた情報と実際に起きたことに差異があり、そのことを確認するための手紙なので (C) も不正解。(D) の在庫については手紙で触れられていない。

Questions 13-16 refer to the following advertisement.

Folsom Photo

Well-known for our competitive pricing and great customer service, Folsom Photo is among the most highly --------- corporate photography firms in Australia. ---------. Visit us online at www.folsomphoto.au to see a full client list and a selection of testimonials.
13. 14.

Whether you want quality pictures for ①a pamphlet or to create a visually appealing Web site, Folsom Photo is the one you can trust. ---------, ②our photographers come to you, with everything necessary to create a great photo shoot. Our pictures can boost the success of any online or print advertisement. Call 0433-555-652 today to see how Folsom Photo can meet --------- needs.
15. 16.

13-16 番は次の広告に関するものです。

Folsom Photo

格安な料金と優れた顧客サービスに定評がある Folsom Photo は、オーストラリアで最も高く評価されている法人向け写真撮影会社の一つです。**Outback Gear 社や Bianco Footwear 社の皆さまにもご満足いただいています。** www.folsomphoto.au にアクセスして、全顧客リストやさまざまなお客様のご意見をご覧ください。

パンフレットに品質の高い写真が必要な場合、もしくは視覚に訴えるホームページの制作をご希望でしたら、Folsom Photo こそが信頼いただける会社です。さらに弊社の写真家は、最高の写真撮影を行うために必要なあらゆる機材を持って、貴社におうかがいいたします。弊社の写真はどんなオンライン広告や印刷広告でも成功の可能性を高めます。今すぐ 0433-555-652 にお電話のうえ、Folsom Photo がどのようにお客様のご要望にお応えできるかをお確かめください。

Vocab. □ well-known よく知られた、有名な □ competitive 競争力のある □ pricing 価格設定
□ testimonial 意見、証言 □ quality 高品質の □ visually 視覚的に
□ photo shoot 写真撮影 □ boost ～を高める、強化する **選択肢** □ inquiry 問い合わせ

13. 正解 B | [正答率 60.5%] 品詞

(A) rate
(B) rated
(C) rating
(D) rates

空欄後の corporate photography firms「法人向け写真撮影会社」という名詞句と結びつくのは、名詞を修飾する過去分詞の (B) rated「評価されている」。(A) rate は「～を評価する」という動詞、または「割合、料金」という名詞。(C) rating は動名詞または現在分詞。(D) rates は動詞の 3 人称単数現在形、または名詞の複数形。

14. 正解 D | [正答率 55.3%] 一文選択

(A) We will respond to your inquiries as soon as possible.
(B) Choose from the wide range of cameras in our online catalog.
(C) Employees are urgently needed to work in our corporate offices.
(D) Satisfied clients include Outback Gear and Bianco Footwear.

(A) お客様のお問い合わせにできる限り早く回答いたします。
(B) オンラインカタログ内の幅広い品ぞろえのカメラからお選びください。
(C) 私たちのオフィスで働ける従業員が至急必要です。
(D) Outback Gear 社や Bianco Footwear 社の皆さまにもご満足いただいています。

空欄直後の文でサイトのアドレスを記載し、a full client list「全顧客リスト」や testimonials「お客様の声」を確認するよう伝えている。よって、具体的な顧客名を挙げている (D) を入れれば自然な流れになる。(A) の問い合わせ、(C) の従業員募集はいずれも文脈に合わない。この会社はカメラを販売しているわけではないので (B) も不適切。

15. 正解 B | [正答率 52.6%] 語彙／文脈

(A) As a result
(B) What's more
(C) For example
(D) However

前後の文脈に合う接続副詞を選ぶ問題。空欄前の①でパンフレット用の写真や視覚に訴えるホームページ制作について触れ、空欄後の②で写真家による訪問撮影の説明をしている。よって、前の文に情報を追加する (B) What's more「さらに」が適切。(A) As a result は「その結果」、(C) For example は「たとえば」、(D) However は「しかしながら」という意味。

16. 正解 C | [正答率 78.9%] 代名詞／文脈

(A) their
(B) its
(C) your
(D) our

選択肢に代名詞の所有格が並んでいる。本文は Folsom Photo の広告なので、読み手を表す (C) your「あなたの」を入れて、how Folsom Photo can meet your needs「Folsom Photo がどのようにお客様のご要望にお応えできるか」とする。

Chapter 2

Part 5 & Part 6 レベル別模試

3 つのレベルごとに 3 回分、計 9 回分の模試を用意しました。
Chapter 1 で学んだ問題タイプがランダムに登場します。
どの問題タイプかを考えながら解いていきましょう。

Level 1 ››› 600点 模試 ▸ Test 1

101. 正解 B | [正答率 88.6%] 品詞

The head ------- on the renovation project was formerly the vice president of Lovato Construction.

(A) consult (B) consultant (C) consults (D) consultation

空欄には形容詞的用法の名詞 head に修飾される名詞が入る。(B) consultant「コンサルタント」と(D) consultation「相談」が名詞だが、この文の補語であるthe vice president「副社長」という〈人〉を表す語とイコールの関係で結べるのは、(B) consultant。(A)と(C)は動詞。

訳 その修復プロジェクトの主任コンサルタントは、以前 Lovato 建築会社の副社長を務めていた人物だ。

Vocab. □ renovation 修復、修理 □ formerly 以前は

102. 正解 B | [正答率 79.2%] 前置詞

Information about local attractions is available ------- guests through many brochures displayed in the lobby.

(A) from (B) to (C) of (D) by

空欄の後ろにある guests「宿泊客」は直前の形容詞 available「利用できる」の対象者なので、(B) to「～に」が正解。available to[for] で「～が利用できる」という意味。(A) from「～から」は文脈に合わない。

訳 ご宿泊の皆さまはロビーにある多くのパンフレットで地域の観光名所に関する情報を得られます。

Vocab. □ attraction 観光名所 □ available 利用できる □ brochure パンフレット、冊子

103. 正解 D | [正答率 65.3%] 品詞

A large storm disrupted transportation throughout the seminar weekend, and attendance was ------- low.

(A) disappointing (B) disappointed (C) disappoint (D) disappointingly

空欄には直後の形容詞 low を修飾する副詞が入るので、(D) disappointingly「期待外れなほど」が正解。(A) disappointing は動詞 disappoint「～をがっかりさせる」の動名詞または現在分詞、(B) disappointed は動詞の過去形・過去分詞。

訳 セミナーのあった週末は巨大な暴風雨のために交通機関が麻痺したので、参加者はがっかりするほど少なかった。

Vocab. □ disrupt ～を麻痺させる、乱す

104. 正解 B | [正答率 71.4%] 語彙

Anyone in the terminal who violates the non-smoking regulations is subject to a ------- of up to $10,000.

(A) toll (B) fine (C) pay (D) admission

文脈から空欄に求められる語の意味を判断する。空欄に入る語は「規則に従わなかった場合に支払うもの」なので、(B) fine「罰金」を選ぶ。(A) toll は「通行料」、(C) pay は「給与」、(D) admissionは「入場料」という意味。また、文中のbe subject toは「～を科せられる、被りやすい」という意味。

訳 ターミナルで禁煙規定を守らない人には、最大１万ドルの罰金が科される。

105. 正解 A | [正答率 87.0%] 前置詞 vs 接続詞

Many retailers in Brussels had to close ------- a widespread electrical outage, which resulted in significant financial losses.

(A) because of (B) since (C) despite (D) while

空欄の後ろにはa widespread electrical outageという名詞句が続くので、前置詞の(A) because of「～のため」、(B) since「～以来」、(C) despite「～にもかかわらず」が候補となる。electrical outageは休業した原因なので(A)が正解。(D) while「～の間」は接続詞。

訳 ブリュッセルの小売業者の多くは大規模な停電で休業を余儀なくされ、多大な経済的損失を被ることになった。

Vocab. □ widespread 広範囲に及ぶ □ electrical outage 停電
□ result in ～という結果になる

106. 正解 D | [正答率 79.2%] 語彙

We offer a ------- range of sun protection products that can be used by people of all ages and skin types.

(A) long (B) far (C) high (D) wide

空欄直後の名詞 range を適切に修飾する形容詞を選ぶ。ここでの range は「品ぞろえ」の意味なので〈広さ〉を表す (D) wide「広い」が正解。range が「射程距離」の意味で用いられれば (A) long「長い」や (B) far「遠い」、また「山脈」や「領域」の意味なら (C) high「高い」で修飾できる。

訳 弊社はあらゆる年齢層と肌質の方にお使いいただける幅広い日焼け止め製品を提供しています。

Vocab. □ sun protection 日焼け防止

107. 正解 D | [正答率 94.3%] 品詞

Once you fill out the -------, place it on the counter and have a seat in the waiting area.

(A) apply (B) applicant (C) applicable (D) application

空欄には句動詞 fill out「〜に記入する」の目的語となる名詞が入るので、(D) application「申込用紙」を選ぶ。(B) applicant も名詞だが、「応募者」という意味。(A) apply は動詞で「申し込む、〜を適用する」、(C) applicable は形容詞で「適用できる」という意味。

訳 申込書に記入されましたら、カウンターの上に置き、待合室にてご着席ください。

Vocab. □ Once ... いったん…したら

108. 正解 D | [正答率 69.6%] 品詞

Although the trucks differ slightly in size, they are ------- in both gas mileage and cargo capacity.

(A) compare (B) comparing (C) comparison (D) comparable

主語の they は the trucks を指し、are に続く空欄にはこのトラックを説明する形容詞が入る。空欄の後に in both gas mileage and cargo capacity「燃費効率と貨物積載量の両方において」という条件があるので、正解は「同等の」という意味の形容詞 (D) comparable。(A) compare は動詞で「〜と比べる」、(B) comparing は動名詞または現在分詞、(C) は名詞で「比較」。

訳 それらのトラックは大きさが微妙に違いますが、燃費効率と貨物積載量は同等です。

Vocab. □ differ in 〜の点で異なる □ cargo 貨物

109. 正解 B | [正答率 69.8%] 語彙

A ------- number of firms are developing and maintaining their own Web sites.

(A) lengthening (B) growing (C) widening (D) raising

空欄には、number「数」を修飾する語が入る。(B) growing は「増えている」という意味なので number と合う。growing は動詞 grow「増える」の現在分詞。(A) lengthening は「(長さが) 伸びている」、(C) widening は「(幅が) 広がっている」という意味。(D) raising の原形 raise は「〜を上げる」という意味の他動詞。

訳 企業の多くがどんどん自社のウェブサイトを作り、運営している。

Vocab. □ maintain 〜を維持する

110. 正解 D | [正答率 54.7%] 語彙

The conference will ------- with a musical performance, followed by food and drinks in the main ballroom.

(A) anticipate (B) regard (C) depart (D) conclude

空欄には主語の The conference「会議」に対する動詞が入るので、(D) conclude「終わる」が正解。ここでは conclude with「～をもって終了する」の形で自動詞として用いられている。(A) anticipate「予期する」と (B) regard「みなす」は主語が〈人〉の場合に、(C) depart「出発する」は主語が〈人〉や〈乗り物〉の場合に用いる動詞。

訳 大会は音楽の演奏で幕を閉じ、その後大宴会場で食事と飲み物が提供されます。

Vocab. □ ballroom 宴会場

111. 正解 D | [正答率 86.8%] 前置詞

------- 1967, CocoSweet has produced some of the nation's most popular chocolates at their original location in Sacramento.

(A) By (B) On (C) Before (D) Since

選択肢の共通点は前置詞の用法を持つ点。この文の時制は has produced「作り続けている」と現在完了なので、継続的行為の〈起点〉を表す (D) Since「～以来」を選ぶ。(A) By は「～までに」、(C) Before は「～の前に」という意味。(B) On は、〈年〉ではなく〈日〉や〈曜日〉を目的語にとる。

訳 1967 年以来、CocoSweet 社は創業地のサクラメントで、国内で一番人気のチョコレートを作り続けている。

Vocab. □ produce ～を生産する

112. 正解 B | [正答率 56.6%] 品詞

The Web site provides a frequently updated list of ------- firms that provide legal advice to consumers.

(A) distinguishes (B) distinguished (C) distinguishable (D) distinguish

空欄には直後の名詞 firms を修飾できる形容詞が入る。(B) distinguished「名高い、優れた」と (C) distinguishable「区別できる」が候補に挙がり、firms「会社」に意味が合うのは (B) distinguished。distinguished firms で「優良企業」という意味を表す。(A) distinguishes と (D) distinguish は「～を見分ける」という意味の動詞。

訳 そのウェブサイトは、消費者に法的アドバイスを提供している優良企業のリストを頻繁に更新して提供している。

Vocab. □ consumer 消費者

113. 正解 C | [正答率 62.7%] 語彙

In response to a series of accidents, the plant manager requested that caution signs be ------- at every workstation.

(A) instructed (B) administered (C) displayed (D) appointed

that 節内が caution signs be ＋過去分詞で「警告標識が～される」という受動態になることを確認し、名詞 signs と結びつく (C) display(ed)「～を表示する」を選ぶ。(A) instruct(ed) は「〈人〉に指示する」、(B) administer(ed) は「～を管理・運営する」、(D) appoint(ed) は「〈人〉を指名・任命する」という意味。

訳 相次ぐ事故への対応として、工場長はすべての作業場に警告標識の掲示を求めた。

Vocab. □ in response to ～に答えて、対応して □ a series of 一連の～、～の繰り返し □ caution 警告 □ workstation 作業エリア

114. 正解 C | [正答率 58.5%] 比較

The fitness club charges members a fixed fee, allowing them to visit ------- many times as they want every month.

(A) how (B) too (C) as (D) that

空欄の後ろにある many times as の as に注目し、(C) as を選択する。visit as many times as they want で「通いたい回数だけ通う」という意味の同等比較の形〈as A as B〉「B と同じくらい A」が完成する。残りの選択肢は as と呼応させて用いることができない。

訳 そのフィットネスクラブは会員を対象にした定額料金制で、毎月好きなだけ通えるようにしている。

Vocab. □ charge A B A に B を請求する □ fixed fee 定額料金

115. 正解 A | [正答率 86.8%] 動詞

All employees must make an effort ------- errors from making their way into official correspondence with clients.

(A) to prevent (B) preventing (C) be prevented (D) prevents

名詞 effort「努力」の直後に続く動詞の形は to 不定詞なので、(A) to prevent が正解。〈make an effort to *do*〉「～しようと努力する」の形で押さえておこう。なお、〈prevent ... from *doing*〉は「…が～するのを防ぐ」という意味。

訳 すべての従業員は、顧客との正式なやり取りにミスがないよう努力しなければならない。

Vocab. □ make *one's* way into ～へ進む、向かう □ correspondence 通信、文通

116. 正解 D | [正答率 74.3%] 前置詞

Shelby missed her bus and had to wait ------- the stop over 30 minutes for the next one.

(A) for (B) to (C) on (D) at

動詞 wait ------- の後ろの the stop は「停留所」という場所を示している。これは〈地点〉として捉えられる場所なので (D) at が適切。(A) を使った wait for は「～を待つ」、(C) on を使った wait on は慣用表現で「～に仕える」という意味を表す。

訳 シェルビーはバスに乗り遅れ、停留所で次のバスを 30 分以上待たなければならなかった。

Vocab. □ stop 停留所

117. 正解 C | [正答率 85.9%] 品詞

The team leader encouraged the members to work ------- to make the best use of each participant's individual talents.

(A) collaborate (B) collaborative (C) collaboratively (D) collaboration

空欄は動詞 work「働く」と to 不定詞の間にある。直前の work を修飾する副詞が入ると考え、(C) collaboratively「協力して」を選ぶ。(A) collaborate「協力する」は動詞、(B) collaborative「協力的な」は形容詞、(D) collaboration「協力、共同制作」は名詞。なお、make the best use of は「～を最大限に利用する」という意味の慣用表現。

訳 そのチームリーダーは、参加者一人ひとりの才能が最大限に発揮されるように協力して働くことをメンバーに促した。

Vocab. □ encourage ... to *do* …に～するよう促す・すすめる □ participant 参加者

118. 正解 B | [正答率 76.0%] 動詞

The details of the weekly staff meeting ------- posted on the main bulletin board each Monday by 8 A.M.

(A) is (B) are (C) was (D) to be

空欄には名詞の複数形の主語 details に呼応する be 動詞が入るので (B) are を選ぶ。また、post「～を貼る」という行為が行われるのは each Monday「毎週月曜日」とあることからも〈習慣〉を表す現在時制が適切だとわかる。

訳 週 1 回のスタッフ会議の詳細は、毎週月曜日の午前 8 時までにメインの掲示板に貼り出されます。

Vocab. □ bulletin board 掲示板

119. 正解 A ｜［正答率 62.3%］ 品詞

A supervisor should be reasonably ------- when making any decision that involves taking on monetary risk.

(A) cautious　(B) caution　(C) cautiously　(D) cautioning

空欄には、前にある副詞 reasonably「適度に」に修飾され、主語の A supervisor の補語となる語が入る。選択肢中、適切な補語となるのは形容詞の (A) cautious「用心深い」。(B) caution は名詞では「注意、用心」、動詞では「～に警告する」という意味。(C) cautiously は副詞で「用心深く」という意味。(D) は動名詞または現在分詞。

訳 管理職は、財政的リスクを伴う決断を下す際、適度に慎重になるべきである。

Vocab. □ reasonably 適度に　□ take on ～を負う、引き受ける

120. 正解 D ｜［正答率 90.6%］ 語彙

The forecast calls for heavy snowfall, ------- to begin later this evening.

(A) planned　(B) decided　(C) required　(D) expected

空欄後の to begin の意味上の主語は snowfall「降雪」で、空欄にも snowfall と主述関係が成立する語を選ぶ。(D) expected「見込まれる」が入れば、「大雪が降り始めると見込まれる」となり文意が通る。(A) planned は「計画される」、(B) decided は「決定される」、(C) required は「必要とされる」という意味。

訳 天気予報では大雪の予想で、今夜遅くに降り始めると見られている。

Vocab. □ forecast 天気予報　□ call for（天気）を予報する

121. 正解 C ｜［正答率 86.8%］ 代名詞

I have interviewed Nasir Salim for the crew leader position, and recommend that we hire ------- as soon as possible.

(A) us　(B) it　(C) him　(D) those

空欄には他動詞 hire「～を雇う」の目的語となる〈人〉が入る。文脈から、雇用される〈人〉は Nasir Salim だと判断できるので、(C) him を選ぶ。なお、〈提案〉を表す動詞 recommend「～をすすめる」の目的語となる that 節内の動詞 hire は仮定法現在で動詞は原形となる。

訳 私は、乗務員のリーダー職候補としてナシル・サリム氏の面接を終え、早急に彼を採用するようにすすめている。

Vocab. □ crew 作業班、（集合的に）乗務員

122. 正解 C | [正答率 65.9%] 語彙

The photocopier is ------- out of order, but the technician expects the repairs to be completed within a couple of hours.

(A) shortly (B) previously (C) temporarily (D) eventually

空欄には out of order「故障している」を修飾する副詞が入る。動詞が現在形の is なので、現在時制で唯一用いることができる (C) temporarily「一時的に」が正解。(A) shortly は「まもなく」、(B) previously は「以前に」、(D) eventually は「やがて」という意味。

訳 そのコピー機は一時的に故障しているが、技術者は数時間以内に修理が完了すると見込んでいる。

Vocab. □ photocopier コピー機 □ complete ～を完了する

123. 正解 D | [正答率 85.5%] 語法

This pamphlet Henry picked up at the embassy describes ------- to apply for a working visa.

(A) what (B) who (C) which (D) how

空欄以降は直前の他動詞 describe「～を説明する」の目的語にあたる名詞句が続く。(D) how が入れば、how to *do* で「～する方法」という意味の名詞句が完成し、pamphlet で説明されている内容として適切。(A) what (to *do*) は「(～する) もの・こと」、(B) who (to *do*) は「(～する) 人」、(C) which (to *do*) は「どちらを (～する) か」という意味。

訳 ヘンリーが大使館でもらってきたパンフレットには、就労ビザの申請方法が記載されている。

Vocab. □ embassy 大使館 □ apply for ～を申請する

124. 正解 D | [正答率 83.4%] 語彙

Participating in this three-day workshop will increase your ------- of interviewing strategies and techniques.

(A) concept (B) thought (C) direction (D) knowledge

他動詞 increase「～を増やす」の目的語として適切なのは、(D) knowledge「知識」。(A) concept は「概念、観念」、(B) thought は「思考」、(C) direction は「方向」という意味。

訳 この3日間の研究会に参加すると、インタビューの方策や技術に対するあなたの知識が高まります。

Vocab. □ participate in ～に参加する □ strategy 戦略

125. 正解 C | [正答率 69.5%] 前置詞 vs 接続詞

Mr. Shimano is very sociable and talkative, ------- Mr. Gonzalez is quiet and tends to keep to himself.

(A) despite (B) also (C) while (D) moreover

空欄の後ろには主語と動詞のある文が続いているので、空欄には 2 つの文をつなぐ接続詞の (C) while「一方で」が入る。(A) despite「～にもかかわらず」は前置詞、(B) also「～もまた」と (D) moreover「さらに」は副詞で、文と文をつなぐことはできない。

訳 シマノ氏はとても社交的で話好きな人だ。一方、ゴンザレス氏は物静かで人づき合いを避ける傾向がある。

Vocab. □ sociable 社交的な □ talkative 話好きの □ keep to *oneself* 一人で過ごす

126. 正解 C | [正答率 92.5%] 品詞

Staff members must receive official approval prior to the ------- of any classified documents.

(A) duplicator (B) duplicates (C) duplication (D) duplicate

空欄は定冠詞 the と前置詞 of の間にあるので名詞が入る。さらに前置詞 prior to「～に先立って」の目的語になるものと考えると、〈行為〉を表す (C) duplication「複写」が適切。(A) duplicator は「複写機」。(D) duplicate は名詞で「重複、写し」、動詞で「～を複写する」、形容詞で「コピーの」という意味。(B) は名詞の複数形、または動詞の 3 人称単数現在形。

訳 スタッフは、いかなる機密書類も複製する前に正式な承認を取らなければならない。

Vocab. □ classified 機密扱いの

127. 正解 D | [正答率 50.9%] 動詞

The main objections that Mr. Chen had to the proposal ------- that it would take too long and that it would be too expensive.

(A) is (B) are (C) was (D) were

選択肢には be 動詞の数・時制の異なる形が並んでいる。問題文の主語は objections「反対理由」という複数形の名詞。また、objections を修飾する that 節内が過去時制 (had) で、空欄後の that 節でも would という過去形が用いられていることから、空欄の語も過去時制が適切。よって、複数形の名詞に呼応する (D) were が正解。なお、objections から空欄の前までの部分は「チェン氏がその計画に対して抱いていた反対理由」という意味。

訳 その計画に対するチェン氏の主な反対理由は、実施までに時間を要しすぎることと費用がかかりすぎることだった。

Vocab. □ objection 反対、反対理由

128. 正解 A | [正答率 79.2%] 語彙

Magnificent Seas, which operates a fleet of luxury ships, caters ------- to the high-end travel market.

(A) solely (B) impulsively (C) concisely (D) symmetrically

空欄前の動詞 cater「応じる」は cater to「～の要望に応じる」の形で押さえておこう。この cater を修飾する副詞として適切な意味を持つのは、(A) solely「もっぱら」。(B) impulsively は「衝動的に」、(C) concisely は「簡潔に」、(D) symmetrically は「左右対称に」という意味。

訳 豪華船を数多く運航している Magnificent Seas はもっぱら高級志向の旅行マーケットを相手にしている。

Vocab. □ a fleet of ～の船隊 □ cater to ～の要請に応じる □ high-end 高級な

129. 正解 B | [正答率 47.9%] 語彙

Every employee must ------- in when they arrive by placing their ID card in the slot at the top of the time clock.

(A) give (B) punch (C) take (D) come

文の中ほどの by placing 以下で具体的に説明されている〈行為〉を表す慣用表現を考える。(B) punch を用い、punch in とすれば「出勤時刻を記録する」という意味になり文意が通る（イギリス英語では clock in)。in とともに用いた場合、(A) は give in で「降参する」、(C) は take in で「～を取り入れる」、(D) は come in で「入る」という意味を表す。

訳 全従業員は出社時にタイムレコーダー上部のスロットに ID カードを入れて打刻してください。

Vocab. □ place ～を入れる、置く □ time clock タイムレコーダー

130. 正解 B | [正答率 83.0%] 動詞

Cascade is 100% naturally pure spring water which ------- within a mile of its source.

(A) bottles (B) is bottled (C) has bottled (D) is bottling

空欄前の関係代名詞 which の先行詞が spring water「湧き水」であることを確認する。あとは、which を spring water に置き換え、動詞 bottle「～をボトルに詰める」との関係を考えればよい。spring water は「詰められる」という受け身の側にあるので、受動態の (B) is bottled が正解となる。

訳 Cascade は 100%天然の湧き水で、源泉から 1 マイル以内でボトル詰めされています。

Vocab. □ spring water 湧き水

Questions 131-134 refer to the following notice.

Dear Valued Guest,

The Stone Oak Hotel is proud to announce the opening of our newest branch in Carlisle. The location, close to the airport and conference center, makes this facility -------- (131.) for business travelers.

①In celebration, we would like to take the opportunity to -------- (132.) you with a coupon, which entitles you to 30 percent off the usual rate at our Carlisle branch for up to a five-night stay. The offer is available for a limited time. This -------- (133.) is good until October 1 of this year.

-------- (134.).

Sincerely,

Ben Finster
Guest Services

131-134 番は次のお知らせに関するものです。

お客様へ

Stone Oak ホテルはカーライルに最新の系列店をオープンいたします。空港や会議場に近い立地なので、出張するビジネスパーソンの方に理想の施設です。

新規オープンに伴い、皆さまにクーポン券をご提供いたします。お持ちいただければカーライルの当ホテルを 5 泊まで通常の 30%引きでご利用になれます。期間限定の特典で、今年の 10 月 1 日まで有効です。

カーライルにお越しの際は、当ホテルにぜひお泊まりください。

ありがとうございます。

ベン・フィンスター
お客様サービス担当

Vocab. □ branch 系列店、支社　□ facility 施設　□ in celebration お祝いに
□ entitle A to B A に B の権利を与える　□ available 利用できる　□ good until ～まで有効な

131. 正解 A | [正答率 64.8%] 品詞

(A) ideal　(B) ideally
(C) idealist　(D) idealism

空欄前の動詞 makes は、make +〈名詞〉+〈形容詞〉で「〈名詞〉を〈形容詞〉にする」という意味になる。よって、名詞句 this facility「この施設」の後ろには、形容詞の (A) ideal「理想的な」が入る。this facility は新しくオープンするホテルのこと。(B) ideally「理想的に」は副詞、(C) idealist「理想主義者」と (D) idealism「理想主義」は名詞。

132. 正解 B | [正答率 69.7%] 語彙

(A) redeem　(B) present
(C) confirm　(D) reveal

選択肢に異なる動詞が並ぶ語彙の問題。空欄後の you with a coupon と結びつくのは (B) present。present +〈人〉+ with〈物〉で「〈人〉に〈物〉を贈呈する」という意味になる。(A) redeem は「(クーポンなど) を引き換える」、(C) confirm は「～を確認する」、(D) reveal は「～を明らかにする」という意味。

133. 正解 A | [正答率 66.1%] 語彙／文脈

(A) voucher　(B) permit
(C) warranty　(D) reservation

第2段落1文目①で coupon について説明し、さらに空欄直前の文で「特典は期間限定だ」と述べている。よって、coupon と同義語の (A) voucher「引換券」を入れて「この券は10月1日まで有効だ」とするのが適切。(B) permit は「許可 (証)」、(C) warranty は「保証」、(D) reservation は「予約」という意味。

134. 正解 D | [正答率 77.8%] 一文選択

(A) Be aware that discounted items cannot be returned.
(B) Carlisle will almost certainly be the convention site this year.
(C) The Stone Oak Hotel will reopen for business after this date.
(D) We hope you will stay with us on your next visit to Carlisle.

(A) 割引品は返品不可ですのでご注意ください。
(B) 今年の会議開催地はカーライルが確実視されています。
(C) Stone Oak ホテルはこの日以降、営業を再開します。
(D) カーライルにお越しの際は、当ホテルにぜひお泊まりください。

手紙の結びにふさわしい一文を選択する問題。カーライルにオープンする新しいホテルのお知らせなので、宿泊を促す (D) が適切。(A) は discounted items「割引商品」、(B) は「カーライルが開催地に選ばれること」が新店舗オープンと関連がない。(C) は本文が営業の再開ではなく新規開店の告知なので矛盾している。

Questions 135-138 refer to the following e-mail.

From: Jen Severn <jsevern@xmail.com>
To: Melbourne Property Management <mpmanagement@landers.com>
Date: November 30
Subject: My security deposit

Three months have now passed -------(135.) I moved out of 4238 Greenbriar at the end of August. As specified in my lease, the townhome was thoroughly cleaned and the original key, along with 2 copies, was personally delivered to your offices in South Melbourne.

-------(136.), I never received my $2,000 security deposit back. According to the terms of the rental agreement, it should have been refunded within 30 days of my moving out.

①I request that someone from your office contact me immediately and give me an explanation as to why the payment has been -------(137.) for such a long time. -------(138.). Please help me avoid taking such a step.

Thank you, and I hope to hear from you soon,

Jen Severn

135-138 番は次のメールに関するものです。

送信者：ジェン・セヴァーン <jsevern@xmail.com>
受信者：Melbourne 不動産管理 <mpmanagement@landers.com>
日付：11 月 30 日
件名：敷金

私が 8 月末にグリーンブライアー 4238 を出てから 3 カ月たちました。賃借契約書の規定の通り、住宅を徹底的に清掃して元鍵は合鍵 2 本とともにサウスメルボルンにある御社の事務所に直接届けました。

しかし敷金 2,000 ドルの払い戻しをいまだに受け取っておりません。賃貸借契約書の規約によれば、敷金は退去後 30 日以内に返金されることになっています。

すぐにご連絡いただき、なぜこれほど長い間支払いが遅れているのか、ご説明いただければ幸いです。**そうしていただけない場合は訴訟を起こさざるをえません。**このような措置をとらなくてもよいようにご協力ください。

お返事をお待ちしております。

ジェン・セヴァーン

Vocab. □ security deposit 敷金　□ specify ～を明確に述べる、規定する　□ lease 賃借、賃借契約書
□ thoroughly 徹底的に　□ refund ～を返金する　□ as to ～に関して
選択肢 □ file a lawsuit 訴訟を起こす　□ deposit ～を保証金として支払う

135. 正解 C | [正答率 87.9%] 構文/文脈

(A) when (B) that
(C) since (D) which

空欄の前にある have now passed「〈時間〉がたった」という現在完了形に注目し、空欄に (C) の since「～以来」を入れれば「～してから 3 カ月がたった」と文意が通る。(A) の when を入れると when I moved out「住宅を出たとき」という過去の時点を表すことになり、現在完了形と合わない。

136. 正解 D | [正答率 77.6%] 語彙/文脈

(A) Besides (B) Likewise
(C) Instead (D) However

第 1 段落でメールの書き手が借りていた部屋を退去して 3 カ月たち、清掃や鍵の返却も済んでいることがわかる。一方、空欄後では 30 日以内に支払われるべき敷金が戻ってきていないとあるので、〈逆説・対比〉を表す (D) However「しかしながら」が適切。(A) Besides は「さらに」、(B) Likewise は「同様に」、(C) Instead「代わりに」という意味。

137. 正解 C | [正答率 71.3%] 語彙/文脈

(A) moved up (B) continued
(C) delayed (D) advanced

第 2 段落で書き手は敷金が戻ってきていないことに苦情を述べている。また第 3 段落 1 文目①では、すぐに連絡して説明してほしいと依頼している。その説明の内容が空欄を含む部分。the payment has been「支払いが」に続く語で適切なのは (C) delayed「遅れた」。(A) move(d) up は「上昇する、～を前倒しにする」、(B) continue(d) は「～を続ける」、(D) advance(d) は「～を前進させる、前払いする」という意味。

138. 正解 A | [正答率 58.8%] 一文選択

(A) If this does not happen, I will be forced to file a lawsuit.
(B) Once it is deposited in my account, I will let you know.
(C) I apologize for not responding until now.
(D) If this is the case, I would like to renew my lease.

(A) そうしていただけない場合は訴訟を起こさざるをえません。
(B) 私の口座に入金されましたら、お知らせします。
(C) 今までお返事しなかったことをお詫びいたします。
(D) もしそうであれば賃貸契約を更新したいと思います。

空欄直前の文で、不動産管理会社に対し、敷金の返金がまだ支払われていない理由について説明を求めている。一方、空欄後の文には such a step とあり、そのような措置をとらなくてもよいようにご協力くださいと述べている。(A) を入れれば this が前文で求めている内容（説明を受けること）を指し、空欄後の文の such a step が法的措置をとることを指して自然な流れになる。(B) は直後の文と内容が合わず、(C) と (D) も文脈にそぐわない。

Questions 139-142 refer to the following article.

McNab Freezer, the nation's largest distributor of frozen pizzas, has announced that it will acquire DoughBoy, Inc. by the end of the year.

McNab shareholders -------(139.) the $16,000,000 proposal, made by the board of directors, on Friday. A spokesperson for McNab stated that the addition of DoughBoy will facilitate a planned -------(140.) of its distribution network in the Pacific Northwest. -------(141.).

Sean Peters, who founded DoughBoy in 2003, told reporters that -------(142.) he was hesitant to give up control of the company, he decided to sell because he was ready to retire. He also said McNab's offer was one he couldn't refuse.

139-142 番は次の記事に関するものです。

国内最大手の冷凍ピザ卸業者であるMcNab Freezer社は、今年末までにDoughBoy社を買収すると発表した。

McNab社の株主は取締役会によって提出された1,600万ドルの買収案を金曜日に承認した。McNab社の広報担当者はDoughBoy社が加わることで、計画されている太平洋北西部での流通網拡大が容易になると述べた。**DoughBoy社の株価はこの発表以降、急速に上昇している。**

2003年にDoughBoy社を創業したショーン・ピーターズは、会社の指揮権を手放すことにためらいはあったが、退職する準備ができたので売却することに決めたと記者団に語った。McNab社のオファーはとても断れないような内容だったとも述べた。

Vocab.
□ acquire ～を買収する　□ shareholder 株主　□ spokesperson 広報担当者
□ addition 追加　□ facilitate ～を容易にする、円滑にする　□ found ～を創立する
□ be hesitant to *do* ～することをためらう　**選択肢** □ speak out ～を公然と表明する
□ merger 合併　□ complication 複雑な状態

139. 正解 B | [正答率 60.7%] 動詞

(A) will approve (B) approved
(C) approving (D) to approve

この文は McNab shareholders (McNab の株主) が主語で、空欄部分が文の動詞となる (made by ... directors は過去分詞による修飾の挿入句)。第 1 段落から買収はすでに決定されたことがわかるので、株主が買収案をすでに承認したと考えられる。よって (B) approved が正解。(A) will approve は未来形なので不可。(C) approving は動名詞または現在分詞、(D) は不定詞なので文の動詞にはならない。

140. 正解 C | [正答率 85.3%] 品詞

(A) expand (B) expanding
(C) expansion (D) expandable

空欄の前に a planned、後ろに of があるので名詞が入ることがわかる。選択肢中、名詞は (C) expansion「拡大」のみ。(A) expand は「拡大する」という意味の動詞。(B) expanding は動名詞または現在分詞なので、動名詞の目的語か修飾する名詞が必要。(D) expandable は「拡張できる」という意味の形容詞。

141. 正解 A | [正答率 35.7%] 一文選択

(A) DoughBoy's stock prices have risen rapidly since the announcement.
(B) This will make McNab one of the country's top suppliers.
(C) McNab's founder has spoken out against the proposed merger.
(D) These complications may delay the merger by more than a year.

(A) DoughBoy 社の株価はこの発表以降、急速に上昇している。
(B) これにより McNab 社は国内最大級のサプライヤーの一つになる。
(C) McNab 社の創業者は合併案への反対を表明してきた。
(D) これらの複雑な状況は合併を 1 年以上遅らせる可能性がある。

第 1 段落で McNab 社はすでに国内最大手の冷凍ピザ卸業者であると述べているので、(B) は不可。第 1 段落と第 2 段落の内容から、McNab 社による DoughBoy 社の買収案はすでに承認され、決定されたことがわかるので、(C) と (D) も不自然。(A) を入れると the announcement が第 1 段落で述べられている買収の発表を指し、買収の発表後に株価が急上昇したという自然な流れになる。

142. 正解 D | [正答率 70.5%] 前置詞 vs 接続詞

(A) regardless (B) despite
(C) because (D) although

選択肢の (A)、(B)、(D) はいずれも「にもかかわらず」という意味で〈逆説〉を表す語。よって、品詞の違いに注目する。空欄の後ろには主語 (he) と動詞 (was) のそろった節が続いているので、接続詞の (D) although が正解。(A) は regardless of で「~にもかかわらず」を意味する前置詞、(B) despite も前置詞で、いずれも後ろには名詞が続く。(C) because「~なので」は接続詞だが、〈原因〉を表す場合に用いるので不適切。

Questions 143-146 refer to the following letter.

August 1

Alvin Masterson
35 Hue Street
London, England UB25TR

Dear Mr. Masterson,

Your Sussex Library membership is due to -------(143.) on September 1. If you wish to ①renew your membership, you may do so in person or by sending the enclosed form by post.

Over the past year, Sussex Library has added a number of online -------(144.). On our website, www.sussexlibrary.uk, you can now check the availability of books. -------(145.). You can even pay any late fees you may have incurred.

To take advantage of the site, however, you need an -------(146.) membership number. We, therefore, encourage you to renew your card at the earliest possible opportunity.

Thank you and keep reading!

Best wishes,
Your friends at Sussex Library

143-146 番は次の手紙に関するものです。

8月1日

アルヴィン・マスターソン様
ヒュー通り35番地
ロンドン　イングランド　UB25TR

マスターソン様

あなたのサセックス図書館の会員資格は9月1日に期限切れとなります。会員資格の更新をご希望の場合は直接お手続きいただくか、同封の申込用紙を郵送していただくことで可能です。

昨年度、当図書館はいくつかのオンライン・サービスを追加しました。当館のウェブサイト〈www.sussexlibrary.uk〉では本の貸し出し状況が確認できるようになりました。**また、借りた本の貸出期間を延長することもできます。** 延滞料金が発生した場合にはその支払いも可能です。

ですが、サイトをご利用いただくには有効な会員番号が必要です。よって、お早めにカードを更新されることをおすすめします。

いつもありがとうございます。これからも読書をお楽しみください！

よろしくお願いします。
Sussex 図書館の友人より

Vocab. □ in person 自分で、本人が　□ incur（損害・罰則など）を負う、受ける
□ take advantage of ～を利用する

143. 正解 B | [正答率 64.6%] 語彙

(A) invalidate (B) expire
(C) cancel (D) limit

空欄直前の be due to *do* は「～する予定だ」という意味。空欄の後ろには目的語がないので、自動詞の (B) expire「期限が切れる」が正解。次の文の① renew your membership という表現もヒントになる。(A) invalidate「～を無効にさせる」、(C) cancel「～を取り消す」、(D) limit「～を制限する」はすべて他動詞なので後ろに目的語が必要。

144. 正解 D | [正答率 52.5%] 品詞／数

(A) serviceable (B) service
(C) servicing (D) services

a number of online -------. で文が終わっているので、空欄には名詞が入る。選択肢のうち、名詞は (B) service と (D) services。a number of は「いくつかの」という意味なので、後ろには可算名詞の複数形が来る。よって (D) が正解。(A) serviceable は「使える」という意味の形容詞、(C) servicing は「奉仕・貢献する」の動名詞または現在分詞。

145. 正解 B | [正答率 64.6%] 一文選択

(A) The site will be up and running by August 15.
(A) そのサイトは 8 月 15 日までに公開する予定です。

(B) You can also extend the loan period of books you have borrowed.
(B) また、借りた本の貸出期間を延長することもできます。

(C) The deadline for doing so is approaching quickly.
(C) そのことをする期日はどんどん近づいてきています

(D) Returning books to Sussex is even easier with this method.
(D) Sussex に本を返却するには、この方法がより簡単です。

第 2 段落に図書館のウェブサイトは昨年サービスを追加したとあるので、これから公開されるという (A) は合わない。この段落では、サイトに新しく追加されたサービスが説明されているので、貸出期間の延長ができるという (B) がこの流れに合う。(C) は for doing so の so が何を指すのかが不明で、仮に前文の「本の貸し出し状況を確認すること」と考えても意味がつながらない。(D) は、本の返却はサイトではできないので不可。

146. 正解 A | [正答率 56.2%] 語彙／文脈

(A) active (B) immobile
(C) either (D) old

空欄の前までの内容と後ろの We, therefore, encourage you to renew your card「カードを更新されることをおすすめいたします」から推測して membership number を修飾する形容詞として適切なものを選ぶ。(A) active「有効な」が正解。(B) immobile は「動けない」という意味。

Part 5

No.	ANSWER	No.	ANSWER	No.	ANSWER
101	B	111	D	121	C
102	B	112	B	122	C
103	D	113	C	123	D
104	B	114	C	124	D
105	A	115	A	125	C
106	D	116	D	126	C
107	D	117	C	127	D
108	D	118	B	128	A
109	B	119	A	129	B
110	D	120	D	130	B

Part 6

No.	ANSWER	No.	ANSWER
131	A	141	A
132	B	142	D
133	A	143	B
134	D	144	D
135	C	145	B
136	D	146	A
137	C		
138	A		
139	B		
140	C		

Level 1 ››› 600点 模試 ▸ Test 2

101. 正解 C | [正答率 70.5%] 動詞

After ------- notified of the reductions in salaries, several staff members decided to quit immediately.

(A) was (B) were (C) being (D) been

選択肢はすべて be 動詞なので、空欄直後の notified と結びついて受動態を作ることがわかる。空欄は前置詞の After に続いており、前置詞の目的語となることができるのは名詞か動名詞などの名詞相当語句。したがって、正解は動名詞の (C) being。

訳 給与の削減が行われるとの知らせを受けて、何人かのスタッフはすぐに辞職することを決めた。

Vocab. □ notify〈人〉of ... 〈人〉に…を知らせる □ reduction 削減、減少

102. 正解 B | [正答率 45.7%] 語彙

It makes good business ------- to charge lower prices for items sold in bulk.

(A) understanding (B) sense (C) consultation (D) reason

空欄に (B) sense を選べば、make sense「理屈に合う、意味を成す」という慣用表現が完成する。この文の make good business sense は、sense に修飾語の good と business が加わって、「ビジネス上大きな意味がある」という表現になっている。(A) understanding は「理解」、(C) consultation は「相談、協議」、(D) reason は「理由」。

訳 大量発注に対して価格を下げることは、商売上、理にかなっている。

Vocab. □ in bulk 大量に

103. 正解 A | [正答率 86.0%] 代名詞

The tour guide will provide ------- with an informational brochure that includes a map of the area.

(A) you (B) yours (C) your (D) yourself

provide〈人〉with〈物〉で「〈人〉に〈物〉を提供する」という意味になるので、provide の目的語となる (A) you を選ぶ。(B) yours は所有代名詞、(C) your は所有格、(D) yourself は再帰代名詞。

訳 この地域の地図を含む情報掲載パンフレットをツアーガイドが皆さんにお渡しします。

Vocab. □ informational 情報を含む、情報に関する

104. 正解 D | [正答率 59.6%] 語彙

Most Vela Corp. employees ------- to the office either by carpooling or by using public transportation.

(A) open (B) approach (C) enter (D) commute

空欄の直後に前置詞の to が続いているので、自動詞である (D) commute「通勤・通学する」が正解となる。(A) open は「〜を開ける」、(B) approach は「〜に近づく」、(C) enter は「〜に入る」という意味で、主に他動詞として用いられる。

訳 Vela 社の従業員の大部分は、相乗りまたは公共交通機関を使って通勤している。

Vocab. □ carpool 相乗りする

105. 正解 B | [正答率 94.6%] 関係詞

The candidate ------- was hired will begin working at our branch next Wednesday.

(A) which (B) who (C) it (D) where

主語 candidate「応募者」と動詞 will begin の間に挟まれた ------- was hired の部分に注目する。空欄には、was の主語となり、直前の名詞 candidate を修飾する形容詞節を導く主格の関係代名詞が入る。先行詞の candidate「志願者」は〈人〉なので、(B) who が正解。

訳 採用された応募者は、次の水曜日から私たちの支社で働き始める

Vocab. □ branch 支社、支店

106. 正解 A | [正答率 62.7%] 品詞／数

The last step in the warranty process is to enter the product -------, which is located inside the battery compartment.

(A) number (B) numbers (C) numbered (D) numbering

the product ------- の部分は動詞 enter「〜を入力する」の目的語なので、空欄には名詞が入る。候補は (A) number と (B) numbers の 2 つだが、カンマの後の関係代名詞節が which is と単数を受ける形になっていることから、正解は単数形の (A) number。(C) は動詞 number「〜を数える、(ある数) になる」の過去形・過去分詞、(D) は動名詞または現在分詞。

訳 保証登録の最後のステップは製品番号の入力で、その番号はバッテリー収納部の内側に記載されています。

Vocab. □ warranty 保証 (書) □ compartment 区画

107. 正解 C | [正答率 51.8%] 語彙

Andrea was on a ------- budget during her business trip, so she bought economy class tickets.

(A) light (B) few (C) tight (D) short

空欄直後の名詞 budget「予算」を修飾するのにふさわしい形容詞は、(C) tight「きつい、ぎりぎりの」。on a budget のみで「限られた予算で」、on a tight budget で「きつい予算で」という意味を表す。(B) は a few「いくらかの」の形で複数名詞を修飾する場合に用いる。

訳 アンドレアは出張中、予算がとても限られていたので、エコノミークラスのチケットを購入した。

Vocab. □ budget 予算、経費

108. 正解 C | [正答率 77.8%] 動詞

Ever since the implementation of its current assembly procedure, the plant ------- its productivity increase.

(A) sees (B) will be seeing (C) has seen (D) saw

完了時制とともに使われる前置詞の since「～以来」が用いられているので、現在完了時制の (C) has seen を選ぶ。〈see ＋目的語＋動詞の原形〉は「〈目的語〉が～するのを見る、経験する」という意味。(A) sees は 3 人称単数現在形、(B) will be seeing は未来進行形、(D) saw は過去形で、いずれも「～以来」という意味の since と一緒には用いられない。

訳 現在の組み立て工程を実施して以来、その工場は生産性が向上している。

Vocab. □ implementation 実施、実行 □ assembly procedure 組み立て工程
□ plant 工場

109. 正解 A | [正答率 73.7%] 語彙

The upcoming baseball tournament is expected to ------- many visitors to our city.

(A) attract (B) observe (C) capture (D) value

------- many visitors to our city の部分に注目し、後ろに〈人 to 場所〉という形が続く動詞として (A) attract「～を引きつける」を選ぶ。attract〈人〉to〈場所〉で「〈人〉を〈場所〉に引きつける」という意味。(B) observe は「～を観察する」、(C) capture は「～を捕らえる」、(D) value は「～を評価する」。

訳 今度の野球トーナメントは、私たちの街に多くの人を集めるものと見込まれている。

Vocab. □ upcoming 来たるべき、今度の

110. 正解 B | [正答率 57.1%] 語彙／語法

After orientation, an outline of your duties will be ------- to you by your division supervisor.

(A) requested (B) provided (C) informed (D) retrieved

選択肢に並ぶ -ed 形の動詞が直前の be 動詞と結びつくので、この文は受動態。主語の an outline を意味上の目的語にとり、後ろに to you が続く語法を持つ動詞として、(B) provided を選ぶ。(A) は request〈人〉to *do*「〈人〉に～するよう求める」、(C) は inform〈人〉of ...「〈人〉に…を知らせる」、(D) は retrieve A from B「A を B から取り戻す」という形をとる。

訳 オリエンテーション後に、各人の職務の概要が部の責任者より提示されます。

Vocab. □ outline 概要 □ duty 職務 □ division 部門

111. 正解 B | [正答率 58.9%] 語彙

The changes proposed for procuring raw materials will ------- bring down the overall cost of production.

(A) recently (B) ultimately (C) formerly (D) currently

選択肢はすべて〈時〉に関する副詞なので、問題文の時制を確認しよう。未来を表す will があるので、「最終的には」という意味の (B) ultimately が適切。(A) recently「最近」と (C) formerly「以前」は完了または過去時制、(D) currently「現在」は現在時制の文で用いる。

訳 原料の調達に対して提案されている変更は、最終的に製造費全体を抑えることにつながるでしょう。

Vocab. □ procure ～を入手する □ raw material 原材料 □ bring down ～を下げる

112. 正解 A | [正答率 55.8%] 前置詞

Dinner will be served ------- the presentation by the keynote speaker.

(A) following (B) between (C) under (D) beyond

空欄以下の部分は、空欄前の Dinner will be served「夕食が出される」が「いつ行われるか」を示していると考えられる。空欄後の the presentation を目的語にとり、時間の関係を表す前置詞は (A) following「～に続いて」。(B) between は「(2 つの) 間」、(C) under は「～の下」、(D) beyond は「～を越えて」という意味。

訳 基調演説者によるプレゼンテーションの後に、夕食が提供される。

Vocab. □ keynote 基調講演

113. 正解 D | [正答率 72.9%] 動詞

All entries for the photography competition must ------- no later than January 25.

(A) submit (B) have submitted (C) be submitting (D) be submitted

空欄後に目的語となる名詞がないことから、submit が他動詞の受動態または自動詞の形で用いられているとわかる。自動詞の submit「服従する」は主語が〈人〉や〈動物〉でなければ意味が通らないので、他動詞 submit「～を提出する」の受動態形である (D) be submitted を選ぶ。

訳 写真コンテストへ出展するすべての作品は、1月25日までに提出されなければならない。

Vocab. □ no later than ～までに

114. 正解 C | [正答率 78.6%] 品詞

The Green Street is available on a ------- basis at newsstands and kiosks throughout Philadelphia.

(A) dated (B) daytime (C) daily (D) day

冠詞 a と名詞 basis に挟まれた空欄には、名詞 basis を修飾する形容詞の (C) daily が入る。on a daily basis で「毎日」という意味。(A) dated も名詞を修飾できるが、形容詞では「旧式の」、過去分詞では「日付の書かれた」などの意味を表すので basis とはつながらない。(B) daytime「日中」と (D) day「日」は名詞。

訳 The Green Street 紙は、フィラデルフィアのあちこちの新聞・雑誌売り場やキオスクで毎日買うことができる。

Vocab. □ available 購入できる □ newsstand 新聞・雑誌販売所
□ throughout ～中で、至る所に

115. 正解 C | [正答率 54.4%] 前置詞 vs 接続詞

A cash bonus is awarded to sales personnel ------- they surpass their monthly quota.

(A) ever (B) for (C) every time (D) thanks to

空欄の後ろには they surpass their monthly quota という節が続いているので、空欄には接続詞の (C) every time「～するときはいつも」が入る。(A) ever「かつて」は副詞、(B) for「～のために」と (D) thanks to「～のおかげで、～のために」は前置詞なので選べない。

訳 営業担当者は月間目標を超えるたびに、ボーナスが現金で支給される。

Vocab. □ personnel 人員 □ surpass ～を上回る □ quota 割り当て、分担額

116. 正解 C | [正答率 76.8%] 語彙／語法

The client has ------- arrived at the train station, so we need to send someone out to pick him up immediately.

(A) still (B) soon (C) already (D) yet

空欄の前後に has arrived とあるので、現在完了時制の肯定・平叙文に用いることができる (C) already「すでに」が正解。(A) still と (D) yet は「まだ、もう」という意味で、完了時制で用いる場合は原則として否定文や疑問文に限られる。(B) soon「すぐに」が完了時制の動詞を修飾することはない。

訳 顧客はすでに駅に到着しているので、すぐだれかに彼を迎えに行かせる必要がある。

Vocab. □ pick up〈人〉を車などで拾う

117. 正解 B | [正答率 80.4%] 品詞

Mr. Oliver did not speak Mandarin, so he hired an ------- to accompany him to the conference in Shanghai.

(A) interpret (B) interpreter (C) interpretation (D) interpreting

空欄には前にある動詞 hire(d)「～を雇う」の目的語となる〈人〉を表す名詞が入る。よって、(B) interpreter「通訳者」が正解。(A) interpret「～を解釈する、通訳する」は動詞、(C) interpretation「解釈、通訳」は名詞、(D) interpreting は動名詞または現在分詞。なお、accompany は「〈人〉に同行する」という意味。

訳 オリヴァー氏は標準中国語を話せないので、上海での会議に同行する通訳者を一人雇った。

Vocab. □ accompany ～に同行する

118. 正解 B | [正答率 69.6%] 構文

An additional charge may apply for any oversized ------- heavy luggage that you wish to check at the counter.

(A) but (B) or (C) both (D) neither

oversized「標準より大きい」と heavy「重い」という 2 つの形容詞が luggage「手荷物」を修飾しているので、近い意味の語を結ぶ接続詞である (B) or「または」を選ぶ。(A) but「しかし」は対照的な意味の語を結ぶ接続詞。(C) both は both A and B「A も B も両方」、(D) neither は neither A nor B「A も B も～でない」という形で（相関）接続詞の機能を果たす。

訳 カウンターでチェックインされる手荷物が所定のサイズまたは重さを上回る場合には、追加料金がかかることがあります。

Vocab. □ charge 料金 □ apply 適用する、当てはまる □ luggage 手荷物

119. 正解 A ｜［ 正答率 67.4% ］ 語彙

Dr. Kaminski's thesis topic was kept secret from all but his ------- colleagues.

(A) closest　(B) slightest　(C) narrowest　(D) briefest

空欄直後にある名詞colleagues「同僚」を修飾する形容詞として適切なのは、(A) closest「最も近い、最も親密な」。(B) slightest は「最も少ない」、(C) narrowest は「最も狭い」、(D) briefest は「最も短い」という意味。

訳 カミンスキー博士の論文テーマは、彼のごく親しい同僚以外には知らされていなかった。

Vocab. □ thesis 論文　□ all but ～以外すべて

120. 正解 A ｜［ 正答率 59.8% ］ 動詞／語法

The firm requires its salespeople ------- independently in order to target the needs of the local clientele.

(A) to act　(B) acting　(C) acted　(D) are acting

空欄前にある動詞の requires は〈require〈人〉to *do*〉「〈人〉に～するように命じる」という語法を持つので、(A) to act が正解。なお、require は that 節を目的語にとる場合、that は省略できるが、空欄の位置に入る動詞の形が動詞の原形の act となることを押さえておこう。

訳 その会社は販売員たちに、各地域の顧客層のニーズに応えられるように自分で判断して行動することを求めている。

Vocab. □ independently 各自で　□ target ～を達成目標にする　□ clientele（集合的に）顧客

121. 正解 D ｜［ 正答率 59.4% ］ 代名詞

Mr. Carlyle has looked over our revisions, but he wants another manager to check ------- as well.

(A) us　(B) him　(C) it　(D) them

文中のどの語句が check「～を確認する」の目的語として適切かを考える。確認されるものは、前半の節にある our revisions「私たちの修正」だと判断し、この複数名詞を指すことができる目的格の代名詞 (D) them を選択する。

訳 カーライル氏は私たちの修正に目を通したが、別の部長にもそれらを確認してもらいたいと思っている。

Vocab. □ look over ～をざっと検討する、調べる

122. 正解 A | [正答率 66.4%] 品詞

Upon joining, you will enjoy relaxing in airport lounges which are available ------- to Mile-High Club members.

(A) exclusively (B) exclusive (C) excluding (D) excluded

空欄直前の形容詞 available の範囲を規定する副詞の (A) exclusively「独占的に」が正解。(B) exclusive は形容詞で「独占的な」、(C) excluding は動詞 exclude「～を排除する」の現在分詞・動名詞、または前置詞で「～を除いて」、(D) excluded は動詞の過去形・過去分詞。

訳 ご加入いただくとすぐに、Mile-High Club 会員さまに限りご利用可能なエアポートラウンジでおくつろぎいただけます。

Vocab. □ upon *doing* ～するとすぐに

123. 正解 D | [正答率 71.6%] 語彙

Ms. Cooper welcomed her firm's relocation to Aurora because she considered it an ------- place to raise a family.

(A) expectant (B) aspiring (C) eager (D) attractive

空欄は an ------- place と冠詞と名詞に挟まれているので、空欄には place「場所」を修飾する形容詞が入る。正解は (D) attractive「魅力的な」。ほかの選択肢は「人間特有の意志」にかかわる形容詞なので、〈人〉を修飾する場合が多い。(A) expectant は「期待している」、(B) aspiring は「意欲的な」、(C) eager は「熱心な」という意味。

訳 クーパーさんは会社がオーロラへ移転するのを歓迎した。というのも、そこが育児にはいい場所だと考えたからだ。

Vocab. □ relocation 移転 □ raise a family 子育てする

124. 正解 B | [正答率 91.2%] 品詞

The Weston Business Association sponsors a monthly workshop for business owners wanting to improve their ------- skills.

(A) manage (B) management (C) to manage (D) managed

their ------- skills の部分に注目し、事業主のどんなスキルかを表せる名詞の (B) management「経営」を選ぶ。management skills は複合名詞で「経営スキル」という意味。動詞 manage「～を管理する」の過去分詞形である (D) managed は、managed skills「管理されたスキル」となり文意に合わない。

訳 Weston ビジネス協会は、経営スキルの向上を目指す事業主へのワークショップを月に一回主催している。

Vocab. □ sponsor ～のスポンサーになる、～を支援する

125. 正解 C | [正答率 52.6%] 語彙／語法

The recent increase in profits will ------- the firm to raise its budget for research and development.

(A) enrich (B) entail **(C) enable** (D) enlarge

------- the firm to raise の部分に注目し、後ろに〈目的語＋ to *do*〉の形をとれる (C) enable を選ぶ。〈enable ... to *do* は〉「…が～することを可能にする」という意味。(A) enrich は「～を豊かにする」、(B) entail は「～を伴う」、(D) enlarge は「～を拡大する」という意味。

訳 ここ最近の収益増により、その会社は研究開発費を増やせるようになるだろう。

Vocab. □ profit 収益 □ budget 予算、経費

126. 正解 A | [正答率 84.8%] 品詞

Home Warehouse has been recognized by *Living Magazine* for the outstanding ------- of its products.

(A) reliability (B) reliable (C) reliably (D) relying

for the outstanding ------- of の部分に注目する。空欄には前置詞 for の目的語となり、直前の形容詞 outstanding「傑出した」および of 以下の前置詞句に修飾される名詞が入る。正解は (A) reliability「信頼性」。(B) reliable「信頼性のある」は形容詞、(C) reliably「確実な筋から」は副詞、(D) relying は動名詞または現在分詞。

訳 Home Warehouse は、『Living』誌からその商品の信頼性が素晴らしく高いことで評価されている。

Vocab. □ outstanding 傑出した

127. 正解 B | [正答率 64.9%] 前置詞

The guide showed the tour group ------- the ruins of the ancient city.

(A) off **(B) around** (C) out (D) up

空欄は動詞 show と目的語 the tour group の後ろにあり、その後は場所が続いている。(B) around を入れれば、show A around B「A に B を案内して回る」というイディオムが完成する。show とともに用いた場合、(A) off は show off「～をみせびらかす」、(C) out は show out「～を出口まで連れていく」、(D) up は show up「現れる」という意味になる。

訳 ガイドはツアーグループにその古代都市の遺跡を案内して回った。

Vocab. □ ruins 廃墟、遺跡

128. 正解 A | [正答率 76.2%] 語彙

Meals are included in the price of entry, but seminar ------- will have to pay for transportation to the venue themselves.

(A) participants (B) occupants (C) residents (D) components

カンマ後の節の動詞は will have to pay、主語は seminar ------- の部分。pay「～を支払う」の主語となりうる (A) participants「参加者」、(B) occupants「居住者」、(C) residents「在住者」の中から、seminar と整合性がある (A) participants を選ぶ。(D) components は「構成要素、部品」という意味。

訳 食事は登録料金に含まれていますが、会場までの交通費はセミナー参加者の負担です。

Vocab. □ venue 会場

129. 正解 C | [正答率 70.1%] 品詞

Due to a ------- of most materials, construction costs are at an all-time high.

(A) short (B) shorter (C) shortage (D) shortening

冠詞の a と前置詞の of に挟まれた空欄には名詞が入る。名詞は (C) shortage「不足」のみ。(A) short は形容詞、(B) shorter は形容詞の比較級、(D) shortening は動詞 shorten「～を短くする、短くなる」の動名詞または現在分詞。なお、due to は「～のために」という意味の前置詞。

訳 ほとんどの材料の不足により、建設費は過去最高となっている。

Vocab. □ all-time かつてない

130. 正解 B | [正答率 78.8%] 前置詞

Avada's new skin care line is popular ------- high school and university students.

(A) within (B) among (C) through (D) beside

空欄前の形容詞 popular「人気のある」と空欄後の〈人〉を表す名詞句 high school and university students を適切に結ぶ前置詞は、(B) among「～の間で」。popular among で「～の間で人気がある」という意味。(C) through「～を通して」を popular through の形で用いる場合は、人気を得る手段などを表す名詞が後ろに続く。

訳 Avada の新しいスキンケアシリーズは高校生や大学生の間で人気がある。

Vocab. □ line (商品の) シリーズ

Questions 131-134 refer to the following article.

ZMT Pharmaceuticals announced that it will -------(131.) a new line of sunscreen lotions ①at a press conference held earlier today. ②The new line, called Vita-Shade, is out of the testing phase and will be available on store shelves in late May. During the press conference, ZMT representatives -------(132.) confidence in the effectiveness of the line, based on a number of tests. -------(133.). "I am convinced that these products are going to revolutionize the way people think about sun protection," said CEO Martin Gallegos. Company executives plan to run a series of television -------(134.) starting in April.

131-134 番は次の記事に関するものです。

ZMT製薬は今日開かれた記者会見で、日焼け止めローションの新シリーズを発売すると発表した。ヴァイタ・シェイドという新シリーズはすでに製品テストの段階を終えていて、5月下旬に店頭に並ぶ予定だ。ZMT製薬の担当者は記者会見で、さまざまなテストを根拠に新シリーズの効果に対する自信をのぞかせた。**これらのテストには科学的研究と消費者調査の両方が含まれた。**「この製品群によって、人々の日焼け止めに対する考え方が大きく変わることになるはずです」とCEOのマーティン・ギャレゴス氏は述べた。経営陣は4月から一連のテレビCMを放送する予定だ。

Vocab. ☐ line（製品の）シリーズ　☐ phase 段階　☐ representative 担当者、代表
☐ effectiveness 効果、有効性　☐ revolutionize ～に革命を起こす、～を革新する
☐ run（情報など）を流す

131. 正解 A | [正答率 70.2%] 語彙/文脈

(A) launch (B) discontinue
(C) invent (D) recall

本文2文目②で「新シリーズはすでに製品テストの段階を終え、5月下旬に店頭に並ぶ予定だ」とあるので、(A) launch「～を発売する」を入れれば「日焼け止めローションの新シリーズを発売する」となり、文脈に合う。(B) discontinue は「～の製造を中止する」、(C) invent は「～を発明する」、(D) recall は「～を回収する」という意味。

132. 正解 B | [正答率 55.1%] 動詞/文脈

(A) were expressed (B) expressed
(C) are expressing (D) will express

空欄の後ろに confidence「自信」という目的語があるので、能動態が必要。文頭に During the press conference「記者会見の間」とあるが、本文1文目①に at a press conference held earlier today（今日開かれた記者会見で）とあり、会見は今日すでに行われたとわかるので、過去形の能動態である (B) expressed が正解。(A) were expressed は受動態なので不適切。(C) are expressing は現在進行形、(D) will express は未来を表す。

133. 正解 B | [正答率 52.6%] 一文選択

(A) As a result, it is already selling well in most countries.
(B) These included both scientific studies and consumer trials.
(C) Unfortunately, their scores were not as high as expected.
(D) These were mainly designed to measure customer demand.

(A) その結果、それはすでにほとんどの国々でよく売れている。
(B) これらには科学的研究と消費者調査の両方が含まれた。
(C) あいにく、得点は期待されたほど高くなかった。
(D) これらは主に消費者の需要を調べる目的で行われた。

空欄直前にある a number of tests「いくつものテスト」を These で受け、テストの具体的な内容を説明する (B) が適切。本文2文目②から製品はまだ販売されていないことがわかるので、(A) は不適切。否定的な内容を表す (C) も前後の文章とかみ合わない。空欄直前の文で、日焼け止めローションの新シリーズの効果について述べているので、この段階でのテストの目的を (D) の「需要の調査」と考えるのも不自然。

134. 正解 D | [正答率 54.4%] 品詞/数

(A) commercially (B) commercialize
(C) commercial (D) commercials

空欄前の a series of「一連の」は後ろに複数名詞をとるので、(D) commercials「コマーシャル」を入れて a series of television commercials「一連のテレビCM」とする。run は「（番組・情報など）を流す、放送する」という意味。(A) commercially「商業的に」は副詞、(B) commercialize「～を商品化する」は動詞、(C) commercial は名詞の単数形または「営利目的の」という意味の形容詞。

Questions 135-138 refer to the following notice.

From: Trin Nguyen
To: Production Staff
Subject: Storeroom incident
Date: May 1

Everyone:

I was upset to hear about the -------(135.) in the storeroom earlier this morning. Apparently, ①one of the shelves, loaded with cans of paint, collapsed. No one was hurt, but some of the cans narrowly missed Ms. Kylie Degas, our summer intern. Fred Swanson from the maintenance department has evaluated the situation and -------(136.) the shelf today. The storeroom is off-limits until the repairs have been completed. Fred says that the issue was caused by production operatives overloading the unit. I would like to remind everyone -------(137.) cans of paint are very heavy and should not be stacked on top of one another. -------(138.).

Best regards,

Trin Nguyen,
Production Manager

135-138 番は次のお知らせに関するものです。

送信者：トリン・グエン
受信者：製造スタッフ
件名：保管室での事故
日付：5月1日

皆さん

今朝、倉庫での事故について聞いて動揺しました。塗料缶を積んでいた棚の一つが崩れたらしいのです。けが人はいませんでしたが、落ちてきた缶のいくつかが夏期インターン生のカイリー・デガスさんにあやうく当たるところでした。メンテナンス部のフレッド・スワンソンさんがすでに状況を確認していて、今日、棚を修理する予定です。修理が完了するまで立ち入り禁止です。フレッドさんによると、この問題は製造作業員が棚に物を載せすぎたことによって引き起こされたとのことです。塗料缶は非常に重いため、積み重ねて保管しないようにご注意ください。**このような事故が繰り返されないようにしましょう。**

よろしくお願いします。

トリン・グエン
製造マネージャー

Vocab. □ upset 動揺して　□ storeroom 倉庫　□ apparently どうやら～のようだ
□ load A with B AにBを積む　□ collapse 倒れる、崩壊する　□ narrowly かろうじて
□ evaluate ～を評価する　□ off-limits 使用が禁止された　□ complete ～を完了する
□ operative 作業員　□ stack ～を積み重ねる　**選択肢** □ mishap 事故

135. 正解 D | [正答率 83.3%] 語彙／文脈

(A) confusion (B) proposal
(C) complaint (D) accident

選択肢にはすべて名詞が並んでいるので、前後の文脈に合うものを考える。2 文目①で「棚の一つが崩れた」とあるので、(D) accident「思いがけない出来事、事故」が正解。(A) confusion は「混乱」、(B) proposal は「提案」、(C) complaint は「苦情」という意味。

136. 正解 B | [正答率 53.3%] 動詞／文脈

(A) has fixed (B) will fix
(C) was fixing (D) to fix

動詞 fix「～を修理する」の適切な時制が求められている。次の文で「修理が終わるまで倉庫は立ち入り禁止になる」と説明しているので、修理はまだ終わっていないと判断して未来を表す (B) will fix を入れる。この文の前半に現在完了形 has evaluated が出てくるが、何がいつ行われるかに注意しながら読み進めよう。(A) has fixed は現在完了形、(C) was fixing は過去進行形、(D) to fix は不定詞。

137. 正解 D | [正答率 60.0%] 前置詞 vs 接続詞

(A) about (B) before
(C) of (D) that

空欄前の動詞 remind は、〈remind + 〈人〉 + of/about〉「〈人〉に～を思い出させる」や、〈remind + 〈人〉 + that SV〉「〈人〉に that 以下を思い出させる」の形で用いる。空欄の後ろには cans of paint are heavy という節が続くので、接続詞の (D) that が適切。(A) about と (C) of は前置詞なので、節ではなく名詞が続く。(B) before「～する前に」は接続詞の用法もあるが、文意が通らない。

138. 正解 C | [正答率 70.0%] 一文選択

(A) Luckily, no shoppers were in that section at the time.
(B) Please contact me if you need more than one.
(C) Let's make sure this mishap is not repeated.
(D) The room temperature can also affect the quality of paint.

(A) 幸いなことに、当時そのセクションに買い物客はいませんでした。
(B) 複数必要な場合には私に連絡してください。
(C) このような事故が繰り返されないようにしましょう。
(D) 室温も塗料の品質に影響を与えます。

通知の締めくくりとしてふさわしい一文を選ぶ問題。空欄前までの文章で、事故の原因や今後の対応について説明している。よって、事故の再発防止を読み手に注意喚起している (C) が適切。事故が起きた場所は storeroom「倉庫」なので、客がいなかったと述べている (A) は本文の内容に合わない。(B) と (D) はそれまで述べている内容に合わず不自然。

Questions 139-142 refer to the following advertisement.

Most mobile devices rely -------(139.) the use of batteries, but battery disposal poses a major environmental challenge. Americans purchase over 350 million rechargeable batteries every year, but discard 14,000 tons of those, which then take up space in landfills and release toxic chemicals into the environment. The environmentally friendly Green Shine battery can be recharged -------(140.) an amazing 12,000 times. -------(141.). Long-lasting function, recyclability, and low environmental impact make Green Shine batteries ①the choice of earth-conscious -------(142.) in the mobile-technology era.

139-142 番は次の広告に関するものです。

モバイル機器の多くは電池の使用に依存していますが、その廃棄が大きな環境問題になっています。アメリカの人々は毎年 3 億 5,000 万本以上の充電可能な電池を購入していますが、そのうちの 1 万 4,000 トンがその後、埋め立て地に捨てられ、環境に有害な化学物質を放出しています。環境に優しいグリーン・シャイン電池はなんと最大 1 万 2,000 回まで充電が可能です。**さらに、充電できなくなった後は本体をリサイクルすることができます。**寿命の長さとリサイクル可能であること、そして環境に対する負荷の小ささで、グリーン・シャイン電池はモバイルテクノロジー時代の地球環境に配慮する消費者に選ばれています。

Vocab. □ mobile device モバイル機器　□ disposal 処分　□ pose ～を引き起こす
□ discard ～を捨てる　□ take up（時間・場所など）をとる　□ landfill 埋め立て地
□ toxic 有毒な　**選択肢** □ hazardous 危険な

139. 正解 C | [正答率 83.0%] 前置詞

(A) for (B) by (C) on (D) with

選択肢に並ぶ前置詞の中から、空欄の前の動詞 rely と合うものを選ぶ。(C) on を入れれば、rely on the use of batteries「電池使用に依存する」となり、文脈に合う。rely on/upon は「～に頼る」という意味。

140. 正解 B | [正答率 88.7%] 語彙

(A) above all (B) up to
(C) or more (D) as many

空欄に入る語は後ろの an amazing 12,000 times にかかる。(B) up to「最大で～まで」を使うと「最高1万2,000回まで」という意味になり、充電回数を述べた文脈に合う。(A) above all は「中でも、とりわけ」、(C) or more は「あるいはそれ以上」、(D) as many は「同じ数だけ」という意味。as many as であれば「～もの多くの」という意味になり、空欄に入りうる。

141. 正解 D | [正答率 58.0%] 一文選択

(A) Therefore, it is not yet available for purchase in the United States.
(B) Unfortunately, this makes it more hazardous than other batteries.
(C) However, its large size makes it unsuitable for use in mobile devices.
(D) What's more, its shell can be recycled after it can no longer hold a charge.

(A) そのため、それはアメリカではまだ購入できません。
(B) 残念ながら、これにより、それはほかの電池よりも危険になっています。
(C) しかし、サイズが大きいせいで携帯機器での使用に向きません。
(D) さらに、充電できなくなった後は本体をリサイクルすることができます。

空欄前の文で電池の充電可能回数の多さについて述べている。空欄後の文ではこの長所が Long-lasting function「長持ちする機能」と言い換えられた後、recyclability「リサイクルできること」と続いている。この2つ目の長所を空欄で述べていると考えれば、充電できなくなった後にリサイクルできるという (D) が適切。(A) は Therefore「そのため」とあるが、前の文は充電回数について述べているのでつながらない。(B) は this が指す内容が不明。(C) は大きさについて本文で言及がない。

142. 正解 B | [正答率 39.2%] 品詞

(A) consumed (B) consumers
(C) consumption (D) consuming

選択肢には動詞 consume「～を消費する」の派生語と活用形が並んでいる。空欄には直前の形容詞 earth-conscious「地球環境に配慮する」に修飾される名詞が必要なので、(B) consumers「消費者」を入れて earth-conscious consumers「地球環境に配慮する消費者」とする。(C) consumption「消費」も名詞だが、① the choice of「～が選ぶもの」とのつながりを考えると不適切。(A) は動詞の過去形・過去分詞、(D) は動名詞または現在分詞。

Questions 143-146 refer to the following e-mail.

From: jsimms@enteran.uk
To: pfallon@remcorp.uk
Date: July 28
Subject: Inspection results

Dear Mr. Fallon,

At your request, I stopped in at your factory in Bradford yesterday to inspect your SH-2000 industrial mixer. My range of tests indicated that ①the mixer is still in good condition, and all the parts are ------ (143.).

The problems you have encountered, therefore, do not seem to lie with a mechanical issue or flawed components. ------- (144.), there did not seem to be an excess of dust and dirt inside the mixer's engine.

As specified in the manual, the SH-2000 mixer functions best at temperatures between 18°C to 30°C. ------- (145). This may be the cause of your troubles. ②I suggest installing a ventilation fan on the factory floor to cool it down. If this indeed solves the problem, please let me ------- (146).

Best regards,

Jonathan Simms

143-146 番は次のメールに関するものです。

送信者：jsimms@enteran.uk
受信者：pfallonmills@remcorp.uk
日付：7月28日
件名：検査結果

ファーロン様

お客様のご依頼により、ご使用のSH-2000業務用ミキサーの点検のため、昨日ブラッドフォードにある貴工場にうかがいました。私が点検した限りでは、ミキサーは今も良好な状態で、すべての部品が正常に稼働していることがわかりました。

したがいまして、先般生じた問題は機械の問題または不良部品に起因するものではないようです。さらに、ミキサーのエンジン内部にほこりや汚れが多くあるようにも見受けられませんでした。

取扱説明書に記載されている通り、SH-2000ミキサーの最適稼働温度は18℃から30℃です。**しかし、室内の気温は33℃と計測されました。**これが不具合の原因となっている可能性があります。温度を下げるため、空調ファンを工場がある階に設置していただくことをおすすめします。もし、この方法で実際に問題が解決したら、ご連絡ください。

よろしくお願いします。

ジョナサン・シムズ

Vocab. □ stop in at ～に立ち寄る　□ inspect ～を点検する　□ indicate ～を表す、示唆する
□ encounter ～に遭遇する　□ flawed 欠陥のある　□ an excess of ～の過多
□ specify ～を明確に述べる　**選択肢** □ consequently　その結果

143. 正解 D | [正答率 71.8%] 語彙／文脈

(A) faulty　(B) defective
(C) competent　(D) functional

① the mixer is still in good condition「ミキサーは今も良好な状態」という肯定的な内容と順接の接続詞 and でつながれているので、肯定的な意味を持つ (D) functional「正常に機能している」が適切。(C) の competent「有能な」も肯定的な意味を持つが、人に対して用いられる。(A) faulty と (B) defective はともに「欠陥がある」という意味。

144. 正解 A | [正答率 53.5%] 語彙／文脈

(A) Moreover　(B) Conversely
(C) In comparison　(D) Nevertheless

空欄の前の文「したがって、先般生じた問題は機械の問題または不良部品に起因するものではない」と空欄直後の「ミキサーのエンジン内部にほこりや汚れが多くあるようにも見受けられない」の関係を考えると、情報を加える (A) Moreover「さらに、加えて」が適切。(B) の Conversely は「逆に」、(C) の In comparison は「それに対して」、(D) の Nevertheless は「しかしながら」という意味。

145. 正解 A | [正答率 60.0%] 一文選択

(A) The air inside the room, however, was measured at 33°C.
(B) The factory's cooling system was, indeed, working properly.
(C) The ventilation fan, consequently, was unable to run efficiently.
(D) The temperature on the factory floor had, unfortunately, risen to 26°C.

(A) しかし、室内の気温は33℃と計測されました。
(B) 工場の冷却システムは実に正常に機能していました。
(C) 空調ファンはその結果、効率よく動作できていませんでした。
(D) 工場がある階の温度は残念ながら、26℃に上昇していました。

空欄直後の This は空欄に入る内容を指していて、「これが不具合の原因かもしれない」と述べられている。どんな原因かを考えると、空欄の前の文ではミキサーの使用に適切な温度が18℃から30℃であると述べ、空欄後の②では、温度を下げるために空調ファンの導入をすすめている。温度が問題になっているので、工場内の気温が33℃で18-30℃の適正範囲を超えていたことを伝える (A) が正解。

146. 正解 C | [正答率 87.6%] 動詞

(A) knew　(B) to know
(C) know　(D) known

空欄の前に使役動詞 let が使われていることに注目。〈let ＋目的語＋動詞の原形〉で用いるので (C) know が正解。let me know で「私に知らせてください」という意味になる。(A) knew は過去形、(B) to know は不定詞、(D) known は過去分詞。

Level 1 Test 2 ▸ 正解一覧

Part 5

No.	A	B	C	D
101	A	B	**C**	D
102	A	**B**	C	D
103	**A**	B	C	D
104	A	B	C	**D**
105	A	**B**	C	D
106	**A**	B	C	D
107	A	B	**C**	D
108	A	B	**C**	D
109	**A**	B	C	D
110	A	**B**	C	D
111	A	**B**	C	D
112	**A**	B	C	D
113	A	B	C	**D**
114	A	B	**C**	D
115	A	B	**C**	D
116	A	B	**C**	D
117	A	**B**	C	D
118	A	**B**	C	D
119	**A**	B	C	D
120	**A**	B	C	D
121	A	B	C	**D**
122	**A**	B	C	D
123	A	B	C	**D**
124	A	**B**	C	D
125	A	B	**C**	D
126	**A**	B	C	D
127	A	**B**	C	D
128	**A**	B	C	D
129	A	B	**C**	D
130	A	**B**	C	D

Part 6

No.	A	B	C	D
131	**A**	B	C	D
132	A	**B**	C	D
133	A	**B**	C	D
134	A	B	C	**D**
135	A	B	C	**D**
136	A	**B**	C	D
137	A	B	C	**D**
138	A	B	**C**	D
139	A	B	**C**	D
140	A	**B**	C	D
141	A	B	C	**D**
142	A	**B**	C	D
143	A	B	C	**D**
144	**A**	B	C	D
145	**A**	B	C	D
146	A	B	**C**	D

Level 1 ››› 600点 模試 ▸ Test 3

101. 正解 C | [正答率 77.2%] 品詞

The weather in Florida was ------- humid during the rainy season.

(A) predict (B) to predict (C) predictably (D) prediction

空欄には直後にある形容詞 humid「湿気の多い」を修飾できる副詞が入る。副詞は (C) predictably「予想通りに」。(A) predict「～を予測する」は動詞の原形、(B) to predict は to 不定詞の形、(D) prediction「予測すること」は名詞。

訳 雨期の間、フロリダの天候は予想通り湿度が高かった。

Vocab. □ humid 湿気の多い

102. 正解 C | [正答率 83.7%] 前置詞 vs 接続詞

The 4-year-old was praised by her mother for staying quiet ------- the entire two-hour concert.

(A) though (B) even (C) during (D) still

空欄の後ろには the entire two-hour concert「2 時間のコンサート全体」という〈期間〉を示す名詞句が続いている。空欄には、この名詞句を目的語にとる前置詞が入るので、(C) during「～の間」を選ぶ。(A) though「～だけれども」は接続詞、(B) even「～でさえ」と (D) still「まだ」は副詞。

訳 その 4 歳の子は 2 時間のコンサートの間ずっと静かにしていたので母親からほめられた。

Vocab. □ praise ～をほめる

103. 正解 C | [正答率 80.4%] 動詞

Ms. Elbert ------- her vacation after her supervisor suddenly quit.

(A) postponing (B) should be postponed
(C) had to postpone (D) to postpone

主語の Ms. Elbert の後に続く空欄には、述語動詞が入る。また、空欄の直後には目的語となる名詞 her vacation があるので、能動態の形が適切。よって、正解は (C) had to postpone。なお、postpone は「～を延期する」という意味。

訳 上司が急に辞めたので、エルバートさんは旅行を延期しなければならなかった。

104. 正解 D | [正答率 60.1%] 語彙／語法

Several employees had to take a break, as the meeting had already lasted ------- over three hours.

(A) fine (B) better (C) good (D) well

空欄には直後にある前置詞 over を修飾する副詞が入る。正解は「優に、かなり」という意味で修飾する語句の意味を強める (D) well。(A) fine と (C) good は形容詞。(B) better は形容詞 good および副詞 well の比較級。

訳 数名の従業員が休憩をとらなければならなかった。すでに会議は優に3時間を超えていたからだ。

Vocab. □ take a break 休憩する □ last 続く

105. 正解 B | [正答率 77.9%] 動詞

Automotive experts recommend that vehicles should ------- every 5,000 miles, on average.

(A) service (B) be serviced (C) servicing (D) have serviced

主述関係を確認して適切な態を選ぶ。service は他動詞で「～を（アフターサービスとして）点検する」という意味。主語は「点検される」側の vehicle「乗り物」なので、受動態の (B) be serviced が正解。

訳 自動車の専門家は、車の点検修理は平均して5,000マイルごとに行われるべきだとすすめている。

Vocab. □ automotive 自動車の □ on average 平均で

106. 正解 C | [正答率 71.6%] 品詞

Kit Magazine's policy states that writers must fact-check all pieces thoroughly before ------- them for publication.

(A) submitted (B) submission (C) submitting (D) submit

空欄には、直後の代名詞 them を目的語にとる他動詞の機能と直前の前置詞 before の目的語となる名詞の機能をあわせ持つ (C) submitting「～を提出すること」が入る。(B) submission「提出、服従」は名詞、(D) submit「～を提出する」は動詞の原形、(A) submitted は過去形・過去分詞。

訳 Kit 誌の方針では、ライターは印刷に回す前にすべての記事について徹底的に事実確認を行う必要がある。

Vocab. □ state ～と述べる、定める □ thoroughly 徹底的に

107. 正解 A ｜[正答率 75.5%] 代名詞

This study, conducted by our consultant, shows that employees' productivity increases when allowed to supervise -------.

(A) themselves (B) ourselves (C) itself (D) himself

when の後には、主語（代名詞）と be 動詞がセットで省略されている。省略前の形は when they(= employees) are allowed to supervise -------。supervise「～を管理する」の目的語は employees 自身なので、3人称複数の再帰代名詞である (A) themselves が正解。

訳 われわれのコンサルタントによるこの研究は、従業員の生産性は彼らが自己管理できたときに伸びることを示している。

Vocab. □ productivity 生産性

108. 正解 C ｜[正答率 44.1%] 語彙

The newest NextPhone model has a camera with a special setting for photos taken at close -------.

(A) space (B) target (C) range (D) approach

空欄前には形容詞の close がある。距離に関わる意味を持つ (C) range「（カメラと被写体の）距離、範囲」を入れれば、at close range で「近距離で」となり、文意が通る。(A) space は「空間」、(B) target は「標的」、(D) approach は動詞では「接近する」、名詞では「取り組み方、アプローチ」という意味。

訳 最新モデルの NextPhone には、接写用の特別な設定が備わったカメラがついている。

Vocab. □ setting 設定

109. 正解 B ｜[正答率 58.7%] 語彙／語法

The plan ------- for more spending on research and development.

(A) necessitates (B) calls (C) requires (D) involves

空欄の後ろにある前置詞 for と一緒に用いることができるのは、自動詞の用法を持つ (B) calls。call for で「～を求める、必要とする」という意味になる。(A) necessitate(s)「～を必要とする」、(C) require(s)「～を求める、必要とする」、(D) involve(s)「～を巻き込む」はすべて他動詞なので、直後に目的語となる名詞が続く。

訳 その計画は研究開発に、より多くの出費を必要とする。

Vocab. □ spending 支出

110. 正解 A | [正答率 61.3%] 前置詞

Staff at Ketcham Paints go ------- an extensive training program before conducting seminars.

(A) through (B) for (C) with (D) ahead

この文は、主語が Staff、動詞が go -------、目的語が an extensive training program という構造。空欄前の自動詞 go と結びついて 2 語で 1 語の他動詞のように機能し、文意を成立させるのは (A) through。go through で「(課程など) を終える」という意味のイディオムが完成する。(B) は go for で「～しに行く、～を選ぶ」という意味になる。

訳 Ketcham Paints 社のスタッフは、セミナーの運営を行う前に多岐にわたる研修プログラムを受ける。

Vocab. □ conduct ～を行う

111. 正解 B | [正答率 60,9%] 語彙

Thanks to a successful promotional campaign, most consumers ------- recognize FreshPetz as a supplier of high-quality pet foods.

(A) punctually (B) instantly (C) abruptly (D) hurriedly

空欄直後にある動詞 recognize「～を認識する」を修飾する副詞として適切なのは、(B) instantly「瞬間的に」。(A) punctually「時間厳守で」、(C) abruptly「突然」、(D) hurriedly「急いで」はいずれも recognize とかみ合わない。なお、recognize A as B は「A を B として認識する」という意味。

訳 効果的な販売促進策のおかげで、消費者の大半が FreshPetz 社を高品質なペットフードのサプライヤーとして瞬時に認識する。

Vocab. □ supplier 供給業者

112. 正解 B | [正答率 58.8%] 動詞

The computer ------- the assessment of the data uses the most modern technology available.

(A) performed (B) performing (C) performs (D) has performed

主語 The computer に対応する動詞は uses で、間にある ------- the assessment of the data が名詞 computer を修飾している。現在分詞の (B) performing と過去分詞の (A) performed が名詞を修飾できるが、ここでは空欄の後ろの the assessment「評価」を目的語にとって「評価を行う」という能動の意味を表す (B) performing が適切。

訳 データの評価を行うそのコンピュータは、利用可能な最新技術を使っている。

Vocab. □ assessment 評価 □ available 利用可能な

113. 正解 D ｜［正答率 60.3%］ 品詞

In order to be considered for the prize, the designs must be imaginative and -------.

(A) origin (B) originality (C) originate (D) original

空欄直前の and が形容詞の imaginative「想像的な」と空欄に入る語を結んでいる点に着目する。and は原則として、文法上対等な同品詞・同形の語句をつなぐので、空欄には imaginative と同様に形容詞の (D) original「独創的な」が入る。(A) origin「起源、始まり」と (B) originality「独創性」は名詞、(C) originate「始まる」は動詞。

訳 賞の検討対象となるデザインは想像力に富み、独創的でなければならない。

Vocab. □ imaginative 想像力に富んだ、創造的な

114. 正解 D ｜［正答率 80.7%］ 語彙

It is mandatory for all personnel to attend the meeting ------- for 3 P.M. on Monday.

(A) international (B) applied (C) short (D) scheduled

空欄には、直前の名詞 the meeting を後ろから修飾する形容詞か分詞が入る。meeting と空欄後の for 3 P.M. on Monday との意味のつながりを考え、過去分詞である (D) scheduled「予定されている」を選ぶ。(A) international「国際的な」と (B) applied「応用の」は修飾する名詞の前に入る形容詞。

訳 全職員が月曜日の午後 3 時に予定されている会議に出席しなければならない。

Vocab. □ mandatory 必須の、義務的な □ personnel 人員

115. 正解 C ｜［正答率 57.0%］ 品詞

No material ------- in this broadcast may be reproduced without the written consent of Magnus News.

(A) contains (B) containing (C) contained (D) container

文中に may be reproduced という動詞があるので、空欄には直前の名詞 material「内容」を修飾する分詞が入ると判断できる。contain「～を含む」との関係を考えると、material は broadcast「放送」に contain されるもので、受動の関係が成り立つ。よって、過去分詞の (C) contained「含まれる」を選択する。(B) containing も分詞とみなすことはできるが、空欄直後に目的語がないのでここに入れられない。

訳 この放送に含まれるすべての内容は Magnus News の書面による同意なしに複製することを禁じます。

Vocab. □ broadcast 放送 □ written 書面の □ consent 同意

116. 正解 B | [正答率 61.4%] 前置詞

Sven accepted the Best Customer Service award ------- behalf of Leanne, who was unable to attend the banquet.

(A) with (B) on (C) from (D) at

on behalf of で「～を代表して、～の代わりに」という意味の慣用表現になるので、空欄には (B) on が入る。なお、on *one's* behalf という形をとることもできる (例：on behalf of Leanne = on her behalf)。

訳 スヴェンはそのパーティーに出席できないリーアンの代わりに、ベストカスタマーサービス賞を受け取った。

Vocab. □ banquet 祝宴

117. 正解 D | [正答率 52.5%] 語彙

Please use Form 36H when applying for ------- of all your travel expenses.

(A) permission (B) employment (C) transportation (D) reimbursement

選択肢に名詞が並ぶ語彙の問題。of の後ろにある all your travel expenses「あらゆる出張費用」と組み合わせて文意が通るのは、(D) reimbursement「(費用の) 払い戻し」。(A) permission は「許可」、(B) employment は「雇用」、(C) transportation は「輸送、交通手段」という意味。

訳 出張費の払い戻し申請にはすべて、36H 用紙をお使いください。

Vocab. □ apply for ～を申請する □ expense 経費

118. 正解 B | [正答率 62.5%] 品詞

The copier has been poorly maintained, and is in ------- need of maintenance.

(A) urge (B) urgent (C) urgently (D) urgency

前置詞の in と名詞の need に挟まれた空欄には、名詞 need を修飾する形容詞が入る。(B) urgent「緊急の」が正解。(A) urge は動詞では「～をせき立てる」、名詞では「衝動」、(C) urgently は副詞で「緊急に」、(D) urgency は名詞で「緊急性」という意味。

訳 そのコピー機は整備状態が悪く、早急にメンテナンスを行う必要がある。

Vocab. □ maintain ～を維持する

119. 正解 B ｜［ 正答率 75.4% ］ 品詞／動詞

Besides ------- his own lawn care service, Kalyn also teaches gardening classes on the weekends.

(A) operate　(B) operating　(C) being operated　(D) operation

選択肢 (A) から (C) は動詞 operate「～を経営・運営する」のさまざまな形で、(D) operation「操作、運営」は名詞。Besides「～に加えて」という前置詞の直後にある空欄には、名詞相当語句である動名詞 (B) operating か (C) being operated が入る。後ろに his own lawn care service という名詞句が続いているので、これを目的語にとれる能動態の (B) operating が正解。

訳 自身の芝生手入れサービスを営む以外にも、カリンは週末にガーデニングのクラスを教えている。

Vocab. □ lawn 芝生

120. 正解 B ｜［ 正答率 81.3% ］ 前置詞 vs 接続詞

Tour participants are reminded ------- they must obey local laws whenever they leave the ship.

(A) of　(B) that　(C) still　(D) about

空欄の後ろには they must obey ... という節が続いているので、空欄には接続詞の (B) that が入る。この文は〈remind〈人〉+ that ...〉「〈人〉に…であると念を押す」を受動態で用いた形。(A) of は前置詞なので、〈remind〈人〉of ...〉の形で of の後には名詞相当語句が入る。(C) still「まだ」は副詞、(D) about「～について」は前置詞。

訳 下船している間は、常に現地の法律に従わなければならないということを、ツアー参加者の皆さまにあらためて申し上げます。

Vocab. □ participant 参加者　□ obey ～に従う

121. 正解 D ｜［ 正答率 58.9% ］ 語彙

A surge in stock prices proved the ------- of HM Production's new marketing strategy.

(A) affection　(B) partnership　(C) satisfaction　(D) effectiveness

空欄直後の of HM Production's new marketing strategy「HM Production の新しいマーケティング戦略の」に修飾されて意味が通じるのは、(D) effectiveness「効果、有効性」のみ。(A) affection は「愛情」、(B) partnership は「提携」、(C) satisfaction は「満足」という意味。

訳 株価の急激な伸びは、HM Production の新しいマーケティング戦略が有効だと証明した。

Vocab. □ surge 急騰　□ stock price 株価

122. 正解 A | [正答率 57.5%] 構文

------- Smith & Johnson has been an industry leader for decades shows their ability to adapt to changing conditions.

(A) That (B) Because (C) Since (D) Unless

2つの述語動詞（has been と shows）があるので接続詞が必要で、2つ目の動詞 shows に対する主語も必要となる。名詞節を導く接続詞の用法を持つ (A) That「～ということ」が入れば上記2点の不足要素を補える。接続詞 that の導く名詞節が主節の主語となるこのような構文にも慣れておこう。ほかの選択肢はすべて副詞節を導く接続詞。

訳 Smith & Johnson 社が何十年にもわたって業界のリーダーであり続けていることは、状況の変化に適応する能力が同社にあることを証明している。

Vocab. □ adapt to ～に適応する

123. 正解 B | [正答率 57.1%] 語彙

Window frames have a tendency to ------- in humid weather, causing windows to be difficult to open or close.

(A) escalate (B) expand (C) increase (D) add

to ------- in humid weather という不定詞句は直前の tendency「傾向」を修飾している。Window frames が持つ傾向としては、(B) expand「膨張する」が適切。(A) escalate は「上昇する、激化する」、(C) increase は「増える、～を強める」、(D) add は「～をつけ加える、加算する」。

訳 窓枠は湿気の多い気候では膨張する傾向があるので、窓の開け閉めが難しくなる。

Vocab. □ tendency 傾向 □ humid 湿気のある

124. 正解 C | [正答率 51.2%] 品詞

Pete's Pretzels may have to close many of its less successful branches if it wishes to remain -------.

(A) profit (B) profitability (C) profitable (D) profits

空欄の前にある動詞 remain「～のまま続く」は be 動詞と同じ働きをし、後ろに補語（名詞や形容詞）をとる。そこで、if it wishes to be ------- と考えると、主語 it（= Pete's Pretzels）を説明するのにふさわしいのは形容詞の (C) profitable「利益を生む」だとわかる。(A) profit は「利益」「利益を得る」という意味の名詞、または動詞。

訳 Pete's Pretzels は、利益を出し続けたいのであれば業績不振の支店の多くを閉じる必要があるかもしれない。

Vocab. □ branch 支店

125. 正解 C ｜［正答率 49.3%］ 数

One of the brothers decided to operate the family business, while ------- went on to found his own company.

(A) other　(B) others　(C) the other　(D) the others

前半は兄弟の一人に関する記述で、後半は彼以外の兄弟に関して述べており、空欄には「それ以外の人」という意味を持つ語句が求められている。went on to found his own company「自身の会社を設立した」とあるので、空欄に入るのはもう一人を指す (C) the other が正解。(D) the others は会社を設立した兄弟が複数いるのであれば入りうる。

訳 兄弟のうちの一人は家業を行うことを決断したのに対し、もう一人は自分の会社を設立した。

Vocab. □ go on to *do*（次に）～する　□ found ～を設立する

126. 正解 D ｜［正答率 58.9%］ 品詞

The clubhouse is available ------- for residents of the Bell Weather apartment complex.

(A) specification　(B) specific　(C) specifying　(D) specifically

空欄には for residents という前置詞句を修飾できる副詞の (D) specifically「特に、とりわけ」が入る。(A) specification「仕様書」は名詞、(B) specific「特定の、具体的な」は形容詞、(C) specifying は specify「～を具体的に挙げる、～を指定する」の動名詞または現在分詞。

訳 ロッカールームは Bell Weather アパートの居住者のみ利用できます。

Vocab. □ clubhouse クラブハウス、ロッカールーム
□ apartment complex アパート（complex は「複合施設」）

127. 正解 C ｜［正答率 72.3%］ 語彙／語法

This message is to inform you that your prescription is ------- ready for pickup.

(A) yet　(B) far　(C) now　(D) once

空欄の直後にある形容詞 ready「準備ができている」を修飾する副詞として適切なのは、(C) now「現在では」。(A) yet「まだ、今のところ」は主に否定文や疑問文で用いる。(B) far は「はるかに」、(D) once は「かつて、一度」という意味。

訳 このメッセージは、お客様の処方薬が現在、お受け取りいただける状態であることをお知らせするものです。

Vocab. □ prescription 処方箋、処方薬

128. 正解 B | [正答率 78.2%] 関係詞

The committee is seeking a new dean ------- expertise will help the university adapt to students' changing needs.

(A) who (B) whose (C) whom (D) which

選択肢に関係詞が並ぶ場合は、空欄後の節の不足要素と先行詞の有無を確認する。主語 (expertise)、動詞 (will help)、目的語 (the university) があるので、不足要素はない。正解は、〈人〉(dean) を先行詞にとり、従属節内の名詞 (expertise) を修飾する所有格である (B) whose。

訳 委員会は、変容する学生のニーズに大学が適応していく助けとなる専門知識を持った新しい学部長を探している。

Vocab. □ dean 学部長 □ expertise 専門知識 □ adapt to ～に適応する

129. 正解 A | [正答率 53.1%] 前置詞

The CEO approved ------- the new logo, which was designed by Mr. Garmin.

(A) of (B) by (C) in (D) for

動詞 approve には、approve of「～をよく思う、支持する」という自動詞の用法と、approve「～を承認する」という他動詞の用法がある。ここでは (A) of を入れ、approved of the new logo「新しいロゴを支持した」とする。

訳 その CEO は、ガーミンさんがデザインした新しいロゴデザインを支持した。

Vocab. □ CEO 最高経営責任者

130. 正解 B | [正答率 65.0%] 語彙

Although the secondary ------- of the vaccine may discourage some people, the risk is far outweighed by its effectiveness.

(A) adjustments (B) effects (C) cures (D) remains

the secondary ------- of the vaccine「ワクチンの副次的～」とあるので (B) effect(s)「影響、効果」が適切。(A) adjustment(s) は「調整、調節」、(C) cure(s) は名詞で「治療(法)」、動詞で「～を治す」、(D) remains は複数形で「残り(もの)」。

訳 ワクチンの副作用で二の足を踏む人もいるかもしれないが、その危険性よりも有効性のほうがはるかに上回っている。

Vocab. □ discourage ～を思いとどまらせる □ outweigh ～を上回る
□ effectiveness 有効性

Questions 131-134 refer to the following e-mail.

To: darrinh67@CRB.com
From: suzywarren@elements.com
Subject: Thank you!
Date: December 1

Dear Mr. Hover,

I would like to express my appreciation for the consultation that you and your organization provided for our most recent film project. In fact, we all feel the work could not have proceeded -------(131.) as smoothly without your help.

To mark the successful completion of the movie, we -------(132.) an informal dinner on Friday evening. We have booked a private room for 7:00 P.M. at the Black Cat on Pearl Street.

-------(133.). Therefore, ①please feel free to forward this invitation to any and all of your colleagues who assisted you during our collaboration. Once again, -------(134.) my entire team, thank you for everything you've done for us.

Best regards,

Suzy Warren

131-134 番は次のメールに関するものです。

受信者：darrinh67@CRB.com
送信者：suzywarren@elements.com
件名：ありがとうございました！
日付：12 月 1 日

ホーヴァー様

このたびは弊社の最新映画プロジェクトで貴殿を始め御社にコンサルティング業務を行っていただき、誠にありがとうございました。実際、御社のお力添えがなければプロジェクトを円滑に進めることは到底できなかったと全員が感じておりました。

映画が無事完成したことを祝って、金曜日の夜にカジュアルな夕食会を開催いたします。パール通りの Black Cat で、午後 7 時に個室を予約しております。

会場には十分な座席数があります。したがいまして、今回の協働事業をお手伝いくださった同僚の方どなたでも皆さまへ、ご遠慮なくこの招待を転送してください。チーム全員を代表して、私たちのためにしてくださったすべてのことに感謝申し上げます。

よろしくお願いします。

スージー・ウォーレン

Vocab. □ appreciation 感謝　□ proceed 進行する　□ completion 完成、完了
□ book ～を予約する　□ forward ～を転送する　**選択肢** □ establishment 施設、店舗
□ ample 豊富な、十分な

131. 正解 A | [正答率 29.4%] 語彙

(A) nearly　(B) highly
(C) suddenly　(D) evenly

空欄前に could not have proceeded「仕事が進まなかっただろう」とあり、空欄後に as smoothly と続く。(A) nearly は、not nearly as A (as B) の形で「(B と比べて) まったく A でない」と否定を強調するので、これを入れれば「御社の助けがなければまったく円滑に進まなかった」という適切な表現になる。(B) highly は「非常に」、(C) suddenly は「突然」、(D) evenly は「均一に」という意味。

132. 正解 B | [正答率 79.6%] 動詞／文脈

(A) were hosted　(B) will be hosting
(C) are hosted　(D) have hosted

動詞 host「～を主催する」が態や時制を変えて選択肢に並んでいる。空欄の後ろに an informal dinner という目的語があるので、能動態の (B) will be hosting と (D) have hosted に絞る。続く文で開催場所と時刻を伝え、さらに第 3 段落①で先方の同僚の参加を促しているので、夕食会はこれから行われると判断し、未来進行形の (B) will be hosting を選ぶ。(A) were hosted と (C) are hosted は受動態。

133. 正解 C | [正答率 67.3%] 一文選択

(A) The restaurant is situated next to our offices.
(B) We have used this establishment in the past.
(C) The venue has ample seating capacity.
(D) The performance will be highly enjoyable.

(A) そのレストランは弊社のオフィスの隣にあります。
(B) このお店は過去に利用したことがあります。
(C) 会場には十分な座席数があります。
(D) その公演は非常に楽しめるものになるでしょう。

空欄直後の文で「したがいまして、同僚の方をご遠慮なく招待してください」と伝えているので、同僚を招待するのに十分な席があることを示す (C) が正解。Therefore は「したがって、そのため」という意味で、前後の文が〈原因・理由〉→ therefore →〈結果・結論〉という関係になる。(A) と (B) は、同僚を招待することと関連がない。(D) は The performance「その公演」に関する情報が本文に書かれていない。

134. 正解 C | [正答率 71.4%] 前置詞 vs 接続詞

(A) now that　(B) as long as
(C) on behalf of　(D) because of

空欄後の my entire team「私のチーム全体」という名詞句と結びつくのは、前置詞として機能する (C) on behalf of「～を代表して」。(A) now that「今や～なので」と (B) as long as「～する限りは」は接続詞なので、後ろに節 SV をつなぐ。(D) because of「～が原因で」は前置詞だが、文意が通らない。

Questions 135-138 refer to the following letter.

April 11

Naomi Davis
ClockWorks, Inc.
Aylesbury
HX19 3RM

Dear Naomi:

I heard the announcement of your appointment as CFO of ClockWorks. -------. (135.) I can think of no one more suitable for the position. Before your schedule ------- (136.) too busy, ①we would like to celebrate your promotion by taking you and Charles to dinner. This small gesture hardly compensates for all of the help you have given me throughout my career at Pinwheel, but my wife and I would be very appreciative if the two of you could ------- (137.) the time to let us express how pleased we are to see you rise to the top. We eagerly await your reply. ------- (138.), please accept my good wishes.

Best regards,

Tony Paxton
Senior Accountant

135-138 番は次の手紙に関するものです。

4月11日

ナオミ・デイヴィス様
ClockWorks 株式会社
エイルズバリー
HX19 3RM

ナオミさんへ

あなたが ClockWorks 社の CFO に任命されたという発表を聞きました。**私に真っ先にお祝いさせてください。** あなた以上にこの職にふさわしい人は思い浮かびません。スケジュールが詰まってしまう前に、あなたとチャールズをディナーに招待して昇進をお祝いしたいと思っています。このささやかなお祝いで、私が Pinwheel 社であなたから受けたご支援のすべてにとてもお返しはできませんが、もしお二人に時間を割いていただき、あなたが社のトップになられるのを私たちがどんなに喜んでいるかをお伝えできたら、私も妻も大変光栄です。お返事を心待ちにしています。ご多幸をお祈り申し上げます。

よろしくお願いします。

トニー・パックストン
上級会計士

Vocab. □ appointment 任命　□ compensate for ～の埋め合わせをする
□ appreciative 感謝している　□ await ～を待つ

135. 正解 A | [正答率 53.5%] 一文選択

(A) Let me be one of the first to congratulate you.
(B) I hope a decision will be made very soon.
(C) I'm sorry to hear that we will be losing you.
(D) Please let me know who has been selected.

(A) 私に真っ先にお祝いさせてください。
(B) 迅速に決定が行われることを望みます。
(C) あなたがいなくなってしまうと聞いて残念です。
(D) だれが選ばれたのか教えてください。

空欄前の 1 文目で手紙の送り先のナオミが CFO に任命されたことを聞いたと述べている。昇進を祝う言葉が続くのが自然なので、(A) が正解。(B) と (D) は、CFO の指名はもう決定しているので不適切。(C) は手紙の書き手であるトニーがナオミと同じ会社にいて、ナオミが離職するという状況であれば入りうるが、そのような話は出てきていない。

136. 正解 D | [正答率 53.7%] 動詞

(A) got
(B) to get
(C) will get
(D) gets

カンマの後ろの① we would like to ... から未来の話をしている文であることがわかる。次に、空欄の前の Before に注目する。これは〈時〉を表す接続詞なので、後ろに続く副詞節では未来のことでも現在時制を用いる。よって、正解は (D) gets。

137. 正解 B | [正答率 55.2%] 語彙

(A) split
(B) spare
(C) spin
(D) space

空欄の後ろに the time がある。選択肢中、the time を目的語にとって文意を成り立たせるのは (B) spare「(時間など) を割く」。spare the time で「時間を割く」という意味を表す。(A) split は「～を裂く、分ける」、(C) spin は「～を回す」、(D) space は「～に一定の間隔を置く」という意味。

138. 正解 C | [正答率 53.7%] 語彙／文脈

(A) On the bright side
(B) Nevertheless
(C) In the meantime
(D) In fact

空欄前の We eagerly await your reply.「お返事を心待ちにしています」と後ろの please accept my good wishes.「ご多幸をお祈り申し上げます」を結ぶには、(C) In the meantime「とりあえず、それまでは」が適切。(A) On the bright side は「明るい面は」、(B) Nevertheless は「にもかかわらず」、(D) In fact は「実は」という意味。

Questions 139-142 refer to the following article.

Bowling Alley Reopens

①Down Dogs Bowling Alley and Arcade in Promenade Mall is due to reopen on August 1 after a lengthy -------. (139.) The facility, first opened more than 50 years ago, has been closed for the past three months for much needed improvements. The facility's bowling alleys have been completely resurfaced, and many new arcade games have been -------. (140.)

Perhaps the biggest change is the addition of a restaurant. "Snacks have always been available to our patrons. -------. (141.) The Lucky Strike is a restaurant with a menu that includes a variety of delicious dishes. We are certain that it ------- (142.) even non-bowlers and non-gamers to our venue," said Beth Raines, Down Dog's head of operations.

139-142 番は次の記事に関するものです。

ボウリング場が再開

プロムナード・モールにある Down Dogs Bowling Alley and Arcade は長期にわたる改装を終えて 8 月 1 日に営業を再開する予定だ。50 年以上前にオープンしたこの施設はさまざまな改修の必要に迫られ、ここ 3 カ月は閉鎖していた。施設のボウリング場は全面的に修復され、新しいアーケードゲームがたくさん設置された。

最大の変化はレストランができたことだろう。「軽食は今までも皆さまにご利用いただけました。**今後は本格的な料理をお出しできます。** The Lucky Strike はさまざまなおいしい料理をメニューに取り入れたレストランです。ボウリングやゲームをされない方々も当施設にお立ち寄りいただけると確信しています」と Down Dogs の店長ベス・レインズ氏は述べた。

Vocab. □ lengthy (非常に) 長い □ resurface ～を再舗装・再補修する
□ available 利用できる、入手可能な □ patron 常連客 □ venue 会場、場所
選択肢 □ substantial (量が) かなりの、(食事が) 食べ応えのある

139. 正解 B | [正答率 65.8%] 語彙／文脈

(A) competition (B) refurbishment
(C) discussion (D) forecast

空欄後の文で「改修の必要に迫られここ3カ月間閉鎖していた」と続くので、(B) refurbishment「改装」を入れて after a lengthy refurbishment「長期にわたる改装の後で」とすれば文脈に合う。(A) competition は「競争」、(C) discussion は「話し合い」、(D) forecast は「予報」という意味。

140. 正解 A | [正答率 73.7%] 語彙

(A) installed (B) noticed
(C) generated (D) reacted

選択肢に並ぶ動詞のうち、主語の many new arcade games「たくさんの新しいアーケードゲーム」と結びつくのは (A) installed「導入された、設置された」。(B) noticed は「気づかれた」、(C) generated は「生み出された」、(D) reacted は「反応した」という意味。

141. 正解 B | [正答率 50.0%] 一文選択

(A) The name and location have not been selected yet.
(B) We can now offer them something more substantial.
(C) There are a large number of dining establishments in the mall already.
(D) The new bowling lanes are far superior to the old ones.

(A) 名前と場所はまだ選ばれていません。
(B) 今後は本格的な料理をお出しできます。
(C) ショッピングモールにはすでに多数の飲食施設があります。
(D) 新しいボウリング・レーンは以前のものよりもはるかに優れています。

空欄直前の文に「今までも客は軽食を購入できた」とあるのに対し、空欄直後で The Lucky Strike という新しいレストランの説明をしていることから、今後は軽食以外にも料理を提供することを伝える (B) を入れるのが自然。(A) は直後にレストランの名前が出てくるので不適切。(C) も第 2 段落冒頭でレストランの追加が大きな変化とあるので NG。(D) も文脈に合わない。

142. 正解 C | [正答率 60.6%] 動詞／文脈

(A) had attracted (B) is attracting
(C) will attract (D) has attracted

動詞 attract「～を引きつける」の正しい時制を選ぶ問題。空欄前の it は、新レストランの The Lucky Strike を指す。第 1 段落冒頭①に「ボウリング場が 8 月 1 日に再オープンする予定だ」とあるので、レストランもまだオープンしていないと判断し、〈予測〉を示す (C) will attract を入れる。(A) had attracted は過去完了形、(B) is attracting は現在進行形、(D) has attracted は現在完了形。

Questions 143-146 refer to the following notice.

To: All Handy Rentals department managers

As part of our firm's energy -------- (143.) drive, the board of directors has decided that Handy Rentals will relax its dress code. It is hoped that this will encourage staff to wear more seasonally-appropriate clothing, ①which in turn should enable us to cut back on our use of the air conditioning system. The change in dress code is -------- (144.) June 1. The new measure should help us meet our goal of lowering overall energy consumption by 15 percent. -------- (145.), it was agreed that the main office will open and close one hour earlier every day over the coming summer months. -------- (146.).

143-146 番は次のお知らせに関するものです。

Handy Rental 社　部長各位

省エネ運動の一環として、Handy Rental 社は服装規定を緩和することを取締役会で決定いたしました。この緩和が従業員に季節にもっと適した服装の着用を促し、結果としてビルの空調設備の使用を減らすことができると期待されます。服装規定の変更は６月１日より開始します。新しい措置によって、会社全体のエネルギー消費量を 15% 削減するという当社の目標達成につながることでしょう。また、この夏の間、本社の営業開始時刻と終了時刻を毎日１時間早めることで合意いたしました。**この結果、照明にかかる費用を大幅に削減できるでしょう。**

Vocab.＞ □ board of directors 取締役会　□ in turn 今度は、続いて　□ cut back on ～を削減する
□ measure 措置　□ meet（要望・条件）を満たす

143. 正解 B | [正答率 51.2%] 語彙／文脈

(A) production (B) conservation
(C) safety (D) delivery

空欄直後の drive は「(組織的な) 運動、活動」という意味。2 文目①に「空調設備の使用を控えることにつながる」とあるので、(B) conservation「保存、節約」を入れて energy conservation drive「省エネ運動」とすれば文脈に合う。(A) production は「生産」、(C) safety は「安全性」、(D) delivery は「配送」という意味。

144. 正解 D | [正答率 78.0%] 品詞

(A) effects (B) effectiveness
(C) effecting (D) effective

空欄前に主語 The change (in dress code) と be 動詞 is があるので、主語を説明する形容詞の (D) effective「効力のある、有効な」が入る。(A) effects は「結果、効果」という意味の名詞の複数形、または「(変化・効果) をもたらす」という意味の動詞の 3 人称単数現在形。(B) effectiveness「有効性、効果」は名詞。(C) effecting は動名詞または現在分詞。

145. 正解 D | [正答率 58.5%] 語彙／文脈

(A) For example (B) Therefore
(C) Conversely (D) In addition

空欄前までの文章で服装規定の緩和について説明しているのに対し、空欄の後ろでは本社の営業開始時刻と終了時刻を早めるという別の決定事項に触れている。よって、情報の追加を表す (D) In addition「さらに」が正解。(A) For example は「たとえば」、(B) Therefore は「したがって」、(C) Conversely は「反対に」という意味。

146. 正解 A | [正答率 58.5%] 一文選択

(A) This will significantly decrease the cost of lighting.
(B) Men will not need to wear either neckties or suit jackets.
(C) The replacement will make the system even more efficient.
(D) The electricity bill will arrive by the end of this week.

(A) この結果、照明にかかる費用を大幅に削減できるでしょう。
(B) 男性はネクタイやジャケットを着用する必要がなくなります。
(C) この交換で、システムの効率がもっと上がるでしょう。
(D) 電気料金の請求書は今週末までに届くでしょう。

空欄直前の文に「夏の間は営業開始時刻と終了時刻を 1 時間早めることになった」とあるので、期待される効果を伝えている (A) が適切。(B) と (D) は営業時間の変更と関連がない。(C) の replacement「交換」は本文に情報がない。

Level 1 Test 3 ▸ 正解一覧

Part 5

No.	ANSWER	No.	ANSWER	No.	ANSWER
101	C	111	B	121	D
102	C	112	B	122	A
103	C	113	D	123	B
104	D	114	D	124	C
105	B	115	C	125	C
106	C	116	B	126	D
107	A	117	D	127	C
108	C	118	B	128	B
109	B	119	B	129	A
110	A	120	B	130	B

Part 6

No.	ANSWER	No.	ANSWER
131	A	141	B
132	B	142	C
133	C	143	B
134	C	144	D
135	A	145	D
136	D	146	A
137	B		
138	C		
139	B		
140	A		

Level 2 ▸▸▸ 730点 模試 ▸ Test 4

101. 正解 C ｜［ 正答率 49.1% ］ 品詞

The visual impact of the new building will be ------- to anyone passing through the downtown area.

(A) impression (B) impressed (C) impressive (D) impress

空欄の前後を確認すると、空欄には形容詞が入って〈be 動詞＋形容詞＋前置詞句〉の形だとわかる。(B) と (C) に絞れるが、主語の The visual impact「視覚的効果」を説明する補語としてふさわしい (C) impressive「強い印象を与える」を選ぶ。(A) impression「印象」は名詞、(D) impress「～に感銘を与える」は動詞、(B) impressed は動詞の過去形または過去分詞。

訳 新しい建物の視覚的効果は、市の中心街を通るだれの目にも留まるだろう。

Vocab. □ impact 効果

102. 正解 B ｜［ 正答率 57.4% ］ 動詞

Prior to ------- Mr. Hampton, the manager had been worried it would be difficult to find someone to run the franchise.

(A) interview (B) interviewing (C) interviewed (D) have interviewed

選択肢に並ぶ interview には、「面接」という名詞の用法のほか、「～を面接する」という動詞の用法がある。空欄前には Prior to「～の前に（= Before）」という前置詞の表現があるので、前置詞の後ろに置ける動名詞の (B) interviewing を入れる。Prior to interviewing Mr. Hampton で「ハンプトンさんを面接する前に」となる。

訳 ハンプトンさんの面接を行うまで、経営者はフランチャイズ店を運営する人を探すのは困難だろうと心配していた。

Vocab. □ prior to ～の前に

103. 正解 D ｜［ 正答率 42.0% ］ 語彙

Local calls may be ------- at no charge by dialing “9” and then the number.

(A) held (B) paid (C) spent (D) made

選択肢の共通点は過去分詞であること。(may) be に続く空欄に過去分詞が入れば、受動態の文が完成する。受動態文の主語は動詞の意味上の目的語なので、(local) calls を目的語にとって文意を成立させる動詞として、(D) made を選ぶ。make calls で「電話をかける」という成句。

訳「9」に続けて電話番号をダイヤルすれば、無料で市内におかけいただくことができます。

Vocab. □ at no charge 無料で

104. 正解 D | [正答率 62.0%] 代名詞／構文

Before giving a public presentation, ------- is a good idea to rehearse in front of one or two close colleagues.

(A) that (B) which (C) what (D) it

問題文には主語が欠けているが、意味上の主語は to rehearse 以下になる。よって、意味上の主語（＝真主語）に先行して仮の主語の役目をする (D) it を入れる。

訳 公のプレゼンテーションを行う前に、一人か二人の親しい同僚の前で予行演習をするのはよい考えだ。

Vocab. □ close 親密な

105. 正解 C | [正答率 42.6%] 構文

To protect its rubber industry, Malaysia raised import tariffs but, unsurprisingly, ------- did its trading partners.

(A) still (B) even (C) so (D) but

空欄以下は接続詞 but によって導かれた節。カンマに挟まれた副詞の unsurprisingly「当然ながら」は挿入語句として無視する。選択肢には主語として機能する語がないことから、この節で〈倒置〉が起きていることをつかみ、倒置構文を導く (C) so を選ぶ。〈so ＋助動詞／be 動詞＋主語〉の形で前の文の内容を受け、「～も同様にする、同様である」という意味を表す。

訳 国内のゴム産業を保護しようと、マレーシアは輸入税率を引き上げたが、当然、貿易相手国も同様の措置をとった。

Vocab. □ tariff 関税（率） □ unsurprisingly 当然のことながら

106. 正解 A | [正答率 43.5%] 語彙

If the marketing director's proposal were to be implemented, the company's ad presentation would be ------- changed.

(A) radically (B) lately (C) tightly (D) audibly

空欄直後にある過去分詞の changed を修飾する副詞として適切なのは、(A) radically「根本的に、徹底的に」。(B) lately は「最近」、(C) tightly は「きつく」、(D) audibly「聞こえるように」という意味の副詞。

訳 もしマーケティングディレクターの提案が実施されれば、会社の広告宣伝は根本から変わるだろう。

Vocab. □ implement ～を実行する

107. 正解 A | [正答率 55.9%] 品詞

------- at the regular Monday morning meetings is mandatory for all full-time employees.

(A) Attendance (B) Attendees (C) Attending (D) Attended

動詞 is の前にある前置詞句 at the regular Monday morning meetings を脇に置くと、空欄に主語が入るとわかる。単数名詞の (A) Attendance「出席」が正解。(B) Attendees「出席者たち」は名詞の複数形。なお、(C) Attend(ing) は「～に出席する」という意味の他動詞で、直後の at がなければ正解になる。

訳 正社員は全員、月曜の朝に行われる定例ミーティングに出席しなければならない。

Vocab. □ mandatory 必須の、義務的な

108. 正解 A | [正答率 49.0%] 前置詞

A law prohibiting new construction in historic downtown was passed after nearly two years of debate ------- the issue.

(A) over (B) against (C) with (D) to

空欄前後の名詞 debate と the issue を適切に結ぶ前置詞は、「～に関する」という〈関連〉を表す (A) over。(B) against は「～に反対して」、(C) with は「～とともに」、(D) to は「～へ」などの意味を表す。なお、prohibiting ... downtown は、prohibit「～を禁止する」の現在分詞が導く形容詞句で、主語の law を修飾している。

訳 その問題に関する 2 年近くにわたる議論の末、歴史的商業地域での新規の建築を禁止する法案が可決された。

Vocab. □ prohibit ～を禁止する □ historic 歴史的に重要な

109. 正解 B | [正答率 52.1%] 語彙

The executives' meeting will be ------- a week, as two key chairpersons have scheduling conflicts.

(A) turned up (B) pushed back (C) moved in (D) backed up

空欄直前に be があり、選択肢には受動態の一部である過去分詞が並んでいる。空欄部分の意味上の目的語は The executives' meeting なので、「～を延期する」という意味を表す (B) pushed back を選ぶ。(A) turn(ed) up は「～の音を大きくする」、(C) move(d) in は「移転する」、(D) back(ed) up は「～を支援する」という意味。

訳 2 人の主要な議長のスケジュールが合わないため、その幹部会議は 1 週間延期される。

Vocab. □ chairperson 議長 □ conflict（予定の）かち合い

110. 正解 A | [正答率 44.4%] 品詞

Amcorp's representative was accused of ------- providing false information during an investigation into the firm's finances.

(A) knowingly (B) knowing (C) knowledge (D) known

〈be accused of X〉で「Xの理由で責められる、告訴される」という意味。空欄にはXにあたる動名詞 providing を修飾する副詞 (A) knowingly「故意に」が入る。(B) knowing は動詞 know の動名詞または現在分詞。(C) knowledge は名詞で「知識、学問」のこと。(D) known は know の過去分詞。

訳 Amcorp 社の代表は、同社の財務調査の際、故意に虚偽の情報を提供したとして告訴された。

Vocab. □ representative 代表 □ investigation 調査、捜査

111. 正解 C | [正答率 48.4%] 語彙

The strike is expected to end now that union leaders and management have finally been able to ------- a compromise.

(A) turn down (B) tie in (C) agree on (D) come up

空欄後の compromise「妥協案」を目的語にとって文意が通る句動詞は (C) agree on のみ。agree on A (with B) で「Aに関して(Bと)折り合いがつく」という意味。(A) turn down は「～を断る」、(B) tie in は「～を結びつける」。(D) come up は「出世する、(問題などが)生じる」などの意味。

訳 労働組合の幹部と経営陣がようやく妥協案で合意したので、ストは終結する見込みだ。

Vocab. □ compromise 妥協(案)

112. 正解 C | [正答率 55.3%] 動詞

Jana's resignation ------- Mr. Thomas, who believes that she was one of his most capable employees.

(A) was saddened (B) was sad (C) has saddened (D) had been saddened

空欄の直後に目的語となる Mr. Thomas があるので、動詞 sadden「(人)を悲しませる」を能動態で用いる (C) has saddened が正解。(A) was saddened と (D) had been saddened は受動態、(B) was sad の sad「悲しい」は形容詞なので、いずれも目的語はとれない。

訳 ヤナの辞職はトーマス氏を悲しませた。彼はヤナを最も有能な従業員の一人だったと思っているからだ。

Vocab. □ resignation 辞職 □ capable 有能な

113. 正解 C | [正答率 50.9%] 前置詞

The construction noise has been a distraction to the employees, and we have experienced a decrease ------- productivity.

(A) at (B) to (C) in (D) on

空欄前にある名詞 decrease は、decrease in の形で「～の減少、低下」という意味を表すので、(C) in が適切。a decrease in productivity で「生産性の低下」という意味。

訳 建築工事の騒音が社員の集中力を乱しており、生産性が落ちている。

Vocab. □ distraction 気を散らすもの □ productivity 生産性

114. 正解 C | [正答率 55.0%] 語彙

Although Mills & Co. has been in ------- for just three years, it is already considered a leader in its industry.

(A) employment (B) trade (C) business (D) profession

Mills & Co. has been in ------- for just three years の部分に注目し、主語の Mills & Co. という会社の状態を表す表現を考える。正解は be in business「商売をしている」という慣用表現を作る (C) business。(A) は be in employment で「就職している」、(B) は be in trade で「小売商をする」、(D) profession は「専門職」という意味。

訳 Mills 社はまだ創業 3 年の会社だが、すでに業界のリーダーとみなされている。

115. 正解 D | [正答率 44.4%] 代名詞

The new CEO of Davis Industries, credited with generating record earnings, awarded ------- a large pay raise.

(A) his (B) he (C) him (D) himself

動詞 award は、〈award ＋〈人〉＋〈物〉〉で「〈人〉に〈物〉（賞など）を与える」という意味を表す。問題文の主語は The new CEO で、与えられる〈物〉は a large pay raise「大幅な昇給」。動詞 awarded の〈人〉の目的語が空欄になっているので、主語と目的語が同じ人を指す場合に用いる再帰代名詞の (D) himself「彼自身」が正解。

訳 Davis 工業の新しい CEO は記録的な収益を上げたことを認められ、自らの給与を大幅に引き上げた。

Vocab. □ credit A with B A に B の功績があると認める □ earnings 収入、利益
□ pay raise 昇給

116. 正解 B | [正答率 44.2%] 語彙

Because of the aging equipment, the plant's ------- has been gradually decreasing.

(A) outcome (B) output (C) outlook (D) outlet

空欄に入る語は、直前にある the plant's「工場の」に修飾され、後ろにある has been decreasing「減少している」の主語となっている。選択肢の中で空欄の前後どちらとも整合性があるのは、(B) output「生産量」のみ。(A) outcome は「結果」、(C) outlook は「見通し」、(D) outlet は「販売店、コンセント」という意味。

訳 老朽化している設備のせいで、その工場の生産量は徐々に減少している。

Vocab. □ aging 老朽化した

117. 正解 D | [正答率 52.8%] 品詞

The lawyer lost his license for ------- fabricating evidence that he presented in court.

(A) deliberative (B) deliberating (C) deliberate (D) deliberately

空欄には直後の動名詞 fabricating を修飾する副詞が入るので、(D) deliberately「故意に」が正解となる。(A) deliberative「審議の、慎重な」は形容詞、(C) deliberate は「意図的な、慎重な」「熟慮する」という意味の形容詞または動詞。(B) は動名詞または現在分詞。

訳 その弁護士は、故意に捏造した証拠を裁判所へ提示したことで弁護士免許を喪失した。

Vocab. □ fabricate ～を捏造する

118. 正解 A | [正答率 59.2%] 前置詞 vs 接続詞

Sales of new homes are dramatically declining ------- mortgage rates skyrocket.

(A) as (B) due to (C) because of (D) owing to

空欄の後ろに mortgage rates skyrocket「住宅ローンの利率が急上昇する」という文が続いているので、選択肢の中で唯一、接続詞の用法を持つ (A) as が正解となる。この as は「～につれて」という意味で、〈並行〉を表す接続詞として用いられている。(B) due to、(C) because of、(D) owing to は「～なので」という意味で〈原因〉を表す前置詞なので、後ろに文を続けることはできない。

訳 住宅ローンの利率が急上昇するなか、新しい家の販売件数が劇的に低下している。

Vocab. □ dramatically 劇的に □ mortgage 住宅ローン □ skyrocket 急上昇する

119. 正解 B ｜［ 正答率 50.4% ］ 語彙

Even the most skilled experts are not always able to predict up and downs in the stock market -------.

(A) immensely (B) accurately (C) considerably (D) strictly

選択肢には副詞が並んでいる。空欄に入る副詞は動詞 predict「～を予測する」を修飾するので、「どのように」予測するかを説明できる (B) accurately「正確に」を選ぶ。(A) immensely は「非常に」、(C) considerably は「かなり」、(D) strictly は「厳重に」という意味。

訳 最も経験豊富な専門家たちでさえも、株式市場の騰落を必ずしも正確に予測することはできない。

Vocab. □ skilled 熟練した □ up and downs 上昇と下降

120. 正解 D ｜［ 正答率 45.7% ］ 品詞

The next meeting for the Global Financial Forum will take place at a location ------- to all the council members.

(A) accept (B) acceptance (C) acceptably (D) acceptable

空欄には直前の location「場所」を修飾する形容詞が入る。acceptable to で「～にとって好ましい」という意味を表すので (D) が正解。(A) accept「～を受け入れる」は動詞、(B) acceptance「承諾」は名詞、(C) acceptably「満足できるように、満足させるように」は副詞。

訳 世界金融フォーラムの次回の会議は、すべての諮問委員の都合がよい場所で行います。

Vocab. □ council 協議会、諮問委員会

121. 正解 C ｜［ 正答率 55.6% ］ 語彙

Although moderate social drinking is not an issue, alcohol use during the workday is harmful to ------- in the workplace.

(A) foundation (B) incidence (C) productivity (D) obligation

------- in the workplace「職場における～」、is harmful to -------「～に有害である」という前後の文脈を考慮し、(C) productivity「生産性」を選ぶ。(A) foundation は「設立、基礎」、(B) incidence は「（病気・犯罪の）発生」、(D) obligation は「義務、責務」という意味。

訳 つき合いで適度にお酒を飲むのは問題ないが、平日に飲みすぎると職場での生産性に悪影響がある。

Vocab. □ moderate 適度な □ workday 平日

122. 正解 C | [正答率 58.1%] 関係詞

The new school provides low-income families with educational resources ------- were previously unavailable to them.

(A) those (B) there (C) that (D) they

空欄には前後の文をつなぎつつ、直後の動詞 were の主語にもなれる語が求められている。よって、主格の関係代名詞である (C) that が正解。(A) those は指示代名詞、(B) there は副詞、(D) they は代名詞。

訳 その新しい学校は、低所得の家族に以前までは提供されなかった教育リソースを与えている。

Vocab. □ low-income 低所得の □ unavailable 利用できない、入手できない

123. 正解 D | [正答率 47.3%] 数

For your convenience, ------- one of the computers in the hotel lobby may be used by our valued guests.

(A) some (B) all (C) no (D) any

代名詞の one (= computer) を修飾できるのは (C) no と (D) any のみ。no one「だれも～ない」とした場合の one は〈人〉を表してしまうので、残る (D) any「どの～でも」が正解。

訳 ご都合がよいように、私たちの大切なお客様はホテルのロビーにあるコンピュータをどれでもお使いいただけます。

Vocab. □ valued 大切な

124. 正解 B | [正答率 57.3%] 語彙

A background ------- will be conducted on all applicants who wish to be considered for the position in Security Services.

(A) look (B) check (C) mark (D) safe

問題文は A background ------- の部分を主語とする受動態の文。conduct「～を実施する」の意味上の目的語となる (B) check「調査、照合」が正解。ほかの選択肢は〈行為〉を表す名詞の意味を持たないので、conduct の目的語にならない。(A) look は「様子、外観」、(C) mark は「しるし、記号」、(D) safe は「金庫」。

訳 Security Services 社の役職候補としてみなされたい志願者全員に対し、身元調査が行われます。

Vocab. □ applicant 志願者、申込者

125. 正解 B | [正答率 40.3%] 前置詞

The old car was valued at $3,000, but Larry decided to sell it to a coworker ------- $1,500 to help her out.

(A) on　(B) for　(C) with　(D) at

sell it (to a coworker) ------- $1,500 の部分に注目する。空欄後の $1,500 は売値なので、〈対価〉を表す前置詞 (B) for「(金額) で、～と引き換えに」を選ぶ。(D) at も「(金額) で」という意味で目的語に〈金額〉をとれるが、こちらは商業目的の売買において単価を示す場合に用いる。

訳 その中古車の価値は3,000ドルだったが、ラリーは同僚を援助するために1,500ドルで売ることにした。

Vocab. □ value A at B AをBだと (金銭的に) 評価する　□ help ... out …を手助けする

126. 正解 D | [正答率 48.4%] 動詞

Due to a financial crisis, Allan Vacuums has requested that each employee ------- hours spent working overtime this month.

(A) has reduced　(B) be reduced　(C) reduced　(D) reduce

request を含む〈要求〉〈提案〉〈命令〉などを表す動詞の目的語となるthat 節中では動詞の原形を用いる。さらに employee と reduce が能動関係にあることを考慮して (D) reduce を選ぶ。spent working overtime「残業することに費やされる」の部分は hours を後ろから修飾している。

訳 財政危機のため、Allan Vacuums 社は、今月、残業時間を減らすように各従業員に求めた。

Vocab. □ work overtime 残業する

127. 正解 D | [正答率 56.1%] 語彙

The new boss was focused on reducing waste, and urged everyone not to ------- any reusable items.

(A) dispense　(B) disrupt　(C) displace　(D) discard

空欄は、〈urge〈人〉(not) to 不定詞〉「〈人〉に～する (しない) よう促す」の不定詞部分にあたる。後ろに続く reusable items「再生利用可能なもの」をどうしないように促したかを考え、(D) discard「～を捨てる」を選ぶ。(A) dispense は「～を提供する」、(B) disrupt は「～を中断させる」、(C) displace は「～を置き換える」という意味。

訳 新しい上司はゴミの削減に力を入れており、再利用可能な物はどんなものでも捨てないように全員に促した。

Vocab. □ waste ゴミ、浪費　□ reusable 再利用できる

128. 正解 A | [正答率 49.3%] 品詞

The budget for our division is larger than that of the other five sections -------.

(A) combined (B) combining (C) combination (D) combines

combine（自・他動詞「（～を）結合する」）の品詞問題。空欄には直前の名詞 sections を修飾する形容詞が入る。過去分詞の (A) combined と現在分詞の (B) combining が形容詞の機能を持つが、「combine された」という受け身の関係を表す (A) combined が正解。(C) combination「組み合わせ、結合」は名詞、(D) combines は 3 人称単数現在形。

訳 われわれの部署の予算は、ほかの 5 つの課の予算を合計したより多い。

Vocab. □ budget 予算

129. 正解 D | [正答率 55.0%] 語彙

Your loan payment is ------- within 30 days of the date of issue, or you may face late fees.

(A) owing (B) mature (C) concluded (D) due

空欄には主語である Your loan payment の状態を表す形容詞が入る。後ろの within 30 days of ...「発行日から 30 日以内」も考慮して、(D) due「期日が来て」を選ぶ。(A) owing は「未払いの」、(B) mature は「満期の、成熟している」という意味の形容詞。(C) concluded は動詞 conclude「～を終える」の過去形・過去分詞。

訳 ローンのお支払いは発行日から 30 日以内が期限で、それを過ぎると延滞料をお支払いいただく可能性があります。

Vocab. □ face ～に直面する □ late fee 延滞料

130. 正解 D | [正答率 55.4%] 品詞

Hotel management has recently received ------- in regard to the cleanliness of the pool area.

(A) complain (B) complains (C) complaining (D) complaints

空欄の前にある動詞 received の目的語となる名詞として、(D) complaints「苦情、不平」を選ぶ。receive a complaint で「クレームを受ける」という意味。(A) complain「不満を言う」は動詞、(B) complains は動詞の 3 人称単数現在形、(C) complaining は動名詞または現在分詞。

訳 ホテルの経営陣は最近、プールエリアの清潔さに関してクレームを受けた。

Vocab. □ in regard to ～に関して □ cleanliness 清潔

Questions 131-134 refer to the following memo.

To: All employees
From: Daniel Kim
Date: June 29
Subject: Network maintenance

Hello,

①On Sunday, July 5, I -------(131.) routine maintenance work on our computer network, as well as installing a new software package.

I will begin the work at 10:00 A.M., and it should take about eight hours to complete. During that time, the network will not be operational. -------(132.), do not plan to use your office computers on Sunday.

-------(133.). If anyone needs to use a company computer on Sunday, please see me before the end of the week and I will provide a laptop for you to use at home. Due to the -------(134.) supply, laptops will be available on a first-come, first-served basis.

Thank you,

Daniel

131-134 番は次の社内連絡に関するものです。

あて先：全従業員
差出人：ダニエル・キム
日付：6月29日
件名：ネットワークのメンテナンス

こんにちは。

7月5日の日曜日に、当社のコンピュータ・ネットワークの定期メンテナンス作業を新しいソフトウェアパッケージのインストール作業と共に行います。

作業は午前10時に開始し、終了までに約8時間かかります。その間、ネットワークは使用できません。そのため、日曜日にオフィスのパソコンを使用する予定は入れないでください。

金曜日に退社する前には、完全にパソコンの電源を切るようにしてください。日曜日に会社のコンピュータを使用する必要がある場合は、週末までに私のところへ来ていただければ、自宅で使用できるノートパソコンをお渡しします。数に限りがありますので、ノートパソコンは先着順となります。

よろしくお願いいたします。

ダニエル

Vocab. □ routine 定期の、日常的な　□ operational 使用できる
□ on a first-come, first-served basis 先着順で

131. 正解 D | [正答率 87.8%] 動詞／文脈

(A) conducted (B) was to conduct
(C) conduct (D) will be conducting

選択肢には、動詞 conduct「～を行う」のさまざまな時制が並んでいる。メモの日付は 6 月 29 日で、routine maintenance「定期メンテナンス」が行われるのは本文の冒頭に 7 月 5 日とあるので、これからのことだとわかる。よって、未来進行形の (D) will be conducting が正解。

132. 正解 D | [正答率 63.4%] 語彙／文脈

(A) However (B) Otherwise
(C) Nevertheless (D) Accordingly

空欄前の文では「ネットワークは使用できない」、空欄後では「パソコンの使用を予定に入れないでください」と書かれているので、結論を導く (D) の Accordingly（それゆえに、したがって）が正解。(A) However は「しかしながら」、(B) Otherwise は「そうでない場合は」、(C) Nevertheless は「それにもかかわらず」という意味。

133. 正解 A | [正答率 59.0%] 一文選択

(A) Before leaving on Friday, please shut down your computers completely.
(B) The network should be operational again by this time tomorrow.
(C) Please follow the steps outlined above before the end of the week.
(D) I would like to have some volunteers help me out on Sunday.

(A) 金曜日に退社する前には、完全にパソコンの電源を切るようにしてください。
(B) ネットワークは明日の今ごろまでに再び稼働しているはずです。
(C) 週末までに上記で示した手順に従ってください。
(D) 日曜日に何人かのボランティアの方に手助けをお願いいたします。

①からネットワークの定期メンテナンスが行われるのは日曜日だとわかる。また空欄後には、日曜にパソコンを使う必要がある人への案内が続いている。空欄に、定期メンテナンスに向けて金曜日にパソコンの電源を完全に切るよう求める (A) を入れれば、前後とうまくつながる。(B) はメモの日付とメンテナンスの実施日から、明日はまだメンテナンスが完了していないことがわかるので誤り。(C) の steps（手順）や (D) の volunteers（ボランティア）は本文で触れられていない。

134. 正解 C | [正答率 65.5%] 語彙／文脈

(A) abundant (B) sufficient
(C) limited (D) sizeable

空欄には名詞 supply「供給、支給」を修飾するのに適切な形容詞が入る。空欄を含む文の後半に laptops will be available on a first-come, first-served basis「ノートパソコンは先着順で利用可能」とあり、ノートパソコンの数に限りがあることが推測できる。よって、(C) limited「限られた」が正解。(A) abundant「豊富な、たくさんの」、(B) sufficient「十分な」、(D) sizeable「かなりの、相当な」はどれも文脈に合わない。

Questions 135-138 refer to the following e-mail.

From: Ricardo Garcia <rgarcia@nathanscuisine.uk>
To: Selena Quince <squince@gangle.uk>
Subject: Catering order
Date: July 31

Dear Ms. Quince,

Thank you for choosing Nathan's Cuisine. I am writing about the order for 40 that you placed online on July 28.

In accordance with your --135.--, we will be sure to include a selection of gluten-free items.

You also asked that no dairy be included in any of the dishes. --136.--. ①However, most of our recipes include some sort of dairy, such as milk, cheese, or butter. --137.-- the cost of substitute items (almond milk, vegan cheese, etc.) is higher, we need to raise the estimated total price of your order from £375 to £413. --138.-- you wish to change your order because of this, please let us know as soon as possible.

Best regards, and thank you again,

Ricardo Garcia

135-138 番は次のメールに関するものです。

差出人：リチャード・ガルシア <rgarcia@nathanscuisine.uk>
受信者：セレナ・クインス <squince@gangle.uk>
件名：ケータリングのご注文
日付：7月31日

クインス様

Nathan's Cuisine をお選びいただき、ありがとうございます。7月28日にオンラインで承りました40名様のご注文に関して、メールを書いております。

ご要望の明細通り、選りすぐりのグルテンフリーの料理を必ずご用意いたします。

また、どの料理にも乳製品を一切使用しないようにとのご要望もいただきました。**これは私たちが確実に対応できることです。** しかしながら、私どものレシピのほとんどには、牛乳、チーズ、バターといった何らかの乳製品が含まれます。代わりに使用する食材（アーモンドミルク、ヴィーガンチーズなど）は高額なので、ご注文の見積もりの合計額を375ポンドから413ポンドに上げる必要があります。これが理由でもしご注文内容の変更を希望される場合は、なるべくお早めにご連絡ください。

敬具、再度の感謝を込めて

リチャード・ガルシア

Vocab. □ place an order 注文する □ a selection of 選りすぐりの □ gluten-free グルテンフリーの □ dairy 乳製品 □ substitute 代替の **選択肢** □ accommodate ～に応じる

135. 正解 D | [正答率 62.2%] 語彙

(A) complications (B) cancellations
(C) installations (D) specifications

空欄の前にある In accordance with は「～に合わせて」という意味の慣用表現。また、空欄の後ろには「選りすぐりのグルテンフリーの料理をご用意いたします」とある。何に合わせて料理を用意するのかを考えれば、(D) specifications「(注文内容の) 明細」が適切だとわかる。(A) complication(s) は「混乱のもと」、(B) cancellation(s) は「取り消し」、(C) installation(s) は「取り付け」という意味。

136. 正解 A | [正答率 37.5%] 一文選択

(A) This is something we can definitely do.
(B) I'm afraid this request cannot be accommodated.
(C) We would like you to clarify this statement.
(D) I will ask our chef if this will be possible.

(A) これは私たちが確実に対応できることです。
(B) 残念ながらこのリクエストにはお応えできません。
(C) このご意見を明確にしていただきたいと思います。
(D) これが可能かどうか、私どものシェフに尋ねてみます。

空欄に続く①を見ると、前後の内容を対比させる接続副詞の However (しかしながら) で始まり、レシピのほとんどには乳製品が含まれていること、さらに代替の食材は高額なので値上げが必要であることが述べられている。これに対比する内容として、乳製品を抜いた料理を提供することは可能であることを伝える (A) が文脈に合う。(B)、(C)、(D) はいずれも後の内容とかみ合わない。

137. 正解 B | [正答率 53.5%] 語彙／文脈

(A) Before (B) Since
(C) So (D) Even if

空欄を含む文のカンマの前後がどんな関係なのかを考える。カンマ前の the cost of substitute items ... is higher「代わりの食材は高額」は、カンマ後の we need to raise the estimated total price of your order「注文の見積もりの合計額を上げる必要がある」の理由となる。したがって、理由を導く接続詞の (B) Since「～なので」が正解。

138. 正解 A | [正答率 59.2%] 構文・語法

(A) Should (B) Do
(C) Have (D) That

空欄を含む文は 2 つの節で構成されている。疑問文や命令文ではないので、(B) Do と (C) Have は不適切。(D) That で始まる名詞節を作ってもそれを受ける動詞がない。正解は (A) Should となる。Should you wish to *do*「もし～したい場合」は、If you should wish to *do* の If が省略されて、should が文頭に出た倒置文。Part 7 でも頻出の表現なので押さえておこう。

Questions 139-142 refer to the following letter.

November 10

Brad DeVille
Heckendorf Supplies
364 Industrial Lane
New York, NY 10016

Dear Mr. DeVille:

It has been a while since we worked together. I completed my bachelor's degree in the spring, and am now looking for -------(139.). It's been more difficult than I expected, but ①I have found a few openings that look promising. I -------(140.) a couple of interviews. The first is actually with one of your clients, Maddox Paint, and is set for December 15. ②I am writing to ask if you would be willing to write me a letter of reference -------(141.) of this interview. There is no hurry, since the interview is more than a month away.

I know that your firm has an excellent business relationship with Maddox. -------(142.).

Thank you in advance for your time and your assistance.

Best Regards,

Harriet Ito

139-142 番は次の手紙に関するものです。

11月10日

ブラッド・デヴィル様
Heckendorf Supplies 社
インダストリアル通り 364 番地
ニューヨーク　ニューヨーク州　10016

デヴィル様

お仕事をご一緒してからご無沙汰しております。私はこの春に学士号を取得し、現在就職活動をしています。予想していた以上に厳しい状況ですが、期待できそうな求人をいくつか見つけました。数社との面接を予定しています。最初の面接は実は御社と取引のある Maddox Paint 社で、12 月 15 日に行う予定です。面接の前に私に推薦状を書いていただきたく、ご連絡を差し上げました。面接は 1 カ月以上先なので、急ぎの用ではございません。

御社は Maddox 社と素晴らしいビジネス関係を築いていると存じています。**デヴィル様の推薦をいただければ、大きな支援になると思っております。**

お時間とお力添えに前もって感謝申し上げます。

よろしくお願いいたします。

ハリエット・イトウ

Vocab. □ bachelor's degree 学士号　□ opening 求人
□ promising 見込みのある、(成功が) 期待できる　**選択肢** □ on *one's* behalf ～の代わりに

139. 正解 D | [正答率 63.0%] 語彙／文脈

(A) education (B) investment
(C) personnel (D) employment

空欄後の①で I have found a few openings「いくつか求人を見つけました」とあるので、(D) employment「仕事、雇用」を入れて「仕事を探しています」とするのが適切。(A) education は「教育」、(B) investment は「投資」、(C) personnel は「(集合的に) 職員、人事部」という意味。

140. 正解 B | [正答率 33.5%] 動詞／文脈

(A) am scheduled (B) have scheduled
(C) will schedule (D) was scheduled

選択肢には動詞 schedule「～を予定する」のさまざまな形が並んでいる。空欄の後ろに a couple of interviews「いくつかの面接」という目的語があるので、能動態が必要。また空欄直後の文で The first ... is set for December 15「最初（の面接）が 12 月 15 日の予定だ」と書いているので、〈すでに予定を組んでいること〉を表す現在完了形の (B) have scheduled が適切。(C) will schedule は未来を表し、これから予定を組むことになる。(A) am scheduled と (D) was scheduled は受動態。

141. 正解 A | [正答率 46.3%] 語彙

(A) in advance (B) before
(C) in time (D) prior

空欄直後に of があるので、in advance of「～の前に」という慣用表現を作る (A) が正解。(B) before「～の前に」は of がなければ正解となる。(C) は in time for で「～に間に合うように」、(D) は prior to で「～の前に」という意味。

142. 正解 C | [正答率 67.1%] 一文選択

(A) Let me know if you find someone suitable.
(A) 適任の方がいましたらお知らせください。

(B) I am happy to conduct the negotiations on your behalf.
(B) あなたの代わりに喜んで交渉を行います。

(C) I feel that your recommendation would be very helpful.
(C) あなたからの推薦をいただければ、大きな支援になると思っております。

(D) Thank you for your continued support of our business.
(D) 引き続き弊社をご支援いただきありがとうございます。

手紙を締めくくるのにふさわしい一文を選ぶ問題。第 1 段落後半②の I am writing to ask if you would be willing to write me a letter of reference「私に推薦状を書いていただきたく、ご連絡を差し上げました」から推薦状を依頼していることがわかるので、(C) が適切。(A) は募集している企業側の発言なので文脈に合わない。(B) は何の交渉かが不明、(D) も求職中の状況にはそぐわない。

Questions 143-146 refer to the following article.

Glasgow (18 March)—Since its establishment almost four decades ago, Camden Cycles has become an internationally recognized brand. -------. (143.) The phrase "Pedal into the Future" has appeared in the firm's ads for 12 years. "① We are constantly looking forward and trying to innovate," wrote CEO Lachlan Arbuckle on Camden's Web site. -------, (144.) Camden Cycles announced last week that it will re-release its iconic Hamish model, a children's bicycle that has been out of production for more than 20 years. The bike will be exactly like the original model and will even be made using the same materials. This limited-edition production run of 30,000 units will surely appeal to ------- (145.) adults; indeed, almost 10,000 of the units have already been presold. The Hamish cycles ------- (146.) to be commercially available by 1 May.

143-146 番は次の記事に関するものです。

グラスゴー（3月18日）—約40年前の創業以来、Camden Cycles社は国際的に評価される企業に成長した。**同社のスローガンもよく知られている。**「ペダルをこいで未来へ」という言葉は同社の広告に12年間掲載されてきた。最高経営責任者のラックラン・アーバックル氏は「弊社は常に未来に目を向け、絶えず革新しようとしています」と同社のウェブサイトに書いている。驚くべきことに、同社は20年以上の間製造を中止していた子供用自転車で会社の象徴であるハミッシュモデルの再発売を先週発表した。この自転車はオリジナルモデルとまったく同じ外観で、さらに同じ素材を使って製造される予定だ。この3万台限定生産モデルは昔を懐かしむ大人の関心を間違いなく集めるだろう。実際、すでに1万台近くが予約販売されている。ハミッシュモデルの自転車は5月1日までに市販される見込みだ。

Vocab. □ innovate 革新する □ out of production 製造中止で
□ presell ～を予約販売する、事前販売する □ commercially 商業的に
選択肢 □ step down 辞任する □ undertaking（大変な）仕事

143. 正解 C | [正答率 62.5%] 一文選択

(A) The firm has recently faced financial problems.
(A) 同社は最近、財政的な問題に直面した。

(B) Lachlan Arbuckle announced that he plans to step down.
(B) ラックラン・アーバックル氏は辞任する意向を発表した。

(C) The company's slogan has become equally well known.
(C) 同社のスローガンも同様によく知られている。

(D) Establishing a business is not an easy undertaking.
(D) 会社を立ち上げるのは容易なことではない。

記事の冒頭に「Camden Cycles 社は国際的に評価される企業に成長した」とあり、会社の知名度が高いことがわかる。さらに、空欄後の文で "Pedal into the Future" というキャッチフレーズを紹介し、「12 年間広告に掲載されてきた」と述べているので、(C) が前後の流れに合う。

144. 正解 B | [正答率 48.2%] 語彙／文脈

(A) Alternatively
(B) Surprisingly
(C) Similarly
(D) Ideally

文脈に合う副詞を選ぶ問題。空欄前の①に「常に未来に目を向け、絶えず革新しようとしている」とあるのに対し、空欄の後ろでは「20 年以上の間製造を中止していた子供用自転車を再発売する」と、これまでとは異なる方針を発表している。よって、(B) Surprisingly「驚くべきことに、意外にも」が適切。(A) Alternatively は「あるいは」、(C) Similarly は「同様に」、(D) Ideally は「理想的には」という意味。

145. 正解 D | [正答率 46.4%] 語彙／文脈

(A) historic
(B) residential
(C) productive
(D) nostalgic

過去に製造中止になったハミッシュモデルについて「3 万台限定生産モデルは～の大人の関心を間違いなく集めるだろう」と書かれているので、(D) nostalgic「昔を懐かしむ」を入れれば意味が通る。(A) historic は「歴史上重要な」、(B) residential は「住宅の」、(C) productive は「生産的な」という意味。

146. 正解 A | [正答率 48.2%] 動詞

(A) are expected
(B) will expect
(C) expected
(D) are expecting

選択肢には動詞 expect「～を期待する」のさまざまな形が並んでいる。主語の The Hamish cycles は「期待される」側なので、受動態の (A) are expected が適切。be expected to *do* で「～することが期待される、～する見込みである」という意味。(B) will expect、(C) expected、(D) are expecting はいずれも能動態なので不適切。

Part 5

No.	ANSWER	No.	ANSWER	No.	ANSWER
101	C	111	C	121	C
102	B	112	C	122	C
103	D	113	C	123	D
104	D	114	C	124	B
105	C	115	D	125	B
106	A	116	B	126	D
107	A	117	D	127	D
108	A	118	A	128	A
109	B	119	B	129	D
110	A	120	D	130	D

Part 6

No.	ANSWER	No.	ANSWER
131	D	141	A
132	D	142	C
133	A	143	C
134	C	144	B
135	D	145	D
136	A	146	A
137	B		
138	A		
139	D		
140	B		

Level 2 ››› 730点 模試 ▸ Test 5

101. 正解 D | [正答率 55.5%] 品詞

The consultant criticized Sundry Manufacturing for its ------- on a single supplier of microchips.

(A) rely (B) reliable (C) reliant (D) reliance

空欄直前に所有格 its があるので、名詞の (D) reliance「依存」が正解。reliance on で「～への依存」となる。(A) rely「依存する、頼る」は動詞、(B) reliable「信頼できる」と (C) reliant「依存している」は形容詞。

訳 そのコンサルタントは、マイクロチップの供給を 1 社に依存していることで Sundry Manufacturing 社を批判した。

Vocab. □ supplier 供給業者

102. 正解 C | [正答率 55.8%] 動詞

His absence from important senate meetings ------- the voters who supported the candidate.

(A) was angered (B) was angry (C) has angered (D) had been angered

問題文から修飾語句を取り払うと、absence ------- the voters という SVO の骨組みが残り、空欄には the voters「有権者たち」を目的語にとる他動詞の能動態が入るとわかる。正解は、anger「～を怒らせる」の現在完了形である (C) has angered。

訳 重要な上院の会議を欠席したことが、その候補者を支持した有権者たちを怒らせた。

Vocab. □ voter 有権者

103. 正解 A | [正答率 58.9%] 語彙

------- minor difficulties with the sound system, Ms. Teller's speech went quite smoothly.

(A) Aside from (B) Let alone (C) In lieu of (D) According to

選択肢はすべて 2、3 語から成る前置詞または前置詞的な機能を持つ語句。空欄後の名詞句 minor difficulties ... system を目的語にとり、主節との適切な文脈関係を成立させるのは (A) Aside from「～は別として」。(B) Let alone「～は言うまでもなく」は、否定文の後で用いられることが多い。(C) In lieu of は「～の代わりに」、(D) According to は「～によれば」という意味。

訳 音響システムに小さな問題があったことを除けば、テラーさんの講演はとても順調に進んだ。

Vocab. □ minor 些細な

104. 正解 C | [正答率 52.2%] 品詞

Artemis, Inc. will make ------- increases in its research and development budget starting next year.

(A) significantly (B) significance (C) significant (D) signify

空欄を省いても make increases「増やす」という〈動詞＋目的語〉がそろっているので、直後の名詞 increases を修飾する形容詞の (C) significant「かなりの、重要な」を選ぶ。(A) significantly「かなり」は副詞、(B) significance「重要性」は名詞、(D) signify「～を示す」は動詞。

訳 Artemis 社は、来年から研究開発予算を大幅に増やす予定だ。

Vocab. □ research and development 研究開発

105. 正解 D | [正答率 43.4%] 語彙

Talented salespeople are always searching for creative ways to ------- more sales.

(A) concentrate (B) populate (C) escalate (D) generate

空欄の後にある名詞 sales「売上」を目的語にとる動詞として適切なのは、(D) generate「～を生み出す」。(A) concentrate は「～を集める」、(B) populate は「～に住む」、(C) escalate は「～を段階的に増大させる、増大する」という意味。

訳 才能のある販売担当者は、より多くの売上を生み出すための斬新な方法に常に目を光らせている。

Vocab. □ talented 才能のある

106. 正解 B | [正答率 55.7%] 前置詞

Myla woke up at 4 A.M. to ensure that she would start her workday ------- schedule.

(A) before (B) ahead of (C) advance (D) under

空欄には直後の名詞 schedule を目的語にとる前置詞が入る。「～より早く」という意味を表す前置詞の (B) ahead of が正解。(A) before を「～より前に」という意味の前置詞として用いる場合は、〈時〉を表す語が目的語になければならない。(C) advance は名詞では「前進」、動詞では「前進する［させる］」という意味。慣用表現の in advance「前もって」も覚えておきたい。

訳 マイラは午前 4 時に起きて、スケジュールよりも早く彼女の仕事日が始められるようにした。

Vocab. □ ensure that ... …を確実にする □ workday 仕事日、平日

107. 正解 C | [正答率 52.2%] 関係詞

The Employer of the Year prize is awarded to the organization ------- workers report the highest levels of job satisfaction.

(A) some (B) those (C) whose (D) which

空欄前の the organization「組織」を先行詞にとる関係代名詞が求められている。空欄直後に名詞 workers「従業員」があり、the organization と workers の間に「組織の従業員」という関係が成り立つので、所有格の (C) whose が入る。(D) which は主格・目的格の関係代名詞。(A) some と (B) those は代名詞。

訳 年間最優秀企業賞は、従業員が最も高い仕事満足度を報告した組織に与えられる。

Vocab. □ job satisfaction 仕事満足度

108. 正解 A | [正答率 57.8%] 動詞

The faculty discussed problems that many teachers at the school ------- recently in their classrooms.

(A) have encountered (B) is encountering
(C) encounters (D) was encountering

選択肢には動詞 encounter「～に遭遇する」のさまざまな形が並んでいる。空欄のある節を導く that は直前の名詞 problems「問題」を先行詞にとる関係代名詞（目的格）。that 節の骨組みを抜き出すと teachers ------- problems となり、空欄には、主語である複数名詞の teachers に正しく対応する述語動詞が必要だとわかるので、(A) have encountered が正解。ほかの選択肢はすべて主語が単数名詞である場合に用いる形。

訳 教職員たちは、近ごろ学校の多くの教師が教室で直面した問題について話し合った。

Vocab. □ faculty 教職員

109. 正解 B | [正答率 52.0%] 品詞／構文

------- in the conference information package is a booklet of coupons for local attractions.

(A) Enclosure (B) Enclosed (C) Enclose (D) Enclosing

この文は A booklet of coupons for local attractions is ------- in the conference information package. だったものが、倒置を起こして語順が入れ替わっている。主語の booklet と enclose「～を同封する」の関係を考えると「同封される」という受け身の関係にあるので、過去分詞形の (B) Enclosed を選ぶ。

訳 会議の案内パッケージの中には地元の観光名所のクーポン冊子が同封されている。

Vocab. □ attraction 観光名所

110. 正解 B | [正答率 42.3%] 語彙

Cabruzzi Castle, which is now the ------- of billionaire Miles Goodfellow, was constructed by Abramo Silva 450 years ago.

(A) occupation (B) residence (C) status (D) livelihood

be 動詞には等号 (=) の役目がある。Cabruzzi Castle = construct された (もの)、そしてwhich の先行詞が Cabruzzi Castle であることから、「Cabruzzi Castle =空欄= construct された (もの)」となる。「Cabruzzi Castle という construct されたもの」に一致するのは、(B) residence「邸宅」。(A) occupation は「職業、占有」、(C) status は「地位」、(D) livelihood は「生計 (の手段)」という意味。

訳 現在、億万長者マイルズ・グッドフェロー氏の邸宅となっている Cabruzzi 城は、450 年前にアブラモ・シルヴァによって建てられたものだ。

Vocab. □ billionaire 億万長者

111. 正解 A | [正答率 40.2%] 前置詞

------- gas prices on the increase, analysts predict that consumers will significantly cut back on their driving miles.

(A) With (B) To (C) For (D) By

空欄後に〈名詞 (gas prices) +前置詞句〉が続いている構造と、文頭からカンマまでの部分が主節の内容の〈根拠〉を表しているという文脈上の関係から (A) With を選ぶ。〈with + X +前置詞句〉の形で「X が～なので」という意味。

訳 ガソリン価格の上昇で、アナリストたちは消費者が走行距離を大幅に削減するだろうと予測している。

Vocab. □ significantly 大幅に、著しく □ cut back on ～を削減・縮小する

112. 正解 C | [正答率 63.6%] 品詞

Good Day Thrift accepts donations of ------- clothing, provided each item is wearable, with no holes or tears.

(A) useless (B) use (C) used (D) using

donations of ------- clothing「～な衣類の寄付」に注目し、clothing を修飾でき、文意に沿う形容詞の (C) used「中古の」を選ぶ。(A) useless は形容詞だが、「役に立たない」という意味なので文脈に合わない。なお、カンマの後の provided は「～という条件で」という意味。

訳 Good Day Thrift では、まだ着ることができ、穴や破れがない品物に限り、古着の寄付を受け付けております。

Vocab. □ wearable 着用できる □ tear 破れ

113. 正解 D ｜［ 正答率 48.5% ］ 語法／構文

Those who wish to make suggestions regarding the proposal should do ------- on their own copies and then submit those to Ms. Nevin.

(A) as (B) to (C) such (D) so

この文の主語は Those who wish ... proposal「その企画に関して提案したい人」。(D) so を選べば、do so「そのようにする」と前述の内容を示せる。

訳 その企画に関して提案したい人は、自分の企画書のコピーに提案を入れて、ネヴィンさんに提出してください。

114. 正解 A ｜［ 正答率 57.8% ］ 語彙／語法

A sudden decrease in personnel forced Mr. Loughlin to put off ------- for an additional year.

(A) retiring (B) dismissing (C) replacing (D) discharging

空欄は put off (*doing*)「(～すること) を延期する」の *doing* (動名詞) 部分にあたる。空欄の後ろに前置詞 for が続いていることから、目的語をとらない自動詞 retire「退職する」の動名詞である (A) retiring を選ぶ。(B) と (D) の dismiss/discharge は「(人) を解雇する」、(C) の replace は「(人) に取って代わる」という意味の他動詞。

訳 人員が急に減ったことで、ロックリンさんは退職をもう 1 年先延ばしにせざるをえなくなった。

115. 正解 B ｜［ 正答率 55.5% ］ 前置詞 vs 接続詞

We cannot offer high hourly pay, ------- it is difficult to attract qualified candidates for the job.

(A) because (B) so (C) if (D) before

カンマの前では「高時給を出せない」という〈理由〉、後ろでは「候補者を集めるのは難しい」という〈結論〉を述べている。よって、〈結論〉を導く接続詞の (B) so を選ぶ。(A) because は〈理由〉、(C) if は〈条件〉、(D) before は〈時〉を示す節を導く。

訳 高額な時給を出すことができないので、その職に就く有能な候補者を集めるのは難しい。

Vocab. □ hourly pay 時給 □ qualified 有能な

116. 正解 C | [正答率 45.7%] 代名詞

Bob's Burgers plans to reintroduce the Jumbo Cheeseburger, which was a popular menu item of ------- in the past.

(A) they (B) their (C) theirs (D) them

選択肢にはBob's Burgersを指す代名詞theyの格の異なる形が並んでいる。空欄の前にa popular menu item ofとあり、空欄に所有代名詞の(C) theirsを入れればa popular menu item of theirsで「彼らの人気商品の一つ」となる。

訳 Bob's Burgersは過去に人気商品だったジャンボ・チーズバーガーを再度発売する計画だ。

Vocab. □ reintroduce ～を再発売する、再導入する

117. 正解 A | [正答率 41.3%] 前置詞

To ensure continued Internet service, it is advisable to pay your bill ------- a timely manner.

(A) in (B) on (C) for (D) along

空欄後の名詞manner「やり方」を目的語にとる前置詞は、〈様態〉を表す(A) in。〈in a/an＋形容詞＋manner〉で「～なやり方で」という意味。in a timely mannerで「タイミングよく、迅速に」となる。(B) onは〈接触〉、(C) forは〈目的〉〈対象〉、(D) alongは〈方向〉などを表す。

訳 継続したインターネットサービスを確保するため、支払いは期限内に行うのがよい。

Vocab. □ advisable 賢明な、望ましい

118. 正解 D | [正答率 48.2%] 品詞

Overseas internships are available to candidates with certain -------, such as fluency in a foreign language.

(A) qualified (B) qualification (C) qualify (D) qualifications

空欄前のwithの目的語となる名詞が必要。名詞は(B) qualification「能力、適性」(単数)と(D) qualifications(複数)。certainの前に単数を示すaがないことから、正解は(D)。(A) qualified「適任の」は形容詞、(C) qualify「(人に)～する資格を与える」は動詞。

訳 海外実務研修は、外国語の流暢さなど一定の技能を有する応募者を対象としています。

Vocab. □ fluency 流暢さ

119. 正解 B | [正答率 55.6%] 語彙

The investigation into the fire is focusing on the possibility that the sprinkler system had not been ------- installed.

(A) exactly (B) properly (C) potentially (D) strictly

選択肢はすべて副詞。空欄後の過去分詞 installed「設置される」を適切に修飾できる意味を持つのは (B) properly「きちんと」のみ。(A) exactly は「まさに、厳密に」、(C) potentially は「潜在的に」、(D) strictly は「厳格に、厳密に」。

訳 その火事に対する調査では、スプリンクラー装置がきちんと設置されていなかった可能性に焦点を当てている。

Vocab. □ investigation 調査 □ install ～を設置する

120. 正解 A | [正答率 50.0%] 前置詞 vs 接続詞

------- Sarah has finished her portion of the yearly report, the remainder is far from complete.

(A) While (B) Regarding (C) Besides (D) Nevertheless

空欄の後ろからカンマまでに〈主語 (Sarah) ＋動詞 (has finished)〉という節があるので、節をつなぐ接続詞の (A) While「～だが一方で (＝ Although)」が正解。(B) Regarding「～に関して」と (C) Besides「～に加えて」は前置詞なので、節ではなく名詞をつなぐ。(D) Nevertheless「それにもかかわらず」は副詞なので、節や語句をつなぐことができない。

訳 サラは年間報告書の担当箇所を書き終えたが、残りの部分は完成までまだ程遠い。

Vocab. □ far from ～には程遠い

121. 正解 D | [正答率 36.8%] 語彙

Employees with a ------- for biking to work may request a company bicycle in lieu of travel compensation.

(A) priority (B) favor (C) habit (D) preference

空欄直後の前置詞 for と結びつくのは (D) preference「(好みに基づいた) 選択」。preference for で「～を選択すること」。(B) favor「好意、尽力」は in favor of「～のほうを選んで」や in favor with「～に気に入られて」などの慣用表現はあるが、前置詞 for が後に続く用法はない。(A) priority は「優先事項」、(C) habit は「習慣」という意味。

訳 自転車通勤を希望する従業員は、交通費を受給する代わりに、社用自転車の貸し出しを要求することができます。

Vocab. □ in lieu of ～の代わりに □ compensation 支払い、補償

122. 正解 B | [正答率 55.0%] 品詞

The leader kept the training sessions ------- by including a number of group activities.

(A) enjoys (B) enjoyable (C) enjoyment (D) enjoying

空欄前にある動詞 keep は、keep O C「O を C の状態に保つ」という第 5 文型の用法がある。そこで、目的語 O の the training sessions の状態を表す補語 C として、形容詞の (B) enjoyable「楽しい」を選ぶ。(A) enjoys は動詞 enjoy「~を楽しむ」の 3 人称単数現在形、(C) enjoyment「楽しみ」は名詞、(D) enjoying は動名詞または現在分詞。

訳 リーダーがたくさんのグループ活動を取り入れたことで、楽しい研修会になった。

Vocab. □ include ~を加える

123. 正解 D | [正答率 36.9%] 語彙/語法

The city council ------- to enlarge the local airport in order to accommodate much more air traffic.

(A) insists (B) suggests (C) supports (D) proposes

空欄後の to enlarge に注目し、目的語に to 不定詞をとることができる (D) propose(s)「~を提案する」を選ぶ。(B) suggest(s)「~を提案する」は動名詞または that 節を目的語にとる。(C) support(s)「~を支持する」は to 不定詞や動名詞を目的語にとらない。(A) insist(s)「~と主張する」は that 節を目的語にとる。

訳 市議会はさらに多くの発着が可能になるように、地元空港の拡張を提案している。

Vocab. □ city council 市議会 □ accommodate ~を収容する □ air traffic 航空交通量

124. 正解 A | [正答率 45.3%] 語彙

Product testing indicates that consumer response to the new soft drink is likely to be -------.

(A) positive (B) content (C) popular (D) delighted

空欄を含む that 節内は consumer response (to ...) is likely to be -------「(…への)消費者の反応が~になりそうだ」という構造。文脈に合うのは (A) positive「肯定的な」。(B) content は「満足している」、(C) popular は「人気のある」、(D) delighted は「喜んでいる」という意味。

訳 商品テストの結果によると、新しいソフトドリンクに対する消費者の反応は肯定的なものになりそうだ。

Vocab. □ indicate ~を示す □ consumer 消費者

125. 正解 D ｜［正答率 44.6%］ 動詞

The salesperson spoke generously after receiving the award, ------- her success to the high quality of the products she sold.

(A) credited (B) have credited (C) will credit (D) crediting

カンマの前はすでに〈主語＋動詞〉がそろった文なので、本動詞として機能する (B) have credited や (C) will credit は入りえない。目的語となる her success が続いているので、能動態の意味を表す現在分詞 (D) crediting が正解。credit A to B で「B に A の功績があるとする」という意味。

訳 販売員はその賞を受賞した後、自分の成功は、販売した製品の質の高さにあると寛大にも語った。

Vocab. □ generously 寛大に

126. 正解 D ｜［正答率 45.3%］ 品詞

Please note that payment of this invoice is due within 14 days of ------- of the shipment.

(A) receiving (B) receive (C) receptacle (D) receipt

直前の前置詞 of「～の」の目的語となる名詞が必要。単独で前置詞の目的語となれるのは (D) receipt「受領」のみ。ここでは「受領した時」という〈時点〉を含意する。動名詞の (A) receiving「～を受け取ること」が表すのは〈行為〉。選択肢に名詞がある場合、後ろに目的語があるなど動詞機能が必要なければ動名詞は選ばないようにしよう。

訳 この請求書のお支払いは、発送品の受領後 14 日以内となっておりますのでご承知おきください。

Vocab. □ invoice 請求書 □ due 支払うべき □ shipment 発送（品）

127. 正解 B ｜［正答率 45.0%］ 前置詞 vs 接続詞

------- the need for confidentiality about the new design formula, the project team should be kept small.

(A) Although (B) Given (C) Except (D) Because

空欄直後に the need (for confidentiality about the new design formula) という名詞句があるので、名詞をつなぐ前置詞の働きを持ち、文意にも合う (B) Given「～を考慮すると」が正解。(C) Except「～を除けば」も前置詞だが、every day except Sunday のように〈全体＋ except ＋例外〉の形で用いる。(A) Although「～だけれども」、(D) Because「なぜなら」は接続詞。

訳 新しい設計法を極秘にする必要性を考慮すると、プロジェクトチームは少人数にするべきだ。

Vocab. □ confidentiality 機密性 □ formula 製法、方策

128. 正解 A | [正答率 55.9%] 語彙

An egg-free version of this dish is available as an ------- for those wishing to avoid potential allergens.

(A) alternative　(B) obligation　(C) origin　(D) effect

ある料理の卵抜きのものが「何」として入手できるのかを考える。(A) alternative「代替となるもの」が入れば文意に合う。(B) obligation は「義務」、(C) origin は「源」、(D) effect は「結果」という意味の名詞。

訳 この料理の卵抜きのものが、アレルギーを引き起こす物質を避けたい方への代替案としてご提供できます。

Vocab. □ -free ～を含まない　□ allergen アレルギーを引き起こす物質

129. 正解 A | [正答率 41.8%] 品詞／語彙

Many people feel that employing an accountant to prepare their tax returns is ------- the price.

(A) worth　(B) worthy　(C) worthless　(D) worthwhile

空欄後の名詞 the price を目的語にとることができる形容詞 (A) worth「～に値する」が正解。(B) worthy は「立派な」または be worthy of の形で「～を受けるに値する」、(C) worthless は「価値のない」、(D) worthwhile は「価値がある」という意味の形容詞。いずれも、被修飾語となる price とは意味の上でかみ合わず、また定冠詞 the が形容詞と被修飾語の間に入るという語順からも誤り。

訳 多くの人々は、納税申告の準備をするために会計士を雇うことはお金を出す価値があると感じている。

Vocab. □ tax return 納税申告

130. 正解 B | [正答率 48.6%] 語彙

Ocula, Inc. will ------- two mobile clinics in the effort to provide free eye examinations to schoolchildren throughout the county.

(A) deal　(B) contribute　(C) compensate　(D) transmit

空欄後の名詞 two mobile clinics「2 台の移動診療車」を目的語にとり、文意を成立させるのは (B) contribute「～を寄付する」。(A) deal は「～を分配する」、(C) compensate は「～を償う」、(D) transmit は「～を送る、伝える」という意味。

訳 Ocula 社は郡内の学生に無料で視力検査を提供するために、2 台の移動診療車を寄付する予定だ。

Vocab. □ in the effort to *do* ～しようとして

Questions 131-134 refer to the following e-mail.

From: Stone Enterprises
To: Samuel Kim
Date: June 5
Re: Schedule change

Dear Mr. Kim:

I am writing to tell you that Ms. Stone was called away to attend to an urgent family matter, and will be unable to make it to the meeting that -------(131.) for Thursday, June 8 with you at your Honolulu branch.

①She asked me to contact your office to reschedule the meeting. Your assistant, Frank, told me that you have an open time -------(132.) on Tuesday, June 13 from 2 to 4 P.M. I have tentatively arranged your appointment with Ms. Stone for that time. -------(133.). Ms. Stone also asked me to convey her sincere apologies, and wanted to let you know that she appreciates your being patient and -------(134.) regarding this situation.

Best regards,

Eunice Pritt
Executive Assistant

131-134 番は次のメールに関するものです。

送信者：Stone Enterprises
受信者：サミュエル・キム
日付：6月5日
件名：スケジュールの変更

キム様

ストーンは急な家族の用事に対処するため呼び出され、6月8日の木曜日に御社のホノルル支店で予定されていた会議にうかがうことができなくなったことをお伝えするためにご連絡差し上げました。

彼女から、会議の日程変更をするため御社に連絡をとるよう指示を受けました。アシスタントのフランク様から、6月13日火曜日の午後2～4時ですとキム様の都合がつくとおうかがいしました。その時間に仮でストーンとの面会の予定を入れました。**もしご都合が悪ければ、できるだけ早めに私にご連絡ください。**それから、ストーンの心からのお詫びをお伝えするようにと言付かりました。ストーンは今回の件に関し、寛容かつ柔軟なご対応に感謝しております。

よろしくお願いいたします。

ユニース・プリット
役員補佐

Vocab. □ call away ～を呼び出す　□ attend to ～に対処する　□ make it to ～に出席する
□ tentatively 仮に　□ convey ～を伝える

131. 正解 C | [正答率 41.1%] 動詞

(A) had scheduled (B) is scheduling
(C) had been scheduled (D) scheduled

空欄直前の that は関係代名詞で、先行詞は the meeting「会議」となる。会議は「schedule される」ものなので、空欄には受動態が必要。選択肢中、受動態になっているのは (C) のみ。ストーンさんがキム氏と会議の約束をしたのは、家族の急用で呼び出される前なので、過去の一時点より前に起こったことを表す過去完了形（had ＋過去分詞）が使われている。

132. 正解 B | [正答率 49.3%] 語彙

(A) future (B) slot
(C) plenty (D) promise

空欄前の①で会議の日程変更について述べているので、(B) の slot「（時間の）枠」を入れれば、an open time slot「利用できる時間枠」となり、話の流れがうまくつながる。(A) future は「未来」、(C) plenty は「多数」、(D) promise は「約束」という意味。

133. 正解 D | [正答率 53.3%] 一文選択

(A) She will let you know if she is going to be available then.
(B) I've asked Frank if this fits into your schedule.
(C) However, I don't believe she will be available to meet you then.
(D) If this doesn't work for you, contact me at your earliest opportunity.

(A) もし彼女がその時に都合がつけば、彼女があなたにお知らせします。
(B) これがあなたのスケジュールに合うかどうか、私はフランク様に尋ねました。
(C) ですが、彼女はそのときにお会いできないと思います。
(D) もしご都合が悪ければ、できるだけ早めに私にご連絡ください。

メールの書き手は空欄直前の文で暫定的にストーンさんとキム氏の面会の予定を入れたと述べており、その予定に対するキム氏の都合を確認している (D) が文脈に合う。ストーンさんから予定変更の指示があって調整しているので、ストーンさんから連絡するという (A) は不適切。すでにキム氏のアシスタントであるフランクさんと話をした後なので (B) も NG。ストーンさんとキム氏の会議を調整しているので (C) も合わない。

134. 正解 A | [正答率 54.7%] 語彙

(A) flexible (B) accountable
(C) negligible (D) regrettable

空欄を含む your being patient and -------（あなたが辛抱強く～であること）は、appreciates「～に感謝する」の目的語。patient と並んで挙げられる形容詞として適切な (A) flexible「柔軟な、融通の利く」が正解となる。(B) accountable は「責任がある」、(C) negligible は「無視してよい、ごくわずかな」、(D) regrettable は「残念な」という意味。

Questions 135-138 refer to the following advertisement.

Antique Short Story Anthology:
Title: *Sunny Pastimes: Tributes in Tales.*
David Sutherland, Editor.
Introduction by Sean Kravitz.
Bastion Publishing, Wichita, KS, 1871. 289 pages.

This is a wonderful -------(135.) of 23 short stories by various American writers. It celebrates the great outdoors and pays tribute to summertime activities -------(136.) from hiking to swimming. The inside of the cover has been inscribed with a message stating it was a gift in 1871. -------(137.). There is some yellowing of the pages, and the cover shows -------(138.) of wear. However, the binding is in excellent condition, considering how old the book is.
Asking price: $550. Call (555) 643-8820 for inquiries.

135-138 番は次の広告に関するものです。

年代ものの短編小説選集
タイトル : Sunny Pastimes : Tributes in Tales
デイヴィッド・サザーランド編
はしがき : ショーン・クラヴィッツ
Bastion 出版、ウィチタ　カンザス州、1871 年、289 ページ

これは、さまざまなアメリカの作家による 23 編の短編がまとめられた素晴らしい短編集です。素晴らしい野外活動を称賛し、ハイキングから水泳まで多岐にわたる夏の活動を賛美しています。カバーの内側には、この本が 1871 年の贈り物だと書かれています。**そのメモを書いたのは、受け取った人の母親でした。**ページにはいくらか黄ばみがあり、カバーには擦れた跡があります。しかし、この本の年代を考慮すると、状態は良好です。
希望価格 : 550 ドル。お問い合わせは、(555) 643-8820 までお電話ください。

Vocab. □ pay tribute to ～をたたえる　□ inscribe A with B A に B を書く、刻む
□ yellowing 黄ばみ　□ wear 摩耗、傷み　□ binding 製本　□ considering ～を考慮すると
□ asking price 提示価格　□ inquiry 問い合わせ　選択肢 □ volume 本、1 巻
□ refund 返金

135. 正解 C | [正答率 38.5%] 語彙

(A) composer (B) compromise
(C) compilation (D) compartment

空欄を含む文の主語 This は見出しの Antique Short Story Anthology を指している。また、空欄の直後には of 23 short stories「23 編の短編の」とあるので、(C) compilation「編集されたもの」を入れれば「短編集」となり、意味が通じる。(A) composer は「作曲家、作者」、(B) compromise は「妥協」、(D) compartment は「区切られた部分、個室」という意味。

136. 正解 B | [正答率 58.4%] 動詞

(A) have ranged (B) ranging
(C) range (D) ranges

空欄の後ろにはfrom hiking to swimming「ハイキングから水泳まで」が続いているので、空欄には、これと直前の名詞 summertime activities をつなぐ語句が求められていると考えられる。名詞を後ろから修飾できるのは、分詞である (B) ranging。ranging from A to B で「A から B にわたる」という意味。(A) have ranged は現在完了形、(C) range と (D) ranges は動詞または名詞。

137. 正解 A | [正答率 32.7%] 一文選択

(A) The writer of the note was the recipient's mother.
(B) This means the age of the volume cannot be confirmed.
(C) We hope to be able to return it to the original owner.
(D) You must have the receipt if you would like a refund.

(A) そのメモを書いたのは、受け取った人の母親でした。
(B) これは、この本の年代を確認できないことを意味します。
(C) 私たちはこれを元の所有者に返せることを願っています。
(D) もし返金をご希望であれば、レシートが必要です。

空欄直前の文で、カバー内側のメッセージについて説明しており、このメッセージを書いたのはだれなのかを補足する (A) が文脈に合う。本の年代については 1871 年だと明記されているので (B) は誤り。本文の最後に価格が提示されており、それまでの内容からもアンティーク本の販売情報と考えられるため、(C) と (D) は不適切。

138. 正解 C | [正答率 46.0%] 語彙

(A) losses (B) notices
(C) signs (D) suits

空欄の前に「ページに黄ばみがある」と書かれていて、and the cover shows と文を続けているので、本の状態の説明が来ると考える。(C) signs「形跡」を入れれば「カバーに擦れた跡がある」となるので、これが正解。(A) の losses は「消失」、(B) の notices は「通知」、(D) の suits は「スーツ」という意味。

Questions 139-142 refer to the following letter.

Mr. Handyman Home Services
1465 Eagle Lane
Pittsburgh, PA 15238

Dear Sir or Madame:

I would like to appreciate the honesty of your staff at Mr. Handyman. ①My air conditioning system recently stopped working. I reached out to 5 firms, including yours, to investigate the cost of repairing it. The first 4 quotes I received were -------(139.) expensive. One repairperson even told me that I would need to completely replace the entire system.

On Monday, one of your representatives came to give me his estimate. -------(140.). He gave me a quote of -------(141.) over $200 and said that the job would take roughly one hour. He did not have the necessary parts with him, so he -------(142.) on Friday to carry out the repairs. I look forward to being able to cool my home again. I will recommend your firm to everyone I know.

Sincerely,

Adrian Carr

139-142 番は次の手紙に関するものです。

Mr. Handyman Home Services 社
イーグル通り 1465 番地
ピッツバーグ　ペンシルベニア州　15238

ご担当者様

Mr. Handyman のスタッフの誠実さに感謝いたします。自宅の冷房設備が最近故障しました。私は御社を含む 5 社に連絡をとり、修理の費用を調べてもらいました。私が受け取った最初の 4 社の見積もりは非常に高額でした。設備全体を完全に取り替える必要があると言ってきた修理工さえいました。

月曜日に御社の担当者の一人が見積もりを出しにいらっしゃいました。**彼は問題の原因がスイッチの欠陥にあることをすぐに突き止めました。**彼が出した見積額は 200 ドルをわずかに上回る程度で、作業は 1 時間ほどかかるとのことでした。必要な部品をお持ちではなかったので、金曜日に再度いらして修理を行っていただく予定です。また家を涼しくできるようになるのが楽しみです。私の知人全員に御社をすすめます。

ありがとうございました。

エイドリアン・カー

Vocab. □ reach out to ～に連絡をとる　□ firm 会社　□ investigate ～を調べる　□ quote 見積もり
□ representative 担当者　□ estimate 見積もり　□ roughly およそ
□ carry out ～を実行する

139. 正解 D | [正答率 71.8%] 品詞

(A) prohibitive (B) prohibitions
(C) prohibited (D) prohibitively

空欄部分を省いても (The first 4) quotes (I received) [S] were [V] expensive [C] という文の要素がそろっているので、形容詞 expensive を修飾する副詞の (D) prohibitively「法外に」が正解。(A) prohibitive「法外な」は形容詞、(B) prohibitions「禁止」は名詞、(C) prohibited は動詞 prohibit「～を禁止する」の過去形・過去分詞。

140. 正解 D | [正答率 50.0%] 一文選択

(A) He said we would need to remain closed until the work was done.
(A) 彼は、作業が完了するまで私たちは休業する必要があると言っていました。
(B) He told me the machine was broken beyond repair.
(B) その機械は修理ができないほど損傷していると彼は私に言いました。
(C) He declared the system was working perfectly.
(C) その設備は完璧に作動していると彼は断言しました。
(D) He quickly traced the problem to a faulty switch.
(D) 彼は問題の原因がスイッチの欠陥にあることをすぐに突き止めました。

第1段落①で述べているエアコン設備の故障について、空欄前の文で「担当者が見積もりを出しに来た」とあり、空欄直後で見積額や修理の所要時間を伝えている。よって、担当者が問題の原因を突き止めたことを示す (D) が適切。(A) は we が指すものが本文になく、休業についても本文で触れられていない。(B) は beyond repair「修理不可能で」がその後に出てくる修理の所要時間とかみ合わない。修理は必要なので (C) も誤り。

141. 正解 A | [正答率 41.0%] 語法

(A) just (B) more
(C) all (D) many

空欄直後の over「～を上回って」を修飾できる (A) just「たった～だけ、わずかに」が正解。just over「～をわずかに上回って」や just after「～の直後に」のように、差がほとんどないことを表す。(B) more は more than「～より多く」の形で over と同じ意味になる。(C) all は「すべての」、(D) many は「多くの」という意味。

142. 正解 C | [正答率 35.9%] 動詞／文脈

(A) returned (B) to return
(C) is returning (D) had returned

選択肢に動詞 return のさまざまな時制が並んでいる。次の文で I look forward to being able to cool my home again「再び家を涼しくできるのが楽しみ」とあるので、修理はこれから行われるとわかる。よって、予定を表す現在進行形の (C) is returning を入れて「修理を行うために金曜日にまた来る予定だ」とする。(A) returned は過去形・過去分詞、(B) to return は不定詞、(D) had returned は過去完了形。

Questions 143-146 refer to the following article.

Berkeley, August 12—The Municipal Zoning Board -------- (143.) plans for a nuclear power plant on the southeastern outskirts of Berkeley. The president of Palaquin Energy, the company behind the project, said that ①she was pleased by the board's decision. The news has caused anxiety among local citizens, many of whom were present at yesterday's -------- (144.). The proposed plant is also very likely to be protested by anti-nuclear activists.

-------- (145.). Opponents of the decision, however, are worried that the plant poses a danger to the environment. When asked to comment, Board Chair Jaime Towle expressed -------- (146.) that the plant would meet the strict safety standards implemented by the state last year.

143-146 番は次の記事に関するものです。

バークレー、8月12日―市の土地利用委員会はバークレー市南東部郊外での原子力発電所の建設計画を承認した。このプロジェクトを担うPalaquin Energyの社長は委員会の決定に満足していると述べた。このニュースは地元の住民に不安を与えており、多くの人が昨日の票決に出席した。この提案された発電所は反核活動家たちによる抗議も予想される。

この発電所はバークレー地区に何百もの雇用を創出することになる。しかし、決定に反対する人たちは発電所が環境に危険を及ぼすのではないかと危惧している。コメントを求めたところ、委員長のジェイム・トール氏は、この発電所が昨年導入された州の厳しい安全基準を満たすものになると自信を示した。

Vocab. □ nuclear power plant 原子力発電所　□ outskirts 郊外　□ anxiety 不安
□ present 出席して　□ opponent 反対者　□ pose ～をもたらす
□ implement ～を施行する

143. 正解 A | [正答率 57.1%] 動詞／文脈

(A) has approved (B) will approve
(C) to approve (D) was approved

主語 The Municipal Zoning Board に対する動詞を選ぶ。空欄直後に plans という目的語があることから、能動態の (A) has approved と (B) will approve を残す。①の she was pleased by the board's decision「委員会の決定に満足している」から計画はすでに承認されたことがわかるので、現在完了形の (A) has approved が適切。(C) to approve は不定詞。(D) was approved は受動態なので、後ろに目的語をとれない。

144. 正解 C | [正答率 51.9%] 語彙

(A) launch (B) experiment
(C) vote (D) inspection

選択肢に並ぶ名詞の中から文脈に合うものを判断する。第1段落2文目①に board's decision「委員会の決定」とあるので、(C) vote「投票、票決」を入れて「地元住民の多くが昨日の票決に出席した」とすれば自然な流れになる。(A) launch は「開始、発売」、(B) experiment は「実験」、(D) inspection は「検査」という意味。

145. 正解 D | [正答率 32.2%] 一文選択

(A) The disposal of nuclear waste is a prime concern of residents.
(B) The plant will not do much to help reduce carbon emissions.
(C) The project is expected to cost far more than initially expected.
(D) The plant will bring hundreds of new jobs to the Berkeley area.

(A) 核廃棄物の処理が住民の最大の懸念だ。
(B) その発電所は、炭素排出量削減にあまり寄与しないだろう。
(C) そのプロジェクトは当初予想されたよりもはるかにコストがかかると予想されている。
(D) この発電所はバークレー地区に何百もの雇用を創出することになる。

空欄直後の文に〈逆接〉を表す however「しかしながら」があることに着目する。この一文で「決定に反対する人たちは発電所が環境に危険を及ぼすのではないかと危惧している」というマイナス面を伝えているので、空欄にはプラス面を説明している (D) が適切。(A)、(B)、(C) はいずれも後の文に内容がつながらない。

146. 正解 A | [正答率 51.0%] 品詞

(A) confidence (B) confidential
(C) confide (D) confident

動詞 expressed「～を示した」の目的語が欠けているので、名詞の (A) confidence「自信」が正解。(B) confidential「機密の」と (D) confident「自信のある」は形容詞、(C) confide「（秘密など）を打ち明ける」は動詞。

Level 2 | Test 5 | Part 6

Level 2 Test 5 ▸ 正解一覧

Part 5

No.	A	B	C	D	No.	A	B	C	D	No.	A	B	C	D
101	A	B	C	**D**	111	**A**	B	C	D	121	A	B	C	**D**
102	A	B	**C**	D	112	A	B	**C**	D	122	A	**B**	C	D
103	**A**	B	C	D	113	A	B	C	**D**	123	A	B	C	**D**
104	A	B	**C**	D	114	**A**	B	C	D	124	**A**	B	C	D
105	A	B	C	**D**	115	A	**B**	C	D	125	A	B	C	**D**
106	A	**B**	C	D	116	A	B	**C**	D	126	A	B	C	**D**
107	A	B	**C**	D	117	**A**	B	C	D	127	A	**B**	C	D
108	**A**	B	C	D	118	A	B	C	**D**	128	**A**	B	C	D
109	A	**B**	C	D	119	A	**B**	C	D	129	**A**	B	C	D
110	A	**B**	C	D	120	**A**	B	C	D	130	A	**B**	C	D

Part 6

No.	A	B	C	D	No.	A	B	C	D
131	A	B	**C**	D	141	**A**	B	C	D
132	A	**B**	C	D	142	A	B	**C**	D
133	A	B	C	**D**	143	**A**	B	C	D
134	**A**	B	C	D	144	A	B	**C**	D
135	A	B	**C**	D	145	A	B	C	**D**
136	A	**B**	C	D	146	**A**	B	C	D
137	**A**	B	C	D					
138	A	B	**C**	D					
139	A	B	C	**D**					
140	A	B	C	**D**					

Level 2 ››› 730点 模試 ▸ Test 6

101. 正解 C | [正答率 48.2%] 品詞

Angry area residents gathered in protest at the site of the ------- industrial complex.

(A) propose (B) proposal (C) proposed (D) proposing

空欄には直後にある複合名詞 industrial complex「工業団地」を修飾する形容詞の機能を持つ語が入る。過去分詞の (C) proposed と現在分詞の (D) proposing が該当する。propose は「提案する」という意味なので、「工業団地」が「提案する」のか「提案された」のかを考え、「提案された工業団地」という受動態の関係を表す (C) proposed を選ぶ。

訳 怒った地域住民たちは、工業団地の建設予定地で抗議集会を行った。

Vocab. □ industrial complex 工業団地

102. 正解 C | [正答率 47.9%] 語法

The project would call for the construction of a new building ------- requiring an expansion of the workforce.

(A) in addition (B) as well (C) besides (D) furthermore

空欄の後ろには「従業員を増員する必要性」という名詞句が続いているので、前置詞の (C) besides「～のほかに」を選ぶ。(A) in addition と (D) furthermore は「そのうえ」という意味の接続副詞。(B) as well は「同様に」という意味の副詞。

訳 その企画は、従業員の増員のほかに新しい建物の建設を必要とするだろう。

Vocab. □ call for ～要求する □ expansion 拡張 □ workforce 労働力、(全) 従業員

103. 正解 A | [正答率 51.7%] 品詞

This message is ------- you that your picture has won second place in our recent photography contest.

(A) to inform (B) information (C) informed (D) informative

空欄には直後にある you を目的語にとる動詞の機能を果たし、主語 This message の補語にもなる語が入る。この条件を満たすのは to 不定詞の (A) to inform。This message is to inform you that ...「本メッセージにて…をお知らせいたします」はお知らせの文書で頻繁に使われる表現として押さえておきたい。

訳 このメッセージは、このたびの写真コンテストであなたの写真が 2 位を受賞したことをお伝えするものです。

104. 正解 C | [正答率 53.3%] 語彙

The financial district in the city is ------- entirely deserted on most weekends and holidays.

(A) much (B) further (C) almost (D) complete

文法的に不足要素がないことから、空欄には直後の entirely「まったく、すっかり」を修飾する副詞が入るとわかる。(C) almost を入れれば almost entirely で「ほぼ完全に」という意味になり、人通りのない (deserted) 様子をより細かく表現できる。(A) much「非常に」と (B) further「さらに」も副詞だが、entirely とは意味がかみ合わない。(D) complete は「完全な」「～を完了する」という意味の形容詞または動詞。

訳 その街の金融地区は、ほとんどの週末や祝日にほぼ完全に人通りがなくなる。

Vocab. □ deserted さびれた、人通りのない

105. 正解 C | [正答率 62.2%] 品詞

The news conference, ------- scheduled to start at 5 P.M., has been postponed until 7 P.M.

(A) original (B) originates (C) originally (D) originality

空欄はカンマで挟まれた挿入部分。直後の過去分詞 scheduled を修飾できる副詞が入るので、(C) originally「当初は」が正解。挿入句は直前の主語を補足説明しており、which was originally scheduled ... の〈関係代名詞 which ＋ be 動詞〉が省略されている。(A) original「最初の」は形容詞、(B)originates「生じる」は動詞の 3 人称単数現在形、(D) originality「独創性」は名詞。

訳 その記者会見は、当初は午後 5 時に始まる予定だったが、午後 7 時に先送りされた。

Vocab. □ postpone ～を延長する

106. 正解 C | [正答率 40.6%] 数

The coordinators were concerned that there would not be enough ------- at the venue for all of the conference attendees.

(A) slot (B) facility (C) room (D) seat

選択肢はすべて単数形の名詞だが、空欄の前にも選択肢にも不定冠詞 a がない点に注目する。「(空いている) 場所」という不可算名詞の意味を持つ (C) room が正解。(A) slot「細い穴、(時間の) 枠」、(B) facility「設備、場所」、(D) seat「席」はすべて可算名詞。

訳 その会場には会議の出席者全員が入れるだけの十分なスペースがないのではないか、とコーディネーターたちは懸念していた。

Vocab. □ venue 会場

107. 正解 D | [正答率 47.4%] 語彙

Selma Pike was awarded with a beautiful plaque commemorating 25 years of ------- service to the company.

(A) designated (B) delegated (C) deserved (D) devoted

前置詞に挟まれた ------- service の部分に注目する。空欄にはどのようなサービスかを表す語が必要なので、(D) devoted「献身的な」を選ぶ。(A) designated は「指定された」、(B) delegated は「派遣された」、(C) deserved は「相応の」という意味。

訳 セルマ・パイクは、会社への 25 年間の献身的な勤務を記念する美しい盾を贈られた。

Vocab. □ plaque (記念の) 盾 □ commemorate ～を記念する

108. 正解 D | [正答率 57.2%] 動詞

Isabel ------- a notice on the bulletin board after she learned the office Christmas party would be held on December 18.

(A) has posted (B) posts (C) was posting (D) posted

選択肢は動詞 post「(掲示など) を貼る」の異なる時制の形。post の時制を決める〈時〉を示す表現は、after she learned「彼女が知った後」という部分。「～した後」に行った post という行為も過去に行われたと考えられるので、過去時制の (D) posted を選ぶ。

訳 会社のクリスマスパーティーが 12 月 18 日に開催されると知り、イザベルは掲示板にお知らせを貼り出した。

Vocab. □ bulletin board 掲示板

109. 正解 B | [正答率 43.5%] 語彙

The directors held a meeting to discuss an issue that occurred regarding the ------- proposal for the business.

(A) existence (B) expansion (C) experiment (D) excess

選択肢はすべて名詞。空欄にいずれかを入れて、文意に合う複合名詞〈名詞＋名詞〉を作る。直後の proposal「提案」とかみ合うのは (B) expansion「拡大」のみ。(A) existence は「存在」、(C) experiment は「実験」、(D) excess は「過剰」という意味。このように慣用的な結びつきを問う問題にも備えておこう。

訳 重役らは、ビジネスの拡大案に関して発生した問題について話し合うため、会議を開いた。

Vocab. □ occur 発生する □ regarding ～に関して

110. 正解 C | [正答率 40.4%] 品詞

A handbook ------- company rules and regulations will be distributed to everyone after the orientation.

(A) detail (B) details (C) detailing (D) detailed

空欄には直前の主語 A handbook を修飾する形容詞の機能と、空欄直後の company rules and regulations を目的語にとる他動詞の機能をあわせ持つ語が必要。よって、動詞 detail「～を詳述する」の現在分詞である (C) detailing を選ぶ。(D) detailed は過去形・過去分詞。(A) detail と (B) details は動詞、または名詞で「詳細」という意味。

訳 オリエンテーション後、社内の規則や規定について詳細を記したハンドブックが全員に配布される。

Vocab. □ regulation 規定

111. 正解 B | [正答率 45.7%] 前置詞

This 2-hour class will help even first-time public presenters overcome anxiety ------- speaking to a crowd.

(A) among (B) about (C) to (D) at

空欄前後の anxiety「不安」と speaking to a crowd「聴衆に対して話すこと」を適切に結ぶ前置詞は、〈関連〉を表す (B) about「～について」。(A) among は〈位置〉「～の中の」、(C) to は〈到達点〉「～へ」、(D) at は〈一地点〉「～で」を表す前置詞。文中の overcome の前には〈help X (to) *do*〉「X が～するのに役立つ」の to が省略されている。

訳 この 2 時間のクラスは、初めて公の場でプレゼンテーションを行う方でも聴衆に対して話す不安を克服する助けになります。

Vocab. □ help〈人〉*do*〈人〉が～するのを助ける □ overcome ～を克服する

112. 正解 B | [正答率 46.4%] 語彙

The demonstration will ------- advanced technology that may become available to consumers within the next 5 years.

(A) perform (B) feature (C) appear (D) envision

空欄直後の advanced technology「先進技術」を目的語にとる他動詞として、(B) feature「～を目玉として登場させる」を選ぶ。(A) perform「～を行う」と (D) envision「(将来のこと) を頭に描く」は他動詞だが、主に主語が〈人〉の場合に用いる。(C) appear は「現れる」という意味の自動詞。

訳 実演会では、今後 5 年以内に消費者の手に入るようになるかもしれない先進技術が目玉として紹介される。

Vocab. □ available to〈人〉〈人〉の手に入る

113. 正解 D ｜［ 正答率 37.5% ］ 語彙／語法

The plan for the new office building has not been approved, as we are ------- of funds.

(A) lack (B) insufficient (C) few (D) short

空欄前後の are ------- of funds という部分に注目し、〈be 動詞＋ short of〉の形で「～が不足している」という意味を表す形容詞の (D) short を選ぶ。(A) lack は名詞では「不足」、動詞では「～を欠く」という意味。(B) insufficient「不十分な」と (C) few「ほとんどない」は形容詞。

訳 私たちは資金不足なので、新しいオフィスビルの計画は承認されていない。

114. 正解 A ｜［ 正答率 57.9% ］ 語彙

The reception will be a formal event, so appropriate ------- is needed if you plan to attend.

(A) attire (B) policy (C) standard (D) expense

空欄には is needed の主語となり、形容詞 appropriate「ふさわしい」で修飾される名詞が入る。カンマの前で「そのパーティーはフォーマルな行事である」と述べているので、文意に合うのは (A) attire「服装」。(B) policy は「規定」、(C) standard は「水準」、(D) expense は「コスト」という意味。

訳 そのパーティーはフォーマルな行事なので、出席を予定しているならその場にふさわしい服装が必要とされる。

115. 正解 D ｜［ 正答率 42.1% ］ 品詞

The warranty for this portable speaker does not cover damage from ------- to rain or other wet conditions.

(A) exposes (B) exposing (C) exposed (D) exposure

空欄の前後に前置詞 from と to があるので、名詞である (D) exposure「さらすこと、露出」が正解。これを選ぶと、後の to rain or other wet conditions「雨やその他の水没に」にもうまくつながる。(A) は動詞 expose「～をさらす」の 3 人称単数現在形。(B) exposing は他動詞 expose の動名詞なので、空欄の直後に目的語が必要。

訳 このポータブルスピーカーの保証は、雨やその他の水没に起因する損害は対象になりません。

Vocab. □ warranty 保証（書）

116. 正解 C | [正答率 60.1%] 関係詞

Jeff changed the employee schedule without Ms. Laken's consent, ------- is probably going to upset her.

(A) who (B) that (C) which (D) when

空欄の前にカンマがあり、それぞれ changed と is という動詞がある点、また is に対する主語がない点から、空欄には接続詞と代名詞の機能をあわせ持つ関係代名詞が必要とわかる。先行詞はカンマ前の主節全体になっているので、節を先行詞にとってカンマの後で使う非制限用法を持つ (C) which を選択する。

訳 ジェフはラーケンさんの承諾を得ずに従業員のスケジュールを変更したが、おそらくこのことは彼女を動揺させるだろう。

Vocab. □ consent 同意 □ upset ～を動揺させる

117. 正解 A | [正答率 47.2%] 語彙

The manager thought more ads was key to increasing sales, and that price reductions would be the last -------.

(A) resort (B) count (C) place (D) minute

(A) resort が空欄に入れば、last resort「最後の手段」という意味の慣用表現が完成し、文脈に合う。(B) count は「勘定」、(C) place は「場所」という意味。(D) minute「分」を用いた at the last minute「土壇場になって」も覚えておきたい。

訳 部長は、より多くの広告が売上を伸ばす鍵であり、値下げはあくまでも最後の手段とするべきだと考えた。

Vocab. □ ad 広告＝ advertisement □ reduction 削減、減少

118. 正解 C | [正答率 53.7%] 品詞

We ask that work areas be kept neat and organized, as that is a great ------- to the cleaning staff.

(A) helpful (B) helpfully (C) help (D) helping

空欄の前にある be 動詞 is の補語が必要。名詞である (C) help を選択すると、be a (great) help to「～にとって（とても）助けとなる」という表現が完成する。be of (great) help to「～にとって（とても）助けとなる」という表現もあわせて覚えておこう。(A) helpful「役立つ」は形容詞、(B) helpfully「有益に」は副詞、(D) helping は動名詞または現在分詞。

訳 職場をきちんと整えておくようお願いいたします。そうしていただくことで、清掃スタッフはとても助かります。

Vocab. □ neat きちんとした、こぎれいな

119. 正解 A ｜［正答率 46.9%］ 前置詞

The university offered new courses in the hopes of increasing enrollment for the upcoming term and -------.

(A) beyond (B) above (C) within (D) along

for the upcoming term and ------- の部分に注目する。the upcoming term「来学期」から〈時期〉について述べていると判断できるので、(A) beyond「～の先、向こう」を選ぶ。... and beyond の形で「～以降」という意味を表す慣用表現が成立する。なお、in the hope(s) of *doing* は「～することを希望して、期待して」という意味の慣用表現。

訳 来期以降の入学者数が増えると当て込んで、その大学は新しいコースを開設した。

Vocab. □ enrollment 入学者数、入学

120. 正解 B ｜［正答率 49.0%］ 語彙

It is good for business owners to reflect ------- on changes in the market and then adapt to them.

(A) relatively (B) periodically (C) nearly (D) lately

選択肢には副詞が並んでいる。空欄前の動詞 reflect (on)「(～を) 熟考する」を修飾する副詞として適切なのは、(B) periodically「定期的に」。(A) relatively は「比較的」、(C) nearly は「ほぼ」、(D) lately は「最近」という意味。

訳 市場の変化を定期的に熟考し、その変化に対応することは、会社の経営者にとってよいことだ。

Vocab. □ adapt to ～に適応する

121. 正解 C ｜［正答率 41.2%］ 品詞

Classes at Cuisine Francois, a recently established cooking school, ------- in size from two to twenty students.

(A) varies (B) varying (C) vary (D) variety

カンマに挟まれた挿入句と前置詞が導く修飾句を無視すれば、Classes ------- のみが残る。よって、空欄には主語の複数名詞 Classes に対応する動詞が入る。正解は (C) vary「多岐にわたる」。(A) は動詞だが、3 人称単数の主語に対応する形なので、ここでは用いることができない。(B) varying は動名詞または現在分詞、(D) variety「多様性」は名詞。

訳 最近設立された料理学校、Cuisine Francois のクラスの人数は、生徒数 2 人から 20 人までさまざまだ。

122. 正解 D | [正答率 54.6%] 語彙

Alcester's new line of menswear is selling so well that the company is sure to ------- this year's sales forecast.

(A) face (B) see (C) encounter (D) meet

似た意味を持つ動詞の中から、空欄後の sales forecast「販売予測」を目的語にとる他動詞を選ぶ。「(要求、期待) を満たす」という意味を持つ (D) meet が正解。(A) face は「～に直面する」、(B) see は「～を見る」、(C) encounter は「～に遭遇する」という意味。

訳 Alcester 社のメンズウェアの新しいシリーズは非常によく売れているため、同社が今年の販売予測を達成するのは確実だ。

Vocab. □ line 商品シリーズ □ forecast 予測

123. 正解 C | [正答率 55.7%] 前置詞 vs 接続詞

------- the new user system has been installed, everyone will be trained in how to use it.

(A) Already (B) While (C) As soon as (D) In time for

後ろに節が続いているので、空欄には接続詞が必要。接続詞は (B) While「～の間」と (C) As soon as「～するとすぐに」。動詞 (has been installed) が現在完了形なので、〈ある一時点〉を表す節を導く (C) As soon as が正解。(B) While は〈期間〉を表すので、完了時制とは結びつかない。(A) Already「すでに」と (D) In time for「～に間に合って」は副詞。

訳 新しいユーザーシステムが導入され次第、全員、その使い方について訓練を受けることになります。

Vocab. □ install ～を導入する

124. 正解 C | [正答率 41.1%] 動詞

The final version of the brochure might have been ready to print today if the draft ------- been submitted on time.

(A) have (B) should have (C) had (D) has

〈might have ＋過去分詞〉は、「～であったかもしれない」と過去を振り返り、実際の出来事と反対の想定をする仮定法過去完了の形。仮定法過去完了の If 節は、〈If ＋主語＋ had ＋過去分詞〉の形で、過去の事実に反する「もし～していたら」という仮定を表すので、(C) had が正解。実際には「草案が期限通りに提出されなかった」、「最終版を今日印刷する準備ができなかった」という点を確認しておこう。

訳 もし草案が遅れずに提出されていたら、パンフレットの最終版は今日印刷する準備ができていたかもしれない。

Vocab. □ on time 時間通りに、予定通りに

125. 正解 D ｜［正答率 43.5%］ 構文

There is some confusion over ------- will be chairing the director's meeting this month.

(A) how (B) when (C) what (D) who

空欄以下は直前にある前置詞 over の目的語となる名詞節。まず、この節内に主語がない点を確認する。述部が will be chairing「～の議長を務めることになる」となっているので、主語は〈人〉でなければならない。よって、「だれが」という意味の (D) who が正解。

訳 だれが今月の重役会議の議長を務めるのかということについて、多少の混乱がある。

Vocab. □ confusion 混乱 □ chair ～の議長を務める

126. 正解 C ｜［正答率 63.2%］ 代名詞

Our training programs are more thorough and detailed than ------- of other computer schools in the metro area.

(A) this (B) that (C) those (D) it

空欄には名詞 program の反復を避けるための代名詞が必要と考える。空欄の後で of other computer schools「ほかのコンピュータスクールの」と複数校に言及しているので、空欄の代名詞は the programs という複数のプログラムを示さなければならない。この条件を満たすのは (C) those のみ。

訳 当校の研修プログラムは、都市部のほかのコンピュータスクールの研修プログラムに比べ、より徹底された詳しい講座です。

Vocab. □ thorough 徹底的な □ metro area 大都市圏

127. 正解 B ｜［正答率 48.2%］ 品詞／構文

------- in the conference information package is a list of area accommodations.

(A) Inclusion (B) Included (C) Include (D) Including

この文はもともと、A list of area accommodations is ------- in the conference information package. という語順。------- in the conference information package の部分が文頭に出て〈強調〉されたため、主語 a list と動詞 is の倒置が起きている。「リストが含まれる」という受け身の関係にあるので、過去分詞の (B) が正解。(A) inclusion「含めること」は名詞、(C) include「～を含む」は動詞、(D) including「～を含めて」は前置詞。

訳 その会議の情報冊子には周辺の宿泊施設のリストが含まれている。

Vocab. □ accommodations 宿泊施設

128. 正解 C | [正答率 53.2%] 語彙

One of the ceramic vases had been damaged during transit, but all the others were -------.

(A) invaluable (B) incorrect (C) intact (D) infected

2つの文が逆接の but「しかし」で結ばれているので、空欄にはカンマの前の文の補語 damaged「破損した」と対照的な意味を表す (C) intact「無傷である」が入る。(A) invaluable は「非常に貴重な」、(B) incorrect は「間違った」、(D) infected は「感染した」という意味。

訳 配送中に陶器製の花瓶の1つが破損してしまったが、その他の花瓶は無傷だった。

Vocab. □ vase 花瓶 □ transit 輸送

129. 正解 A | [正答率 42.9%] 代名詞

Cool Drinx announced that it will modify the formula for BubbleFizz, a best-selling beverage of ------- for several decades.

(A) theirs (B) them (C) their (D) they

選択肢は Cool Drinx 社を指す代名詞 they の格の異なる形。空欄の前が a best-selling beverage of となっていることから、〈冠詞 (a) ＋名詞 (beverage) ＋ of ＋所有代名詞〉という形が成立するように、所有代名詞の (A) theirs を選ぶ。theirs は「同社の飲料（すべて）」ということ。

訳 Cool Drinx 社は、数十年にわたって同社の最も売れている飲料である BubbleFizz の製法を変えると発表した。

Vocab. □ modify ～を変更する □ formula 製法 □ decade 10年間

130. 正解 C | [正答率 47.1%] 関係詞

This software manual is written to be easily understood by all users, ------- their level of programming knowledge.

(A) however (B) whenever (C) whatever (D) whoever

空欄には後ろの名詞 level を修飾する形容詞的機能を持つ複合関係代名詞 (C) whatever が入る。whatever their level of programming knowledge で「彼らのプログラミング知識のレベルが何であっても→プログラミング知識がどんなレベルであろうとも」という表現が完成する。(A) however「どれほど～であっても」は複合関係副詞なので、後ろに形容詞または副詞が続く。(B) whenever「～のときはいつも」は複合関係副詞、(D) whoever「～する人はだれでも、だれが～でも」は複合関係代名詞。

訳 このソフトウエアの取扱説明書は、プログラミングの知識がどんなレベルのユーザーにもわかりやすく書かれている。

Vocab. □ knowledge 知識

Questions 131-134 refer to the following article.

Harrison (June 10)— ①WebFlix, the movie and TV streaming platform, has announced its -------(131.) to start creating its own shows. Content will include -------(132.) from a range of genres, such as comedies, documentaries, and works of science fiction. WebFlix is not the first streaming service to try its hand in this arena; ②ShuLu, a streaming rival, began putting out its own programs last year. -------(133.). WebFlix wants to achieve similar results. "We are sure that our presentations -------(134.) a wide variety of audiences across the globe," said WebFlix CEO Sharon Emmanuel.

131-134 番は次の記事に関するものです。

ハリソン（6月10日）ー映画やテレビのストリーミングプラットフォームであるWebFlixは、独自番組の制作を開始する意向を発表した。コンテンツにはコメディー、ドキュメンタリー、SF作品といったさまざまなジャンルの作品が加わる予定だ。この分野に乗り出すストリーミングサービスは同社が初めてではない。ストリーミング業界のライバル企業であるShuLuは昨年、独自の番組を制作し始めた。**これらのいくつかは公開されて、批評家から好評を得た。** WebFlixは同様の結果を期待している。同社のCEOシャロン・エマニュエル氏は「弊社が公開する番組は世界中の幅広い層の視聴者に気に入っていただけるはずです」と述べた。

Vocab. □ content コンテンツ　□ a range of 幅広い　□ genre ジャンル
□ try *one's* hand in ～に手を出す、挑戦する　□ arena（活動の）分野
□ put out ～を生み出す、公開する　□ presentation 公開、放映
選択肢 □ debut 初放映される　□ viewership 視聴者数

131. 正解 D | [正答率 61.9%] 品詞

(A) intending (B) intentional
(C) intentionally (D) intention

空欄直前に所有格 its があるので、名詞の (D) intention「意図」が入る。(A) intending は動詞 intend「～を意図する」の動名詞または現在分詞、(B) intentional「意図的な」は形容詞、(C) intentionally「意図的に」は副詞。

132. 正解 B | [正答率 50.0%] 語彙

(A) merchandise (B) productions
(C) viewers (D) devices

空欄の後ろに「コメディー、ドキュメンタリー、SF 作品といったさまざまなジャンル」とあるので、(B) productions「(テレビや映画などの) 制作物、作品」が正解。(A) merchandise は「商品」、(C) viewer(s) は「視聴者」、(D) device(s) は「機器」という意味。

133. 正解 A | [正答率 40.5%] 一文選択

(A) Several of these debuted to critical acclaim.
(B) Subscriptions are free for the first month.
(C) Viewership has been rather low so far.
(D) The cost of creating these programs is very high.

(A) これらのいくつかは公開されて、批評家から好評を得た。
(B) 最初の１カ月はサービスの利用が無料だ。
(C) 視聴者数はかなり少なかった。
(D) これらの番組の制作費はとても高い。

直前の②で WebFlix の競合他社である ShuLu に触れ、空欄の後ろで「WebFlix は同様の結果を期待している」と述べている。よって、ShuLu の番組の成功例を挙げる (A) が前後の流れに合う。critical acclaim は「批評家の称賛」という意味。

134. 正解 C | [正答率 57.1%] 動詞／文脈

(A) are pleased (B) were being pleased
(C) will please (D) have pleased

動詞 please「～を喜ばせる」の態や時制が異なる形が並んでいる。後ろに a wide variety of audiences という目的語があるので、ここは能動態だと判断する。さらに、本文冒頭①の「独自番組の制作を開始すると発表した」から、番組の配信はまだ始まっていないことがわかるので (C) will please が正解。(D) have pleased は能動態の現在完了形。(A) are pleased は受動態の現在形、(B) were being pleased は受動態の過去進行形。

Questions 135-138 refer to the following e-mail.

To: Emilio Garcia <egarcia@finemail.com>
From: Lisa Fleming <lfleming@runfun.com>
Date: March 1
Subject: Summary

Mr. Garcia,

As promised, I'm sending the main points from your ------- (135.) consultation this morning. ①You have set your goal as completing the Dacono Marathon in October. We discussed your training regime and concluded that you need to run four times a week. On each occasion you should work on endurance. Your proposed ------- (136.) is attached to this e-mail.

We also talked about the requirements necessary to reach optimal running stamina. ------- (137.), you should increase your average distance by roughly a mile each week. I have researched a number of running routes to help you achieve this goal. These are included as a second attachment.

------- (138.).

Best regards,

Lisa Fleming, Personal Trainer

135-138 番は次のメールに関するものです。

受信者：エミリオ・ガルシア <egarcia@finemail.com>
送信者：リサ・フレミング <lfleming@runfun.com>
日付：3月1日
件名：概要

ガルシアさん

お約束通り、今朝行った初回相談の要点をお送りします。あなたは10月にDaconoマラソンを完走することを目標に設定しました。私たちはトレーニング法について話し合い、週4回走る必要があるとの結論を出しました。毎回、持久力を鍛える必要があります。トレーニング案をこのメールに添付します。

また、ランニングに最適なスタミナをつけるために必要な要件についても話しました。端的に言うと、平均走行距離を週に約1マイル増やす必要があります。この目標を達成するために役立つランニングルートをいくつか調べました。こちらは2つ目の添付ファイルに記載しています。

3月8日に行われる次のセッションでお会いすることを楽しみにしています。

よろしくお願いいたします。

リサ・フレミング　パーソナルトレーナー

Vocab.
- □ complete ～を完走する、完了する
- □ regime（食養生や運動などの）方法
- □ endurance 持久力、耐久性
- □ requirement 必要条件
- □ optimal 最適な

選択肢
- □ mutual 相互の

135. 正解 C | [正答率 88.1%] 品詞

(A) initially (B) initials
(C) initial (D) initialize

空欄直後に名詞 consultation があるので、名詞を修飾する形容詞の (C) initial「最初の」が正解。(A) initially「最初に」は副詞、(B) initials「イニシャル、頭文字」は名詞、(D) initialize「～を初期化する」は動詞。

136. 正解 B | [正答率 52.5%] 語彙／文脈

(A) performance (B) routine
(C) budget (D) agenda

第 1 段落①でマラソン完走を目標に設定したこと、その後の文でトレーニングの方法について説明しているので、(B) routine「日課、(トレーニングの) メニュー」が文脈に合う。(A) performance は「業績」、(C) budget は「予算」、(D) agenda は「議題」という意味。

137. 正解 A | [正答率 44.8%] 語彙／文脈

(A) In short (B) Alternatively
(C) By contrast (D) Otherwise

選択肢には接続副詞が並んでいる。空欄直前の文で「スタミナをつけるために必要な要件について話した」とあり、空欄後で「平均走行距離を週に約 1 マイル増やす必要がある」と具体的な説明が続くので、(A) In short「端的に言うと、要するに」が適切。(B) Alternatively は「あるいは」、(C) By contrast は「対照的に」、(D) Otherwise は「そうでなければ」という意味。

138. 正解 D | [正答率 33.7%] 一文選択

(A) Thank you for volunteering your time for this race.
(A) この競技に時間を割いていただきありがとうございます。

(B) Please proofread these before we meet next.
(B) 次にお会いする前にこれらを校正してください。

(C) I hope we are able to come to a mutual agreement.
(C) 相互の合意に達することができるように願っています。

(D) I look forward to seeing you for our next session on March 8.
(D) 3 月 8 日に行われる次のセッションでお会いすることを楽しみにしています。

本文の締めくくりにふさわしい一文を選ぶ問題。本文全体の内容から、目標設定やトレーニングの方法について読み手にアドバイスをしたことがわかる。よって、次のセッションへの期待を示す (D) が適切。初回の相談で今後必要なことについて話し合い、結論が出ているので (C) は不自然。(A) は相談を受ける側の発言として不適切。(B) も proofread「～を校正する」が合わない。

Questions 139-142 refer to the following notice.

To: All Guests at the Seabrook Inn

The recent tropical storm that passed through has caused a blackout across the entire island of Wellman. Excel Energy engineers -------(139.) to remedy the situation. ①Some progress has been made, but the island is likely to remain without -------(140.) for the next 24 hours.

Seabrook Inn has its own emergency generators, so most of our services will not be directly affected. However, the shuttle bus to Pimway Beach has been -------(141.) for the remainder of today as well as all of tomorrow. ②This is because the attractions, restaurants and shops there will remain closed over this same time period. -------(142.). We recommend making advance bookings to dine in any of our three restaurants for both dinner tonight and lunch tomorrow ③due to the extra numbers anticipated.

139-142 番は次のお知らせに関するものです。

Seabrook Inn にご宿泊中の皆さまへ

先日通過した熱帯暴風雨により、ウェルマン島全域が停電に見舞われています。Excel Energy の技術者が復旧作業を行っています。部分的な進展は見られますが、今後 24 時間は島の電力供給が止まったままの見込みです。

Seabrook Inn には独自の緊急用発電機があるので、サービスに直接的な影響はほとんどありません。しかしピムウェイ・ビーチ行きのシャトルバスは本日の残りの便と明日の全便の運行を休止します。これは、同じ期間に観光名所やレストラン、店舗が閉鎖するためです。**地元の方々の多くが当ホテルのサービスを利用することが見込まれます。**混雑が予想されるため、本日のご夕食と明日のご昼食に当ホテルの 3 つのレストランでお食事する際は、事前にご予約いただきますことをおすすめいたします。

Vocab. □ tropical storm 熱帯暴風雨 □ blackout 停電 □ remedy ～を復旧する
□ generator 発電機 □ remainder 残り □ make advance bookings 予約する
□ dine 食事をする **選択肢** □ make use of ～を利用する

139. 正解 D | [正答率 50.0%] 動詞／文脈

(A) had worked (B) will have worked
(C) work (D) are working

本文の文脈に合う時制を選ぶ問題。第1段落の冒頭文で blackout「停電」が発生したことを伝え、空欄の後ろの①で Some progress has been made「部分的な進展は見られます」とある。よって、今まさに復旧作業をしていると判断し、現在進行形の (D) are working を入れる。(A) had worked は過去完了形、(B) will have worked は未来完了形、(C) work は原形。

140. 正解 B | [正答率 77.5%] 語彙／文脈

(A) water (B) power
(C) food (D) staff

第1段落全体で停電について通知しているので、(B) power「電力」を入れて「今後24時間は電力供給が止まったままの見込みです」とするのが適切。(A) water「水」、(C) food「食料」、(D) staff「スタッフ」はいずれも文脈に合わない。

141. 正解 A | [正答率 52.5%] 語彙／文脈

(A) canceled (B) continued
(C) reserved (D) expanded

空欄を含む文の後、②で「これは同じ期間に観光名所やレストラン、店舗が閉鎖するためです」と続くので、(A) canceled「中止された」を入れて「シャトルバスの運行を休止します」とすれば、②の This がこの内容を指して自然な流れになる。(B) continued は「継続された」、(C) reserved は「予約された」、(D) expanded は「拡大された」という意味。

142. 正解 C | [正答率 40.0%] 一文選択

(A) Meals in the hotel will only be available from room service.
(B) The problem was probably the result of a mechanical failure.
(C) Many local residents are expected to make use of our services.
(D) For your protection, we have implemented new safety regulations.

(A) 当ホテルでのお食事はルームサービスのみご利用いただけます。
(B) 問題の原因はおそらく機械の故障によるものです。
(C) 地元の方々の多くが当ホテルのサービスを利用することが見込まれます。
(D) 安全のために新しい安全規則を導入しました。

空欄直後の文でレストランの予約をすすめ、その理由として③ due to the extra numbers anticipated「混雑が予想されるため」とある。よって、地元住民がホテルのサービスを利用しに来ることを示す (C) が適切。(A) の「ルームサービスのみ」は後の内容と合わない。停電の原因は暴風雨なので (B) も不適切。(D) の安全規則についても言及されていない。

Level 2 | Test 6 | Part 6

Questions 143-146 refer to the following advertisement.

Included in *Fantastic Travel's* list of top holiday destinations, the island of San Nicolas is the perfect vacation spot for outdoor enthusiasts. -------(143.), visitors can hike through the lush Realto Forest, enjoy stunning views from atop the Cliffs of Pajaro Blanco, or simply relax on the sands of our amazing beaches. San Nicolas also boasts numerous -------(144.) options. These range from luxurious suites at the famous Hotel Amina to camp cots in a shared log cabin on the island's southern edge. Visit us at www.sannicolastourism.sni to read about some of our other attractions and -------(145.) a complete list of activities available to visitors. -------(146.).

143-146 番は次の広告に関するものです。

サン・ニコラス島は Fantastic Travel's 誌で休暇先の上位リストに入っており、アウトドア愛好家にとって最高の休暇スポットです。たとえば、旅行者は緑生い茂るリアルト森をハイキングしたり、パヤロ・ブランコの断崖の上から見事な景色を堪能したり、素晴らしいビーチの砂の上でただただくつろぐこともできます。また、サン・ニコラス島には宿泊施設が数多くあります。有名な Hotel Amina の高級スイートから、島の南端にある共同ログハウス内の折り畳み式ベッドまで多岐にわたります。www.sannicolastourism.sni にアクセスし、その他の観光名所についての情報や、観光客が利用できるアクティビティをすべて含むリストをご覧ください。**今度の休暇を生涯の思い出に残るものにしてください。**

Vocab.
□ destination 行き先、旅行先 □ enthusiast 熱中している人 □ lush 青々と生い茂った
□ stunning 驚くべき □ from atop ～の頂上から □ boast ～を誇る □ numerous 数々の
□ range from A to B A から B にわたる □ luxurious 高級な
□ camp cot キャンプ用の折り畳み式ベッド

143. 正解 B | [正答率 77.0%] 語彙／文脈

(A) As a result　　(B) For instance
(C) Nevertheless　　(D) In contrast

選択肢に接続副詞が並んでいる。直前に「サン・ニコラス島はアウトドア愛好家にとって最高の休暇スポットだ」とあり、空欄の後ろでレアルト森、パヤロ・ブランコの断崖、素晴らしいビーチといった観光地を具体的に挙げていることから、(B) For instance「たとえば (＝For example)」が適切。(A) As a result は「その結果」、(C) Nevertheless は「それにもかかわらず」、(D) In contrast は「対照的に」という意味。

144. 正解 D | [正答率 52.5%] 語彙／文脈

(A) dining　　(B) transportation
(C) venue　　(D) lodging

空欄を含む文は「サン・ニコラス島には〜が数多くある」という意味で、次の文でホテルやログハウスの説明をしている。よって、「宿泊場所」を意味する (D) lodging が前後の流れに合う。(A) dining は「食事」、(B) transportation は「交通手段」、(C) venue は「会場」という意味。

145. 正解 C | [正答率 64.0%] 動詞／文脈

(A) seeing　　(B) have seen
(C) see　　(D) can see

空欄前に to read (about some of our other attractions) という不定詞があり、等位接続詞の and を挟んで ------- a complete list of activities と続いている。そこで、read と同じ原形動詞の (C) see を入れれば、「観光地についての情報を読むため」と「アクティビティの完全なリストを見るため」という 2 つの目的を表す形になる。

146. 正解 A | [正答率 41.0%] 一文選択

(A) Make your next holiday the vacation of a lifetime.
(B) This amazing offer is only good until January 1.
(C) We hope you enjoyed your stay on San Nicolas.
(D) While there, help yourself to a brochure from the front desk.

(A) 今度の休暇を生涯の思い出に残るものにしてください。
(B) この素晴らしい特典は 1 月 1 日までの期間限定です。
(C) サン・ニコラスでのご滞在をお楽しみいただけたことを願っております。
(D) そちらにご滞在の際は、受付でパンフレットをご自由にお取りください。

本文全体でサン・ニコラス島への旅行を宣伝しているので、結びの一文としては (A) が適切。of a lifetime は「生涯に残る、人生で最高の」という意味。(B) の this offer「この特典」は本文に記載がない。(C) はホテルの宿泊客に伝える文。(D) は While (being) there の there が不明で、受付やパンフレットも前の文とつながらない。

Level 2 Test 6 ▸ 正解一覧

Part 5

No.	ANSWER	No.	ANSWER	No.	ANSWER
101	C	111	B	121	C
102	C	112	B	122	D
103	A	113	D	123	C
104	C	114	A	124	C
105	C	115	D	125	D
106	C	116	C	126	C
107	D	117	A	127	B
108	D	118	C	128	C
109	B	119	A	129	A
110	C	120	B	130	C

Part 6

No.	ANSWER	No.	ANSWER
131	D	141	A
132	B	142	C
133	A	143	B
134	C	144	D
135	C	145	C
136	B	146	A
137	A		
138	D		
139	D		
140	B		

Level 3 ››› 900点 模試 ▸ Test 7

101. 正解 B ｜［正答率 40.7%］ 品詞

As the new vehicle had excellent fuel efficiency, Akira thought it was ------- the expense.

(A) worthwhile (B) worth (C) worthy (D) worthiness

空欄直後の名詞 the expense「出費」を目的語にとる前置詞として (B) worth「～の価値がある」を選ぶ。(A) worthwhile「価値がある」と (C) worthy「価値がある」は形容詞なので、冠詞 the の前には置けない。(D) worthiness「価値」は名詞。

訳 新しい車は素晴らしい燃費効率だったので、お金をかけた甲斐があったとアキラは思った。

Vocab.＞ □ fuel efficiency 燃費 □ expense 出費

102. 正解 A ｜［正答率 45.2%］ 語彙／語法

The assembly machine is fully automatic, so no ------- action is needed after pressing start.

(A) further (B) longer (C) later (D) less

no ------- action is needed の部分に注目する。直後の名詞 action「行動」を修飾し、「どのような行動が必要ないのか」を表す形容詞として (A) further「それ以上の」を選ぶ。(B) は no longer で「もはや～でない」、(C) は no later than「遅くても～までに」、(D) は no less で「同程度に」という意味。

訳 その組み立て機械は全自動なので、スタートボタンを押せば後は何も操作する必要がない。

103. 正解 A ｜［正答率 23.3%］ 語彙／語法

The Deluxe Inn provides its guests with ------- accommodations at reasonable prices.

(A) quality (B) convenience (C) comfort (D) favor

------- accommodations は前置詞 with の目的語となる名詞句なので、空欄には名詞 accommodations「宿泊設備」を修飾できる語が入る。選択肢はすべて名詞だが、(A) quality は形容詞的に「質の高い」という意味で後ろの名詞を修飾できる。(B) は convenience food「インスタント食品」、(C) は comfort zone「心地よい環境」など特定の複合語を成す場合に限り、形容詞的に機能する。(D) favor は「好意、親切」という意味。

訳 Deluxe Inn は、来客に低価格で質の高い宿泊施設を提供している。

Vocab.＞ □ accommodations 宿泊施設 □ reasonable 手頃な

104. 正解 B | [正答率 45.6%] 関係詞

PensaCo experienced a large decrease in market share, ------- it attributed to the popularity of their competitor's new product.

(A) when (B) which (C) that (D) who

空欄には a large decrease in market share を受け、後に続く節の目的語として機能する関係代名詞が必要。また、空欄の前にカンマがあり非制限用法となっている。これらの条件を満たすのは (B) which のみ。

訳 PensaCo 社は、市場シェアを大幅に下げ、その原因を競合相手の新製品の人気によるものとした。

Vocab. □ attribute A to B A(結果)を B(原因)に帰する

105. 正解 B | [正答率 25.2%] 前置詞

Much ------- the surprise of all present, the director announced her resignation at Monday's meeting.

(A) on (B) to (C) in (D) at

空欄前後の Much と the surprise of all present から、(B) to を用いて (much) to the surprise of 〈人〉「〈人〉が(大変)驚いたことに」という慣用表現を完成させる。surprise だけでなく dismay「落胆」、delight「喜び」なども同様の形をとる。

訳 居合わせた全員が大変驚いたことに、取締役は月曜の会議の席で辞任する意向を告げた。

Vocab. □ present (その場に)いる

106. 正解 C | [正答率 43.6%] 語彙

Flatirons Crossing is temporarily closed for renovations, but will ------- normal hours of operation on August 1.

(A) remain (B) react (C) resume (D) replace

〈逆接〉の接続詞 but があるので、カンマ前の「閉館となる」と対照的な内容が but の後に続く。空欄後の normal hours of operation「通常営業」を目的語にとり、自然な文脈を作れるのは (C) resume「~を再開する」。(A) remain は「とどまる」、(B) react は「反応する」、(D) replace は「~を入れ替える」。

訳 Flatirons Crossing は改装工事のため一時的に閉館となりますが、8月1日から通常営業を再開いたします。

Vocab. □ temporarily 一時的に □ renovation 改装、修復

107. 正解 C | [正答率 53.3%] 品詞

The city had not planned for such rapid -------, and traffic congestion eventually became quite problematic.

(A) grown (B) grower (C) growth (D) grow

空欄には、plan(ned) for「～に向けて計画する」の目的語で直前の形容詞 rapid「急速な」に修飾される名詞が入る。よって、正解は (C) growth「成長」。(B) grower も名詞だが、「栽培者」という意味なので文意に合わない。(D) grow「育つ、～を育てる」は動詞の原形、(A) grown は過去分詞。

訳 その都市はこれほどの急成長に対する計画を立てていなかったため、交通渋滞がついに大きな問題となった。

Vocab. □ traffic congestion 交通渋滞 □ problematic 問題のある

108. 正解 C | [正答率 47.1%] 語彙／語法

Before releasing their new product, Gart & Sons decided to ------- advice from a professional advertising consultant.

(A) look (B) inquire (C) seek (D) search

空欄直後に目的語 advice があるので、他動詞の (C) seek「～を求める、探す」が正解。(A) look と (D) search は look/search for の形で「～を探す」という意味を表す。(B) inquire は「問い合わせる」。

訳 新製品を発売する前に、Gart & Sons 社はプロの広告コンサルタントに助言を求めることにした。

109. 正解 B | [正答率 31.2%] 前置詞

Financial aid forms are available from the clerk in the main office ------- request.

(A) as (B) upon (C) under (D) at

空欄の後ろにある名詞 request を目的語にとる前置詞として (B) upon を選ぶ。upon request で「依頼・請求があれば」という意味の慣用表現が完成する。(D) at は at *one's* request「～の依頼により」の形で用いる。

訳 お申し出いただければ、資金援助の申込書は本社の受付の者から入手できます。

Vocab. □ aid 援助 □ clerk 受付、事務員

110. 正解 A | [正答率 37.6%] 動詞

Yoga is often recommended as an activity that can help ------- stress.

(A) reduce (B) reduces (C) reducing (D) be reducing

動詞 help の後に続く準動詞の形が問われている。〈help (to) ＋動詞の原形〉「～するのに役立つ」という形をとるので、(A) reduce「～を減らす」が正解。(B) reduces は 3 人称単数現在形、(C) reducing は動名詞または現在分詞。

訳 ヨガはストレス解消に役立つ活動として、たびたび推奨されている。

111. 正解 A | [正答率 51.9%] 品詞／数

Overseas ------- for the new swimwear line have not yet been fully explored by the company.

(A) markets (B) marketing (C) marketability (D) market

空欄には動詞 have not yet been fully explored の主語となり、形容詞 Overseas「海外の」に修飾される名詞が入る。助動詞 have と数を一致させて複数名詞の (A) markets「市場」を選ぶ。(B) marketing「販売促進活動」、(C) marketability「市場性」、(D) market「市場」はいずれも単数名詞。

訳 その会社は、新しい水着シリーズの海外市場をまだ完全には調査できていない。

Vocab. □ explore ～を調査・探索する

112. 正解 B | [正答率 36.9%] 語彙／語法

Home sales ------- in October, followed by a gradual decline.

(A) raised (B) peaked (C) lifted (D) discounted

空欄にはこの文の動詞となる語が入るが、目的語が続いていないので、自動詞の (B) peak(ed)「ピークに達する」を選ぶ。(A) raise(d) は「～を上げる」、(C) lift(ed) は「～を持ち上げる」、(D) discount(ed) は「～を値引きする」という意味。

訳 住宅販売は 10 月にピークに達し、その後、徐々に落ちていった。

Vocab. □ gradual 少しずつの

113. 正解 B | [正答率 48.2%] 代名詞／構文

Regardless of rumors saying otherwise, the CEO assured her employees that ------- will be no need for any layoffs.

(A) it (B) there (C) they (D) this

空欄の後ろに will not be ではなく will be no ... と続いている点に注目し、否定の文脈で no を用いることの多い〈There is〉構文が使われている可能性を考える。空欄に (B) there が入れば、there will be no need for で「～の必要性はない」という構文が完成する。

訳 違ったように言われている噂にもかかわらず、人員削減の必要性はないと、CEO は従業員に断言した。

Vocab. □ regardless of ～にもかかわらず □ otherwise 違って
□ assure〈人〉that ...〈人〉に…だと保証する、断言する □ layoff 一時解雇

114. 正解 B | [正答率 29.7%] 語法

The building design team will be composed of Mr. Hansen, Ms. Brechard, and one ------- architect.

(A) each other (B) other (C) the other (D) another

(B) other は one other で「もう一人の」という慣用表現になり、直後の名詞 architect（建築家）を適切に修飾できる。(A) each other「お互い」は代名詞で、ほかの名詞を修飾できない。(C) the other は「もう一方の、残りの」という意味。(D) another を入れた one another「お互い」は each other と同様の意味を表す。

訳 建築設計チームはハンセンさんとブレチャードさんのほか、もう一人の建築家で構成される予定だ。

Vocab. □ be composed of ～から成る

115. 正解 A | [正答率 28.2%] 語彙

University students who are not happy with their professor may ------- to transfer to a different class.

(A) opt (B) alternate (C) replace (D) switch

空欄直後の to transfer に注目し、to 不定詞を目的語にとる動詞を選ぶ。正解は (A) opt。opt to *do* の形で「～することを選択する」となる。(B) alternate は動詞では「交替する」、形容詞では「代わりの」、(B) replace は「～に代わる、～を取り替える」、(D) switch は「交換する」という意味。

訳 自分の教授に満足していない大学生はほかのクラスに移ってもよい。

Vocab. □ transfer to ～に移る

116. 正解 A | [正答率 21.4%] 品詞

The importance of making ------- financial decisions was the topic of today's broadcast.

(A) sound (B) soundly (C) sounds (D) sounded

空欄と financial は、making の目的語 decisions を修飾している。形容詞の (A) sound「堅実な、健全な」が正解。(B) soundly「堅実に、ぐっすりと」は副詞、(C) は動詞 sound「音を出す、～を鳴らす」の 3 人称単数現在形または名詞の複数形、(D) sounded は動詞の過去形・過去分詞。

訳 堅実な財務上の決断をすることの重要性が今日の放送のテーマだった。

Vocab. □ financial 財政の

117. 正解 B | [正答率 15.6%] 関係詞

We need someone with experience to help us run the purchasing department, and that's ------- Jonathan is here for.

(A) why (B) what (C) which (D) how

空欄から for までは主語 that の補語となる名詞節。前置詞 for の目的語となり、先行詞なしで名詞節を形成できる関係代名詞の (B) what が正解。for what は why に置き換えられるので、文末の for がなければ (A) why が正解となる。

訳 わが社には仕入れ部門の運営を助けてくれる経験豊かな人が必要なので、ジョナサンが着任した。

Vocab. □ run ～を運営する □ purchasing department 仕入れ部門

118. 正解 D | [正答率 50.8%] 品詞

The proposed bus system would provide service to most of the tourist ------- within Denver.

(A) destinies (B) destined (C) destines (D) destinations

most of the tourist -------が前置詞 to の目的語になっている。〈most of＋名詞〉で「～のほとんど」を意味し、空欄には、tourist とともに複合名詞を作る (D) destinations「目的地」が入る。tourist destinations で「観光地」という意味。(A) destinies「運命」も名詞だが、tourist とは結びつかない。(B) と (C) は動詞 destine「～を運命づける」の過去形・過去分詞、3 人称単数現在形。

訳 提案されているバス路線ができれば、デンバーの観光名所のほとんどに行けることになる。

119. 正解 A | [正答率 23.3%] 語彙

Grand Lake ------- the heart of the Rocky Mountains and is a popular destination for campers and climbers.

(A) occupies (B) exists (C) remains (D) resides

空欄の後ろに the heart「中心地」という目的語があるので、空欄には他動詞の (A) occupies「～を占める」が入る。(B) exist(s) は「存在する」、(C) remain(s) は「とどまる」、(D) reside(s) は「居住する」という意味の自動詞。

訳 Grand Lake はロッキー山脈の中心を占める位置にあり、キャンプや登山をする人たちに人気の場所だ。

Vocab. □ climber 登山者

120. 正解 D | [正答率 46.0%] 品詞

If participants are not given enough time to get ready, meetings are not likely to be -------.

(A) producing (B) production (C) produced (D) productive

空欄前の not likely to be は「～になりそうにない」という意味。形容詞の (D) productive「生産性の高い」を入れると、「生産性のあるものにはなりそうにない」となり、文脈に合う。(A) は動詞 produce「～を生産する」の動名詞または現在分詞。(B) production「生産、生産量」は名詞。(C) produced は動詞の過去形・過去分詞。

訳 参加者が十分な準備時間を与えられていなければ、会議は生産性のあるものにはなりそうにない。

121. 正解 B | [正答率 38.7%] 語彙

Janice Ray was presented with a plaque commemorating her years of ------- to the People's Clinic.

(A) promotion (B) service (C) treatment (D) analysis

空欄前の years of「何年もの～」および直後の to the People's Clinic「People's クリニックに」と意味がかみ合うのは、(B) service「勤務」。(A) promotion は「販売促進、昇進」、(C) treatment は「治療」、(D) analysis は「分析」という意味。

訳 People's クリニックに長年勤務したことに対し、ジャニス・レイは盾を授与された。

Vocab. □ commemorate ～を記念する

122. 正解 A | [正答率 39.1%] 品詞

The proposal ------- the accounting department will be discussed at the next meeting.

(A) to expand　(B) of expanding　(C) expanded　(D) expansion

空欄後の the accounting department を目的語にとり、主語 The proposal を後ろから修飾する動詞 expand「～を拡張する」の形が求められている。目的語をとるのは、to 不定詞の (A) to expand と動名詞の (B) (of) expanding。名詞 proposal に of ＋動名詞は続かないので、(A) to expand が正解。(D) expansion「拡張」は名詞。

訳 経理部を拡大する案が次回の会議で議論される予定だ。

Vocab. □ accounting 会計、経理

123. 正解 C | [正答率 48.2%] 語彙

Mr. Samuels had to leave work early, as a family matter required his immediate -------.

(A) future　(B) reference　(C) attention　(D) utility

空欄の前にある動詞 required「～を必要とする」の目的語となり、文意を成立できる名詞は、(C) attention「注意、対処」。immediate attention で「即座の対応」という意味を表す。(A) future は「将来」、(B) reference は「言及、参照」、(D) utility は「有用性、公共設備」という意味。

訳 緊急に対応が必要な家族の問題があったので、サミュエルさんはすぐに退社しなければならなかった。

Vocab. □ immediate 即座の

124. 正解 A | [正答率 20.0%] 語彙

The manager is trying to ------- a deal with our supplier, which would reduce our overhead costs significantly.

(A) strike　(B) discount　(C) place　(D) drive

空欄の後ろにある a deal「契約」を目的語にとる動詞として、(A) strike を選ぶ。strike a deal は「契約を結ぶ」という意味の慣用表現。なお、close/cut/reach なども a deal と慣用的に結びつく。(B) discount は「～を値引きする」、(C) place は「～を置く」、(D) drive は「～を駆り立てる」という意味。

訳 部長は、間接費を大幅に削減することにつながる契約を納入業者と結ぼうとしている。

Vocab. □ overhead costs 諸経費、間接費

125. 正解 B | [正答率 48.0%] 品詞

The recruiter identified two excellent candidates for the position during the last round of -------.

(A) interview (B) interviews (C) interviewed (D) interviewer

the last round of「～の最終回」に続く空欄には、of の目的語となる名詞が入る。また「最終回」とあることから、空欄に入る名詞は複数回行われたこともわかるので、(B) interviews「面接」が正解。(A) interview「面接」と (D) interviewer「面接官」は単数形の名詞。(C) は動詞 interview「～を面接する」の過去形・過去分詞。

訳 その採用担当者は、最後に行った面接でその職にふさわしい優れた候補者を 2 名発見した。

Vocab. □ round 1 回分

126. 正解 D | [正答率 39.6%] 語彙

Please visit our Web site for information ------- product availability and prices in your area.

(A) connecting (B) referring (C) relating (D) concerning

空欄前の information「情報」と直後の product availability「商品の在庫状況」を結ぶのは、前置詞の (D) concerning「～に関する」。(C) は relating to の形で「～に関する」という意味を表す。(A) connect(ing) は「～をつなぐ」、(B) は refer to の形で「～を参照する」という意味の動詞。

訳 お住まいの地域における商品の在庫状況や価格に関する情報は、弊社のウェブサイトをご覧ください。

Vocab. □ availability 入手可能であること

127. 正解 C | [正答率 54.2%] 前置詞 vs 接続詞

------- the instructor evaluations have already been collected, they have not yet been examined.

(A) Except (B) But (C) While (D) Otherwise

(C) While は「～なのに」という意味を持つ接続詞なので、逆接の文で用いることができる。ここでは空欄直後からカンマまでの「指導者への評価がすでに回収されている」こととカンマ以降の「それらはまだ考察されていない」ことを対比させている。正解は (C)。(A) Except は「ただし」または「～ということを除いて」という意味の接続詞、もしくは「～を除いて」という意味の前置詞。(D) Otherwise は「さもなければ」という意味の副詞。

訳 指導者に対する評価はすでに回収されているが、まだ考察が行われていない。

Vocab. □ evaluation 評価 □ examine ～を調査する

128. 正解 D | [正答率 42.0%] 語彙

While road construction is in progress on Haven Boulevard, drivers will have to take a ------- at Miramonte Street.

(A) gap (B) view (C) change (D) detour

カンマ前の文脈が「道路工事の期間中は」、カンマ後の主語が drivers「ドライバー」である点を踏まえ、(D) detour「迂回路」を選んで take a detour「迂回する」という表現を完成させる。ほかの選択肢を名詞として用いた場合の意味は、(A) gap が「切れ目、相違」、(B) view が「景色」、(C) change が「変化、変更」。

訳 ヘイヴン大通りで道路工事が行われる間は、ドライバーはミラモンテ通りで迂回する必要がある。

129. 正解 A | [正答率 39.2%] 品詞

The poll showed that 72% of the people ------- said the planned hike in property taxes was very concerning.

(A) questioned (B) questionable (C) question (D) questionnaire

空欄には、直前の people「人々」を後ろから修飾できる形容詞/分詞か、直後にある動詞 said を修飾する副詞が入る可能性がある。正解は、過去分詞の (A) questioned「質問された」。(B) questionable「疑わしい」は形容詞だが、名詞の後に置かない点、文脈と不整合である点から不適切。(D) questionnaire「アンケート(用紙)」は名詞。

訳 その世論調査は、予定される固定資産税の引き上げについて、回答を求められた人々の72%がひどく懸念していることを示した。

Vocab. □ poll 世論調査 □ hike 引き上げ □ property tax 固定資産税

130. 正解 C | [正答率 30.4%] 動詞

In order to complete the project on time, Ms. Evans ------- to hire temporary staff.

(A) to force (B) has forced (C) was forced (D) will force

動詞 force は、force X to *do* の形で「Xに～することを余儀なくさせる」という意味を表す。空欄の後ろに X にあたる目的語がないので、force が受動態で使われていることがわかる。よって、正解は (C) was forced。

訳 プロジェクトを期限内に完了させるため、エヴァンズさんは臨時スタッフを雇わざるをえなかった。

Vocab. □ complete ～を完了させる

Questions 131-134 refer to the following e-mail.

To: Elsa McMillan
From: Marian Park
Date: March 1
Subject: Budget

Dear Ms. McMillan:

This e-mail is to let you know that ①your request for an increased budget for your department has been -------(131.). The resources you asked for will ensure that the temporary workers you plan to hire -------(132.) the next few weeks can get paid. It is possible for us to provide the increase due to the high sales revenues we have seen recently. -------(133.). If you wish, I would be happy to ②meet with you and -------(134.) this in person. Please call me so we can arrange a mutually convenient time.

Sincerely,

Marian Park

131-134 番は次のメールに関するものです。

受信者：エルサ・マクミラン
送信者：マリアン・パーク
日付：3月1日
件名：予算

マクミランさん

あなたの部門への予算の増額申請が認められたことをお知らせするためにこのメールを書いています。ご要望のあった資金は、あなたが今後数週間にわたって雇用する予定の臨時社員に確実に支払いをするためのものです。売上高がこのところ伸びているのでこの増額が可能となりました。**ただし、これを本年度中に再度認めることはおそらくできないでしょう。**ご希望であれば、直接お会いして本件についてお話ししましょう。お互いに都合のよい時間を設定できますよう、電話でご連絡ください。

よろしくお願いします。

マリアン・パーク

Vocab. □ budget 予算　□ resource 資金、資源　□ ensure (that) ... …を確かなものにする、保証する
□ temporary 臨時の　□ due to ～のために　□ revenue 収益　□ in person 直接
□ mutually お互いに　**選択肢** □ income 収益、所得

131. 正解 B | [正答率 50.2%] 語彙／文脈

(A) raised　(B) granted
(C) suspended　(D) refused

空欄を含む that 節の主語① your request「あなたの申請」に対する動詞が has been ------- の部分。予算の増額について、空欄の次の文で申請した資金の必要性が認められているので (B) granted「(申請が) 認められた」が文脈に合う。(A) raised は「引き上げられた」、(C) suspended は「中断された」、(D) refused は「拒否された」という意味。

132. 正解 A | [正答率 54.8%] 前置詞

(A) over　(B) at
(C) with　(D) among

空欄直後に the next few weeks「今後数週間」とあるので、期間をつなぐ前置詞の (A) over「(期間全体) にわたって」が正解。(B) at は at 7 o'clock のように時刻を表す。(C) with は「～とともに」、(D) among は「(複数の物) の中に」という意味。

133. 正解 D | [正答率 28.0%] 一文選択

(A) In particular, we will need to adjust our sales target.
(B) We must try to find a way to increase our income.
(C) Don't forget, these offers are set to end next week.
(D) However, we probably can't do it again this year.

(A) 特に売上目標を修正する必要があります。
(B) 当社は収益を増やす方法を見つければなりません。
(C) これらのオファーは来週終了しますので、お忘れなく。
(D) ただし、これを本年度中に再度行うことはおそらくできないでしょう。

空欄前までの文章で、追加予算の申請を認め、この増額が可能になった理由を説明している。それに対し、However「ただし」と前置きし、今後は認められないという対照的な内容を伝えている (D) が本文の流れに合う。(A) の In particular「特に」は、前の文を受けて具体例を挙げる際に用いる。(B) は直前の文の high sales revenues「高い売上高」とかみ合わない。(C) は顧客に期間限定のサービスなどを説明する文。この前に複数の申し出や値引きの話は出てきていない。

134. 正解 C | [正答率 79.6%] 品詞

(A) discussion　(B) discussing
(C) discuss　(D) discussed

選択肢には動詞 discuss「～を話し合う」のさまざまな形が並んでいる。空欄直前の等位接続詞 and は前後に同じ品詞をつなぐので、空欄前にある② meet と同じ原形動詞の (C) discuss が正解。(A) discussion「議論」は名詞、(B) discussing は動名詞または現在分詞、(D) discussed は過去形・過去分詞。

Questions 135-138 refer to the following advertisement.

> Do you suffer from the occasional inability ------- (135.) due to stress? Are you interested in finding a safe, natural solution? If so, try Relaxanol, a natural sleep aid available without a prescription in stores across the country.
>
> Relaxanol is made from our special blend of organically-grown herbs. ①It is non-narcotic and non-addictive. ------- (136.) most prescription sleep medications, ②Relaxanol doesn't interfere with your natural sleep cycles. It relaxes your body and calms your mind to help you fall asleep more easily. ------- (137.). You will wake up feeling ------- (138.) and ready to face the day with Relaxanol. Ask your health care provider if Relaxanol is right for you.

135-138 番は次の広告に関するものです。

ストレスのせいで不眠に悩まされることはありますか？ 安全で自然な解決策を見つけることに関心がおありでしょうか。そうであれば、全国の店舗で処方箋不要で購入できる天然由来の睡眠導入剤 Relaxanol をお試しください。

Relaxanol は有機栽培のハーブを当社で特別にブレンドして作られています。非麻酔性で中毒作用がありません。処方箋を必要とするほとんどの睡眠薬と違い、Relaxanol はあなたの自然な睡眠サイクルに影響を与えません。身体をリラックスさせ、心を穏やかにして、より容易に眠りにつけるようにします。**さらに、長引く副作用もありません。** Relaxanol ですっきりと目覚めて一日を迎えましょう。Relaxanol があなたに適しているかどうかは、かかりつけの医療提供者にお尋ねください。

Vocab.
□ suffer from ～で苦しむ　□ occasional 時々の　□ prescription 処方箋
□ organically-grown 有機栽培の　□ non-narcotic 非麻酔性の
□ non-addictive 非中毒性の　□ interfere with ～に干渉する
□ calm ～を落ち着ける、穏やかにする　**選択肢** □ lingering 長引く　□ side effect 副作用
□ drowsy 眠たい　□ dose（薬の）一服

135. 正解 C | [正答率 32.1%] 品詞／動詞

(A) sleeps　　(B) sleeping
(C) to sleep　　(D) of sleep

名詞 inability「無力、不能」は後ろに不定詞 to *do* をとり、「～することができないこと」という意味になる。よって、空欄には (C) の to sleep が適切。inability to sleep で「不眠」という意味。(D) の of を用いた inability of〈人〉「〈人〉にできないこと」も確認しておこう。

136. 正解 D | [正答率 45.9%] 前置詞 vs 接続詞

(A) Otherwise　　(B) Although
(C) Whereas　　(D) Unlike

空欄直後の most ... medications は主語と動詞がない名詞句なので、前置詞の (D) Unlike「～とは違って」が正解となる。unlike most prescription sleep medications で「処方箋を必要するほとんどの睡眠薬と違い」という意味になり、文脈にも合う。(A) Otherwise「さもなければ」は副詞。(B) Although「～だけれども」と (C) Whereas「～であるのに対して」は接続詞。

137. 正解 A | [正答率 56.6%] 一文選択

(A) What's more, there are no lingering side effects.　(A) さらに、長引く副作用もありません。
(B) However, it leaves you feeling drowsy in the morning.　(B) しかし、朝も眠気が残ります。
(C) Therefore, a second dose may be necessary.　(C) そのため、2 錠目が必要かもしれません。
(D) In that case, you should stop taking it.　(D) その場合は、服用をやめてください。

空欄の前までは、天然由来の睡眠導入剤 Relaxanol が①非麻酔性で中毒作用がなく、②睡眠サイクルにも影響を与えないといった長所が列挙されている。What's more「さらに」を使って長所を述べた (A) が文脈に合う。(B) は②で睡眠サイクルに影響を与えないと述べているので不適切。(C) は Therefore「そのため」とは何が理由なのかが不明。(D) は In that case「その場合は」とあるが、服用をやめるべき状況はこれより前に述べられていない。

138. 正解 C | [正答率 45.9%] 品詞

(A) refresh　　(B) refreshing
(C) refreshed　　(D) refreshment

空欄前の動詞 feel(ing) は後ろに補語を伴って「～の感じがする」という意味になる。よって、形容詞の (C) refreshed「気分がすっきりして」を入れれば、wake up feeling refreshed で「すっきりと目覚める」という意味になる。(B) refreshing「活気づける、さわやかな」も形容詞だが、名詞を修飾する限定用法が基本。(A) refresh「～を元気にする」は動詞、(D) refreshment「軽い飲食物」は名詞。

Questions 139-142 refer to the following notice.

To: IT Department Head
From: Jerry Manning
Date: October 1
Re: Consultant's advice

Iracema Becker, the consultant we hired, has recommended that we make some changes to ①our Web site. Most of these are fairly minor. -------(139.), there are a few broken links on our homepage that need to be fixed. However, there is one issue that will probably take a little more time to tackle. About half of our -------(140.) are using smartphones or tablets. ②Ms. Becker said the site is difficult to navigate on such devices. It is possible to create dedicated mobile Web pages, but she has suggested ways we could make our existing site -------(141.) to use on mobile devices. -------(142.). Let me know if you have any preferences on the time.

Best regards,

Jerry Manning

139-142 番は次のお知らせに関するものです。

あて先：IT 部長
送信者：ジェリー・マニング
日付 :10 月 1 日
件名：コンサルタントのアドバイス

当社で依頼しているコンサルタントのイラセマ・ベッカーさんが、当社のウェブサイトにいくつか変更を加えることを提案しています。その大半はかなり些細なものです。たとえば、トップページにはリンク切れで修正が必要な箇所がいくつかあります。でも、対応にもう少し時間がかかるかもしれない問題が 1 つあります。当社サイトの訪問者の約半数がスマートフォンやタブレットを利用しています。ベッカーさんによれば、現在のサイトはこの種の端末では操作しにくいそうです。モバイル専用のページを作ることもできますが、ベッカーさんは既存のサイトをモバイル端末でも利用しやすくできる方法を提案してくれました。**この件について話し合うため、来週木曜日に会議を開きます。**時間のご希望があればお知らせください。

よろしくお願いいたします。

ジェリー・マニング

Vocab. □ fairly かなり　□ broken link リンク切れ　□ fix ～を修正する　□ tackle ～に取り組む
□ navigate（ウェブページを）見て回る　□ dedicated 専用の　□ preference 希望
選択肢 □ call a meeting 会議を招集する

139. 正解 C | [正答率 50.4%] 語彙／文脈

(A) Instead (B) Subsequently
(C) For instance (D) Therefore

空欄直前の文で「変更の大半はかなり些細なものです」とあり、空欄の後ろで「修正が必要なリンク切れがいくつかあります」と変更すべき点を具体的に挙げているので、(C) For instance「たとえば」が正解。(A) Instead は「その代わりに」、(B) Subsequently は「その次に」、(D) Therefore は「したがって」という意味。

140. 正解 A | [正答率 45.0%] 語彙／文脈

(A) visitors (B) relatives
(C) employees (D) acquaintances

1文目①に our Web site「当社のウェブサイト」とあり、空欄直後の文②で、現在のウェブサイトがスマートフォンやタブレットなどの機器では利用しにくいことを説明している。サイトの話題なので、(A) visitors「(サイトの) 訪問者」が適切。(B) relatives は「親戚」、(C) employees は「従業員」、(D) acquaintances は「知人」という意味。

141. 正解 B | [正答率 39.2%] 品詞／比較

(A) easily (B) easier
(C) ease (D) easiness

動詞 make は〈make ＋ O (名詞) ＋ C (形容詞)〉で「O を C にする」という意味を表す。そこで、形容詞の比較級である (B) easier を入れて make our existing site easier to use「現在のサイトを今よりも使いやすくする」とする。(A) easily「簡単に」は副詞。(C) ease は「～を和らげる」という動詞、または「容易さ」という名詞。make には〈make ＋目的語 O ＋動詞の原形〉で「O に～させる」という使役の用法もあるが、ここでは意味がつながらない。(D) easiness「気楽さ」は名詞。

142. 正解 D | [正答率 41.2%] 一文選択

(A) Tablet users do not experience the same problem.
(B) Ms. Becker provided me with a full report yesterday.
(C) My assistant will e-mail you with further details.
(D) I am calling a meeting to discuss the issues next Thursday.

(A) タブレット利用者には同じ問題がありません。
(B) ベッカーさんが昨日私に詳しい報告書を提示してくれました。
(C) 私のアシスタントがさらなる詳細をあなたにメールします。
(D) この件について話し合うため、来週木曜日に会議を開きます。

空欄前までの文章でサイトの問題点に触れ、空欄後に「時間のご希望があればお知らせください」とある。問題点を the issues で受けて、それに関して話し合う会議を通知する (D) を入れれば前後とかみ合う。(A) は本文にタブレットでも問題が起きているとあるので不適切。(B) と (C) は空欄直後の文とつながらない。

Questions 143-146 refer to the following letter.

February 10

Fine Catch Crab, Inc.
1730 West Parker St.
Kenai, AK 99611

Mr. Price Davies,

Due to recent changes in federal regulations, the Office of Marine Welfare will be visiting crab fisheries throughout Alaska to determine whether they -------(143.) to the new rules. The regulations are designed to ensure that all safety standards are strictly observed.

Fisheries found not to be in compliance will be issued a list of -------(144.) to make. Such facilities will have a 12-month period in which to make the required modifications.

One of our agents -------(145.) in touch with you ①by the end of this month to arrange an appointment to inspect your facility. We appreciate your cooperation. -------(146.).

Samantha Brooks
Office of Marine Welfare

143-146 番は次の手紙に関するものです。

2月10日

Fine Catch Crab 株式会社
ウェスト・パーカー通り 1730 番地
キーナイ　アラスカ州　99611

プライス・ディヴィーズ様

先般の連邦法改正のため、海洋保護局はアラスカ州全体のカニ漁業者を視察し、新法を順守しているかどうかを確認しております。この規制は安全基準のすべてが厳守されるように制定されたものです。

同法を守っていない漁業者には改善リストが交付されます。これらの施設には 12 カ月の猶予が与えられ、その期間内に必要な改善が求められます。

貴殿の施設への視察日程を調整するため、局の担当者が今月末までにご連絡を差し上げます。ご協力に感謝申し上げます。**何かお問い合わせがございましたら 202-555-1155 までご連絡ください。**

サマンサ・ブルックス
海洋保護局

Vocab. ☐ federal 連邦の　☐ regulation 規則　☐ fishery 水産業者
☐ determine ～を結論づける、確定する　☐ observe ～を順守する
☐ compliance（法や規則の）順守　☐ modification 変更、改良

143. 正解 A | [正答率 27.7%] 語彙

(A) conform (B) hope
(C) obey (D) belong

空欄の後ろに to the new rules が続いているので、(A) conform を入れて conform to「～に従う」の形を作る。(C) obey「～を守る」は他動詞なので後ろにすぐ目的語が続く (to は不要)。(B) は hope to *do* で「～したい」、(D) は belong to で「～に所属する」という意味。

144. 正解 C | [正答率 50.3%] 品詞／数

(A) change (B) changing
(C) changes (D) changeable

空欄直前にある a list of は「～のリスト」という意味で後ろには複数名詞が必要。よって、名詞の複数形の (C) changes が正解。(A) change「変更、変化」「～を変える」は名詞または動詞、(B) changing は動名詞または現在分詞、(D) changeable「変わりやすい」は形容詞。

145. 正解 D | [正答率 87.6%] 動詞

(A) had been (B) being
(C) were (D) will be

be in touch「連絡をとる」の形を作る be の正しい時制と態を選ぶ。①に「今月末までに」とあり、未来のことなので (D) will be が適切。(A) had been は過去完了形で、過去のある時点よりも前のことを述べる際に使う。

146. 正解 B | [正答率 48.2%] 一文選択

(A) We will see you again on February 11.
(B) Please direct any inquiries to 202-555-1155.
(C) Thank you very much for letting me know.
(D) We will be expecting your call tomorrow.

(A) 2 月 11 日に再びお会いしましょう。
(B) 何かお問い合わせがございましたら 202-555-1155 までご連絡ください。
(C) お知らせいただき、誠にありがとうございます。
(D) 明日あなたからのお電話をお待ちしています。

第 1 段落で連邦法が変更されたこと、第 3 段落 1 文目で視察の日程を調整するために担当者から連絡することを説明している。それらを踏まえると、手紙を読んだ相手に問い合わせ先を伝えている (B) が空欄にふさわしい。(A) はまだ視察日が決まっていないため不適切。(C) は、手紙の送り先であるディヴィーズさんが何を知らせたのかが不明。(D) はディヴィーズさんから電話をする予定について本文に記述がない。

Part 5

No.	ANSWER	No.	ANSWER	No.	ANSWER
101	B	111	A	121	B
102	A	112	B	122	A
103	A	113	B	123	C
104	B	114	B	124	A
105	B	115	A	125	B
106	C	116	A	126	D
107	C	117	B	127	C
108	C	118	D	128	D
109	B	119	A	129	A
110	A	120	D	130	C

Part 6

No.	ANSWER	No.	ANSWER
131	B	141	B
132	A	142	D
133	D	143	A
134	C	144	C
135	C	145	D
136	D	146	B
137	A		
138	C		
139	C		
140	A		

Level 3 ››› 900点 模試 ▸ Test 8

101. 正解 D | [正答率 24.1%] 品詞

The ------- project for the firm has been approved by the board, and construction will begin in September.

(A) expanse (B) expand (C) expanding (D) expansion

(D) expansion「拡大」を選び、expansion project「拡張計画、拡大策」とする。(A) expanse「広がり」は名詞、(B) expand「拡大する」は動詞、(C) expanding は動詞 expand「拡大する」の動名詞または現在分詞。「拡大している案」ではないので不適切。

訳 会社の拡大策は取締役会で承認され、9月から着工する。

Vocab. □ board 会議、取締役会

102. 正解 C | [正答率 48.5%] 構文

The IT department decided to purchase software that was within budget ------- than request more funding.

(A) less (B) more (C) rather (D) further

------- than を挟んで、purchase software that was within budget「予算内のソフトウエアを買う」と request more funding「追加資金を要請する」という対照的な意味の動詞句がある。(C) rather を入れれば、〈A rather than B〉「B ではなく A」と対照の関係にある2つの動詞句を結ぶことができる。

訳 IT部は、追加資金を要請せず、予算内に収まるソフトウエアを購入することに決めた。

Vocab. □ budget 予算

103. 正解 C | [正答率 25.1%] 語彙

Residents of Cumbria have ------- Barron Steel's effort to reduce pollution and protect the environment.

(A) appealed (B) applied (C) applauded (D) appraised

選択肢はいずれも「～に」という方向性を示す接頭辞 ap のついた動詞の -ed 形。空欄の後ろの efforts「努力」を目的語にとる (C) applauded「～を称賛した」を選べば文脈が通る。(A) は appeal to の形で「～(理性・力など) に訴える」、(B) は apply A to B の形で「A を B に適用する」という意味。(D) appraise(d) は「～を鑑定する」。

訳 カンブリアの住民たちは、Barron Steel 社が汚染を抑え、環境を守ろうとしている努力を称賛した。

Vocab. □ resident 住民

104. 正解 B | [正答率 39.7%] 動詞

An announcement ------- customers of possible interruptions in their electricity service was sent out last week.

(A) warns (B) warning (C) warned (D) was warned

選択肢は動詞 warn「～に警告する」のさまざまな形。述語動詞 was があるので、(A) warns と (D) was warned は除外できる。形容詞句を作り、customers「顧客」を目的語にとれるのは、現在分詞である (B) warning。

訳 電気サービスの中断の可能性があることを顧客に警告する知らせが、先週発送された。

Vocab. □ interruption 中断 □ send out ～を（一斉に）送付する

105. 正解 C | [正答率 32.5%] 前置詞

-------- completion of your 30-day probation period, you will be eligible to receive employee benefits.

(A) For (B) With (C) Upon (D) In

空欄直後にある名詞 completion「終了」を適切に目的語にとる前置詞は、(C) Upon「～のすぐ後で」。文中の〈be eligible to *do*〉は「～する資格がある」、benefit(s) は「（年金や保険などの）給付、扶助金」のこと。

訳 30日の試用期間を満了すると、福利厚生を受ける資格が与えられます。

Vocab. □ probation period 見習い期間

106. 正解 D | [正答率 44.7%] 語彙

Rising oil prices will ------- result in overhead increases for nearly every industry in the country.

(A) previously (B) confidentially (C) recently (D) eventually

動詞部分に will result in と未来形が用いられているので、(D) eventually「最終的に、ゆくゆくは」を選ぶ。(A) previously「以前に」は過去形と一緒に用いる。(C) recently は「最近」という意味なので未来形には不適切。(B) confidentially は「内緒で」という意味なので文脈に合わない。

訳 石油価格の上昇により、ゆくゆくは国内のほぼすべての業界で間接費が上昇するだろう。

Vocab. □ result in ～という結果になる □ overhead 固定費、間接費

107. 正解 A | [正答率 30.4%] 語法

Cinnabar Inc. predicts it will experience growth of ------- over 30% during the next fiscal year.

(A) well (B) bit (C) few (D) much

空欄直後の over を強調する副詞として、(A) well「かなり」を選択する。(D) much「はるかに」も副詞だが、much more difficult のように比較級を強める場合などに用いられる。(B) bit「少し」は名詞。a bit「ちょっと」の形で用いると、副詞的に働くことができる。(C) few「ほとんどない」は形容詞。

訳 Cinnabar 社は、次の会計年度に 30% をかなり上回る成長を遂げると予測している。

Vocab. □ experience ～を経験する □ fiscal year 会計年度

108. 正解 C | [正答率 50.8%] 前置詞 vs 接続詞

------- disconnecting your flash drive, make sure to click the “eject” icon on the desktop first.

(A) On (B) During (C) When (D) As

接続詞の (C) When「～するときは」は、〈接続詞 (When) ＋分詞構文 (disconnecting ...)〉の形で When you disconnect ... という副詞節と同じ働きをする。よって (C) が正解。なお、(D) As を〈時〉の接続詞として用いる場合は〈主語＋動詞〉のそろった文が続く。

訳 フラッシュドライブを取りはずす際は必ずデスクトップ上の「取り出し」アイコンをまずクリックしてください。

Vocab. □ eject ～を取り出す

109. 正解 B | [正答率 30.4%] 品詞

Red wine is commonly bottled in dark brown glass to prevent damage that can be caused by -------- to sunlight.

(A) exposing (B) exposure (C) exposition (D) exposed

前後を前置詞 by と to に挟まれた空欄には名詞が入る。(B) exposure「露出」と (C) exposition「博覧会、エキスポ」が名詞だが、直後の to sunlight「日光への」と意味がつながるのは (B) exposure。expose「～をさらす」は他動詞なので、動名詞の (A) exposing でも目的語が必要となる。

訳 日光にさらされることによって生じうる品質の劣化を防ぐため、赤ワインは通常、濃い茶色のガラス容器にびん詰めされる。

Vocab. □ commonly 一般的に □ bottle ～をびん詰めする

110. 正解 A | [正答率 38.2%] 語彙

------- pressure from the publisher regarding the deadline for the textbook caused Ms. Wilson to postpone her holiday.

(A) Mounting (B) Extending (C) Leaning (D) Weighing

自動詞 mount「(数量・程度が) 増す」の現在分詞が形容詞化した (A) Mounting は「増える (= rising、escalating)」という意味。mounting pressure で「高まる圧力」という意味になる。(B) Extend(ing) は「伸びる」、(C) Lean(ing) は「傾く」、(D) Weigh(ing) は「重さが～である」。

訳 教科書の締切に関して出版社からの圧力が高まり、ウィルソンさんは休暇を延期した。

Vocab. □ regarding ～に関して □ postpone ～を延期する

111. 正解 A | [正答率 35.6%] 前置詞

Please have your invoice number ------- hand when calling our billing department with questions about your account.

(A) on (B) by (C) for (D) to

空欄直後にある名詞 hand を目的語にとり、文脈に合った慣用表現を作る前置詞は (A) on。〈have ... on hand〉の形で「(利用できるように) …を手元に置く」という意味を表す。(B) by を用いた by hand は「手を使って」という意味を表す慣用表現。

訳 お客様の口座に関して弊社の請求担当部局にお電話をいただく際には、請求明細書番号をお手元にご用意ください。

Vocab. □ invoice 請求書 □ billing 請求書作成

112. 正解 D | [正答率 28.0%] 語彙

Unfortunately, James' comments on her presentation ended up ------- Ms. Keller's confidence in her public speaking.

(A) declining (B) interfering (C) accommodating (D) undermining

空欄直後の Ms. Keller's confidence「ケラーさんの自信」を目的語にとるのにふさわしいのは、「～を損ねる」という意味の (D) undermining。(A) の decline は「～を丁重に断る」、(C) の accommodate は「～を収容する」。(B) は interfere in「～に干渉する」や interfere with「～を妨げる」の形で用いる。

訳 残念なことに、ケラーさんの発表に対するジェームズのコメントは、彼女のパブリックスピーキングに対する自信喪失を招く結果となってしまった。

Vocab. □ public speaking 人前で話すこと

113. 正解 D ｜［ 正答率 51.2% ］ 品詞

The computer center is accessible ------- to Windmore Inn guests.

(A) exclusion (B) exclusive (C) excluding (D) exclusively

空欄には accessible to Windmore Inn guests の部分を修飾する副詞の (D) exclusively「独占的に」が入る。(A) exclusion「排除、除外」は名詞、(B) exclusive「排他的な、唯一の」は形容詞、(C) excluding は「～を除いて」という意味の前置詞、あるいは動詞 exclude「～を排除する」の動名詞または現在分詞。

訳 Windmore Inn の宿泊客だけがコンピュータ・センターを利用できる。

Vocab. □ accessible 利用できる

114. 正解 C ｜［ 正答率 17.8% ］ 語彙

Although the plan to protect the historic home had public support, it was ------- down by politicians with ties to housing developers.

(A) settled (B) stuck (C) shot (D) written

文頭の Although「～だけれども」が結ぶ 2 つの節は対照的な内容になる。こうした〈譲歩〉の関係を成立させるのは (C) shot。shoot down で「～を却下する (= reject)」という意味。(A) は settle down で「～を落ち着かせる」、(B) は stick down で「～を貼る」、(D) は write down で「～を書き留める」という意味。

訳 その歴史的家屋を保護する計画は市民の支持を得ていたが、不動産開発業者とつながりがある政治家たちによって却下された。

Vocab. □ historic 歴史的に重要な

115. 正解 A ｜［ 正答率 31.9% ］ 動詞

The proposal ------- temporary workers for the project will be addressed at the next meeting.

(A) to contract (B) of contracting (C) contracted (D) contract

直前の名詞 proposal を修飾するのは to 不定詞である (A) to contract が適切。proposal to *do* で「～をするという提案」という意味になる。「何かをする提案」の場合は未来志向の to 不定詞を使う。

訳 そのプロジェクトのために臨時従業員と契約を結ぶ案について次のミーティングで協議される。

Vocab. □ temporary worker 臨時従業員、派遣社員 □ address ～について協議する

116. 正解 A | [正答率 25.0%] 語彙

The movie was more than three hours long, but it was so well-done that it ------- my attention the entire time.

(A) held (B) saved (C) took (D) went

空欄後の my attention に注目し、hold の過去形である (A) held を選ぶ。hold *one's* attention の形で「～の注意を引きつける」という意味になる。(C) took は「X から～の注意をそらす」という意味を表す場合に、〈take *one's* attention off X〉の形で用いる。

訳 その映画は3時間以上の長さだったが、とてもうまく作られていて、その間ずっと私の関心を捉えていた。

Vocab. □ well-done よくできた

117. 正解 A | [正答率 25.6%] 品詞/語彙

Shannon Inc. is teaming up with Nelson Printing to take control of one of the state's most ------- magazines.

(A) respected (B) respectful (C) respecting (D) respective

選択肢はどれも形の上では名詞が後に続けられる形容詞や分詞。適切に magazines を修飾できる (A) respected「高い評価を受けている」が正解。(B) respectful は「礼儀正しい」、(D) respective は「それぞれの」。(C) は動詞 respect「～を尊敬する」の動名詞または現在分詞。

訳 Shannon 社は、州で最も高い評価を受けている雑誌の一つを傘下に置くため、Nelson Printing 社と手を組んでいる。

Vocab. □ team up with ～と手を組む

118. 正解 D | [正答率 31.0%] 語彙

Supervisors should avoid sending the message that office workers' feelings don't -------.

(A) consider (B) value (C) manage (D) count

空欄後に目的語がないので自動詞の用法がある動詞が必要。この文で意味が通るのは (D) count「価値がある」。なお、他動詞で「～を数える、考慮する」の意味もある。(A) consider「～を熟慮する」(他動詞)、「よく考える」(自動詞) と (C) manage「～を管理する」(他動詞)、「うまくやっていく」(自動詞) にも両方の用法がある。(B) value は他動詞で「～を尊重する」。

訳 管理職にある者は、社員の感情は重要でないというメッセージを発信することは避けるべきだ。

119. 正解 B ｜［正答率 34.8%］ 品詞

Writers who submit articles are ------- that *Westgate Weekly* may edit their material for style and length.

(A) advisor (B) advised (C) advisably (D) advisable

主節の主語 Writers と動詞 are を押さえ、Writers are ------- that ...「執筆者は…を～される」という形に簡略化して考える。過去分詞の (B) advised が入ると「知らされる」という受動態の文になり、文脈に合う。(A) advisor「助言者」は名詞、(C) advisably「当を得て」は副詞、(D) advisable「望ましい」は形容詞。

訳『Westgate Weekly』誌は記事の文体や長さに関して編集するかもしれないことを、寄稿される方にお知らせいたします。

120. 正解 C ｜［正答率 32.4%］ 語彙

Unless ------- directed, submit your expense reports to Koda Anderson in the accounting department.

(A) instead (B) somewhat (C) otherwise (D) rather

選択肢はすべて副詞。〈unless otherwise＋過去分詞〉の形で「別途～されない限りは」という意味を表す (C) otherwise「別なふうに」が正解。(A) instead は「代わりに」、(B) somewhat は「いくぶん」、(D) rather は「いくぶん、かなり」という意味。

訳 別途指示を受けない限り、経費の報告書は経理部のコーダ・アンダーソンへ提出してください。

Vocab. □ direct ～を指示する

121. 正解 D ｜［正答率 42.9%］ 代名詞／構文

Despite our low revenue last quarter, the president assured us that ------- will be no need for budget cuts.

(A) it (B) this (C) they (D) there

空欄の後ろに no need という名詞があるので、存在を表す (D) there を選択する。there will be no need for で「～の必要はない」という構文が完成する。(A) it、(B) this、(C) they などを主語にたて、その後に be 動詞がくると、直後の名詞とイコールの関係ができるが、いずれも no need とイコールの図式は成り立たないので不適切。

訳 直前の四半期の収益が不振だったにもかかわらず、社長は私たちに予算削減の必要はないと言って安心させた。

Vocab. □ revenue 収益 □ quarter 四半期

122. 正解 D | [正答率 50.2%] 動詞

The price of these older televisions ------- by 30 percent in order to facilitate their quick sale.

(A) has reduced (B) reduced (C) have been reduced (D) has been reduced

主語 price「価格」と選択肢に並ぶ動詞 reduce「～を低減する」の関係を考えてみよう。「価格が下げられる」という受け身の関係なので、受動態の形をした (C) と (D) に絞る。主語の price は 3 人称単数名詞なので (D) has been reduced が正解。

訳 早期の販売を促進するために、これらの旧型テレビの価格は 30%引き下げられた。

Vocab. □ facilitate ～を促進する

123. 正解 C | [正答率 47.1%] 語彙

------- Mr. Keene wants to ask for a raise, his wife would like him to request extra holiday time instead.

(A) Since (B) If (C) While (D) After

カンマ前後の文脈を考える。カンマ前では夫の希望、後では妻の希望が述べられているが、両者の希望は相容れない (文末の instead「代わりに」が大きなヒント)。よって〈対照〉を表す接続詞の (C) While「～なのに」を選ぶ。(A) Since は「～なので」と〈理由〉を表す接続詞となるが、この文脈には不適切。

訳 キーンさんは昇給を要求したいと思っているが、妻は代わりに、彼に休暇を多くしてもらう要求をしてほしいと思っている。

Vocab. □ raise 昇給

124. 正解 C | [正答率 50.9%] 関係詞

Changes in business culture now allow women to take on executive positions ------- were previously held mostly by men.

(A) those (B) there (C) that (D) they

空欄には、前後の文をつなぐ接続詞の機能と、直後の動詞 were の主語になる代名詞の機能を持つ語が必要なので、主格の関係代名詞 (C) that が正解。(A) those は指示代名詞、(B) there は副詞、(D) they は代名詞。

訳 ビジネスの慣習が変わったことで、以前はほとんど男性によって占められていた重役職に今では女性たちが就けるようになっている。

125. 正解 C | [正答率 51.5%] 品詞

After his promotion to manager, Steve felt a little uncomfortable ------- his former coworkers about any mistakes they made.

(A) confronted (B) confrontation (C) confronting (D) confronts

空欄前の felt ... uncomfortable に着目し、〈feel ＋形容詞＋ (in) *doing*〉「～するのに…と感じる」という表現が完成するように、動名詞の (C) confronting を選択する。(A) confronted は動詞 confront「～に立ち向かう」の過去形・過去分詞、(B) confrontation「対決」は名詞、(D) confronts は動詞の 3 人称単数現在形。

訳 部長に昇格して、スティーブは元同僚が犯した失敗について本人と対峙しなければならない状況に少し決まり悪さを覚えた。

Vocab. □ promotion 昇進

126. 正解 A | [正答率 34.0%] 語彙

Although there were no signs of burglary, the proprietor took ------- and realized that some of his jewelry had been stolen.

(A) inventory (B) investment (C) investigation (D) involvement

(A) inventory「在庫品、棚卸し」を選び、take (an) inventory で「棚卸しをする」という意味の慣用表現を作れば、空欄後の文脈に合う。(B) investment は「投資」、(C) investigation は「調査」、(D) involvement は「関与」という意味。

訳 不法侵入を示す形跡はなかったが、経営者が在庫を調べると、宝石のいくつかが盗難に遭っていたことがわかった。

Vocab. □ burglary 不法侵入 □ proprietor 経営者、所有者

127. 正解 B | [正答率 22.8%] 前置詞

Deposits may be made ------- person at any of our branches during regular business hours.

(A) through (B) in (C) for (D) by

選択肢に並ぶ前置詞の中から、空欄後の person と適切に結びつき文意を成立させるものを選ぶ。「本人が直接、本人自身が (＝personally)」という慣用表現を作る (B) in が正解。

訳 現金の預け入れは、通常の業務時間内であれば、当行のどの支店でもお客様が直接行うことができます。

Vocab. □ deposit 預金

128. 正解 D | [正答率 37.8%] 語彙

Trent was surprised when the team ------- his plan for rebranding the firm's sportswear line.

(A) convinced (B) responded (C) complied (D) embraced

空欄直後の his plan「彼の計画」を目的語にとって文意が通るのは、(D) embraced「～を受け入れた」。(A) convinced は「(人) を説得した」、(B) responded は responded to で「～に反応した」、(C) complied は complied with で「～を順守した」という意味。

訳 トレントは会社のスポーツウエアシリーズをブランディングし直すという自分の計画をチームが受け入れたのに驚いた。

Vocab. □ rebrand ～をブランディングし直す、新たなイメージで売り込む

129. 正解 C | [正答率 23.0%] 語彙

A written request must be submitted to Mr. Trevino for approval before ------- an order with an outside vendor.

(A) putting (B) setting (C) placing (D) giving

place an order with で「～に注文する」いう意味になるので、(C) placing が正解。「注文」の意味で order を目的語にとる代表的な動詞はほかに、cancel「～を取りやめる」、receive「～を受ける」など。(A) は put in an order で「注文する」、(D) は give an order で「命令を出す」という意味になる。

訳 外部の販売業者に注文を出す前には書面での承認申請がトレビーノ氏に提出されなければならない。

Vocab. □ vendor 販売店、売り手

130. 正解 C | [正答率 39.2%] 語彙

To dine at Flagstaff House, which is extremely popular, you must make reservations two to three months -------.

(A) first (B) previous (C) beforehand (D) advance

文脈から two to three months ------- の部分が「2～3カ月前に」という意味を表すと推測して副詞の (C) beforehand「あらかじめ、前もって」を選ぶ。(D) advance は「前進」という意味の名詞。in advance なら「前もって」という副詞句となり、空欄に入れることができる。(A) first は形容詞または副詞で「最初の」「最初に」、(B) previous は形容詞で「以前の」という意味。

訳 Flagstaff House は絶大な人気を博している店なので、そこで食事をするには2～3カ月前に予約しなければならない。

Vocab. □ dine 食事をする □ make a reservation 予約を取る

Questions 131-134 refer to the following article.

XGaming and WinMaster announced today that the two firms, both leaders in electronic gaming, have merged --131.-- a new company named GameBlizzard.

GameBlizzard stated it will continue to operate both the XGaming and WinMaster sites separately until a new, fully integrated Web site --132.-- developed to replace the two existing platforms.

Meanwhile, games that were once exclusive to one site or the other are now available on both, --133.-- gaming fans can play all of their favorite games on their preferred platform. --134.--.

131-134 番は次の記事に関するものです。

XGaming 社と WinMaster 社は、電子ゲームにおいて業界トップの両社が合併し、GameBlizzard という新会社を設立すると本日発表した。

GameBlizzard 社は、2 つの既存プラットフォームに代わる完全に統合された新しいウェブサイトが開発されるまでは、XGaming 社と WinMaster 社の両方のサイトをこれからも別々に運営するとしている。

当面、かつてはどちらかのサイトだけで提供されていたゲームが現在両方のサイトで利用可能なので、ゲームファンは好きなほうのプラットフォームで気に入ったゲームのすべてをプレイできる。**新サイトが公開されたら、ほかの 2 つは段階的に廃止される。**

Vocab. □ firm 会社　□ integrated 統合された　□ existing 既存の　□ meanwhile 当面
□ exclusive to ～に限定された　□ preferred 気に入った　**選択肢** □ commit to ～に専念する

131. 正解 B | [正答率 59.9%] 品詞

(A) forms　(B) to form
(C) form　(D) formation

空欄前の動詞 merge「合併する」は自動詞で目的語を必要としない。したがって、空欄に to 不定詞の (B) to form を入れれば、合併の目的を示すことができる。(A) forms と (C) form は「形、用紙」という意味の名詞、または「形作る」という意味の動詞。(D) formation「編成」は名詞。

132. 正解 C | [正答率 23.7%] 動詞

(A) would be　(B) will be
(C) is　(D) had been

空欄を含む文の構造は GameBlizzard[S] stated[V] (that) it will ...[O] というもの。that 節には未来時制が使われている。until から後ろの部分も内容は未来のことだが、until や if のように〈時〉や〈条件〉を表す副詞節の中では、未来のことを述べるのに原則として現在形を使う。よって、現在形の (C) is が正解。

133. 正解 A | [正答率 50.1%] 語彙／文脈

(A) so　(B) yet
(C) even if　(D) but

空欄前の「両方のサイトでゲームが利用可能になる」という内容と、空欄の後ろの「ゲームファンたちは好きなほうのプラットフォームで気に入ったゲームをプレイできるようになる」という内容をつなぐのに適切な接続詞は (A) so「その結果、それで」。(B) yet は「それでも」、(C) even if は「たとえ～でも」という意味。

134. 正解 B | [正答率 39.2%] 一文選択

(A) This means users must now commit to only one site.
(B) Once the new site is up, the other two will be phased out.
(C) Therefore, many games will no longer be available.
(D) GameBlizzard says the problem will be resolved quickly.

(A) これは、ユーザーが今は 1 つのサイトだけを使わなければならないということを意味する。
(B) 新サイトが公開されたら、ほかの 2 つは段階的に廃止される。
(C) そのため、多くのゲームはもう入手できなくなるだろう。
(D) GameBlizzard は、その問題はすぐに解決されるだろうと述べている。

第 2 段落で「新しい総合ウェブサイトができるまでは、両社のサイトを別々に運営し続ける」と述べた後、第 3 段落では「当面 2 つのサイトで両社のゲームが利用可能」とある。この既存の 2 つのサイトを the other two「ほかの 2 つ」と言い換え、新しいサイトができた後のことを述べた (B) が正解。(A) と (C) は、当面 2 つのサイトで両社のゲームが利用可能なので不適切。(D) は the problem が何を指すのかが不明。

Questions 135-138 refer to the following letter.

Kevin Stone
418 West Palm Drive
Los Angeles, CA 80302

Dear Mr. Stone,

TU Credit Union is happy to inform you that ①the automobile loan you took out with us has now -------(135.) off completely.

Your final payment, in the amount of $550.34, was received on October 19. This brings your grand total to $22,365.66, covering the total balance of the loan. You have met all of your -------(136.) obligations to TU Credit Union. ②We will notify the Department of Motor Vehicles that the automobile now belongs exclusively to you. -------(137.).

Thank you for choosing to -------(138.) the funds for your automobile purchase from TU Credit Union. We hope you will consider us again the next time you need to purchase a vehicle.

Sincerely,

Alana Linton
TU Credit Union

135-138 番は次の手紙に関するものです。

ケヴィン・ストーン様
ウェスト・パーム通り 418 番地
ロサンゼルス　カリフォルニア州　80302

ストーン様

TU 信用組合は、ストーン様が当組合からお借りになった自動車ローンのご返済が完了したことを謹んでご連絡します。

お客様の最後のお支払い額は 550.34 ドルで、10 月 19 日に受領いたしました。これで総合計は 22,365.66 ドルとなり、ローン残高の合計をカバーしています。TU 信用組合に対するお客様の金融上の義務をすべて満たしております。この自動車は今や、ストーン様だけに属するものであると自動車部に通知いたします。**自動車部から新しい権利証書を 2 週間以内にストーン様あてにお送りいたします。**

自動車購入資金のご調達に TU 信用組合をお選びいただきまして、誠にありがとうございました。この次にお車を購入される必要がある際にもまた当組合をご検討いただければ幸いです。

敬具

アラーナ・リントン
TU 信用組合

Vocab. □ take out（ローンなど）を組む　□ balance 残高、差額　□ obligation 義務
□ notify ～に通知する　□ fund 資金　**選択肢** □ interest rate 利率
□ comply（規則に）従う　□ remit（金など）を送る

135. 正解 D | [正答率 42.5%] 動詞

(A) paid (B) been paying
(C) was paid (D) been paid

動詞 pay（～を支払う）がさまざまな時制と態で並んでいる。空欄を含む that 節内を見ると、主語の① the automobile loan you took out with us「あなたが私たちから借りていた自動車ローン」と動詞 pay の間には「ローンが支払われた」という受け身の関係がある。また、空欄直前に has があるので受動態の現在完了形を作る (D) been paid が正解。pay off は「完済する」という意味。

136. 正解 C | [正答率 38.7%] 品詞

(A) finance (B) financed
(C) financial (D) financially

空欄の前が代名詞 your、後ろに名詞 obligations があるので、名詞を修飾する選択肢を選ぶ。候補は過去分詞の (B) financed（出資された）と形容詞の (C) financial（金融の、財務上の）だが、意味を考えて (C) が正解。financial obligations で「金融上の義務」という意味になる。(A) finance「財務、金融」は名詞、(D) financially「財政上」は副詞。

137. 正解 A | [正答率 46.7%] 一文選択

(A) They will send you the new title within two weeks.
(B) Interest rates on our loans will increase next month.
(C) You will have to pay a penalty if you do not comply.
(D) Please remit the payment to our office within 30 days.

(A) 彼らは新しい権利証書を 2 週間以内にあなたにお送りします。
(B) 私どものローンの利率は来月上がります。
(C) もし順守いただけない場合、罰金をお支払いいただくことになります。
(D) 支払いを当組合のオフィスまで 30 日以内にお送りください。

空欄前の文②は、ローンを完済した自動車が持ち主だけのものになったことを自動車部（the Department of Motor Vehicles）に通知すると述べている。この the Department of Motor Vehicles を代名詞 They で言い換え、（車の）新しい権利証書を送ると伝えている (A) が適切。(certificate of) title は「権利証」。支払いが完了したことを伝える手紙なので、ほかの選択肢はいずれも不適切。

138. 正解 C | [正答率 46.2%] 語彙

(A) make (B) donate
(C) borrow (D) account

選択肢には動詞が並んでいる。空欄の後には目的語として the funds「資金」が続く。funds 以降を確認すると、for your automobile purchase「車の購入のため」、from TU Credit Union（TU 組合から）と続くので、(C) borrow「～を借りる」を選ぶ。(B) donate は「～を寄付する」という他動詞。(D) account は account for の形で「～の理由を説明する」という意味の自動詞。

Questions 139-142 refer to the following advertisement.

Pedalmate RidePlus stationary bicycle

The reason that many people do not -------(139.) to a new fitness routine is that they lose interest when the routine becomes dull and repetitive.

The Pedalmate RidePlus includes a built-in 45-centimeter color monitor with touch-screen control panel to alleviate -------(140.). Riders can watch TV, view custom biking videos, and see their statistics such as heart rate and riding speed, all right at their fingertips. The patented TruGear resistance system lets riders vary their speed and difficulty level easily. -------(141.). The Pedalmate RidePlus is available for $1,500 -------(142.) exercise equipment is sold.

139-142 番は次の広告に関するものです。

Pedalmate RidePlus エアロバイク

多くの人が新しい運動の習慣を維持できない理由は、その習慣が退屈な繰り返しになって飽きてしまうからです。

この Pedalmate RidePlus には、退屈さを紛らわすためにタッチスクリーン式コントロールパネルが付いた 45 センチ型カラーモニターが搭載されています。乗る人は指先だけでテレビを観たり、カスタム自転車の動画をチェックしたり、さらに心拍数や走行速度などの統計もご覧いただけます。特許を取得した TruGear 抵抗システムにより、乗る人は速度と難易度を簡単に変えることができます。**これで、より長く効果的な運動がしやすくなります。** Pedalmate RidePlus は 1,500 ドルで、エクササイズ機器の販売店ならどちらでもお買い求めいただけます。

Vocab. □ routine 習慣　□ dull 退屈な　□ repetitive 繰り返しの　□ control panel 制御盤
□ alleviate ～を軽減する　□ at *one's* fingertips 手元に、すぐ手に入って（fingertip は「指先」）
□ patented 特許を取った　□ vary ～を変化させる　選択肢 □ guilt 罪悪感
□ monotonous 単調な　□ facilitate ～を促進する、容易にする

139. 正解 A | [正答率 23.3%] 語彙

(A) adhere (B) maintain
(C) continue (D) follow

空欄の後ろに前置詞 to があるので自動詞が必要。選択肢中で前置詞 to と一緒に用いて意味が通るのは (A) adhere。adhere to で「～を固く守る」という意味。(B) maintain「～を維持する」は他動詞なので to がなければ正解になる。(C) continue「続く、～を続ける」と (D) follow「続く、～についていく」は自動詞と他動詞両方の用法があるが、ここでは意味がかみ合わない。

140. 正解 C | [正答率 39.1%] 品詞

(A) bores (B) boring
(C) boredom (D) bored

空欄が文末にあり、前に alleviate「～を軽減する、和らげる」という他動詞があるので、空欄にはその目的語となる名詞が必要。よって、(C) boredom「退屈さ」が正解。(A) bores「飽きさせる」は動詞の 3 人称単数現在形、(B) boring「つまらない」と (D) bored「退屈している」は形容詞。

141. 正解 D | [正答率 38.5%] 一文選択

(A) This allows riders to skip workouts without guilt.
(B) This creates a calm, stress-free workout area.
(C) This makes workouts much more monotonous.
(D) This facilitates longer, more productive workouts.

(A) これで、乗る人は罪悪感なく運動のメニューを飛ばすことができます。
(B) これで、穏やかでストレスなく運動できる場所が生まれます。
(C) こうすると、運動がずっと単調になってしまいます。
(D) これで、より長く効果的な運動がしやすくなります。

直前の文で、速度と難易度を簡単に変えられる機能について説明している。選択肢に並ぶ文の主語 This は前文の内容を指しているので、その機能による効果として適切な (D) が正解。運動を続けられるという広告なので (A) はそぐわない。(B) は area が誤り。(C) は「単調になる」とネガティブな内容なので不適切。

142. 正解 B | [正答率 40.4%] 関係詞

(A) whoever (B) wherever
(C) whatever (D) whichever

空欄の後ろを見ると、exercise equipment is sold「エクササイズ機器が売られている」となっていて Pedalmate RidePlus が入手可能な〈場所〉に関する説明なので (B) wherever「どこでも」が正解。wherever は複合関係副詞で at any place where と言い換えることができる。(A) whoever「だれでも」、(C) whatever「何でも」、(D) whichever「どれでも」は複合関係代名詞で、主語や目的語として機能する。

Questions 143-146 refer to the following e-mail.

Hi, Jonah,

I just wanted to let you know that Samantha and I have returned -------(143.) from our travels. The final leg was from Tokyo back to Detroit, which included a stopover in Denver.

In Denver, the airline announced that our plane was experiencing mechanical problems. ①Consequently, our layover was extended -------(144.) several hours. We finally arrived at our apartment more than 24 hours after boarding the plane in Tokyo. -------(145.), we're exhausted and thankful to have a few days to rest and recuperate before either of us has to return to work.

Anyway, that's my update. -------(146.).

Timothy

143-146 番は次のメールに関するものです。

こんにちは、ジョナ

サマンサと私が旅行から無事に戻ったことを伝えたくてメールしています。最後の移動で東京からデトロイトに戻りましたが、途中デンバーで乗り継ぎがありました。

デンバーで航空会社から、私たちの飛行機に機械トラブルが生じたというアナウンスがありました。その結果、乗り継ぎの待ち時間が数時間長くなりました。東京で飛行機に乗ってから 24 時間以上たって、やっとアパートに着きました。もちろん私たちは疲れ果てていて、2 人とも出勤するまで 2、3 日休んでリフレッシュする時間があってありがたいと思っています。

とりあえず、近況はこんな感じです。**楽しい旅でしたが、戻ってきてほっとしています。**

ティモシー

Vocab. □ leg 行程　□ stopover 乗り継ぎの短期滞在　□ consequently その結果
□ layover 乗り継ぎの短期滞在　□ extend ～を引き延ばす　□ board ～に乗り込む
□ exhausted 疲れ果てた　□ recuperate 回復する、元気を取り戻す
□ update 最新情報、近況報告

143. 正解 C | [正答率 54.9%] 品詞

(A) safety　(B) safe
(C) safely　(D) safer

空欄を含む that 節は主語と動詞がそろっているので、動詞を修飾する副詞の (C) safely が正解。(A) safety「安全性」は名詞、(B) safe「安全な」「金庫」は形容詞または名詞、(D) safer は形容詞の比較級。

144. 正解 A | [正答率 35.7%] 前置詞

(A) by　(B) at
(C) with　(D) in

空欄直前の our layover was extended「乗り継ぎの待ち時間が延びた」と直後の several hours「数時間」をつなぐのに適切な前置詞は、程度・差を表す (A) by。be extended by several hours で「数時間分延びた」という意味になる。(D) in だと「数時間の間に、数時間後に」となるので意味が通らない。

145. 正解 B | [正答率 59.9%] 語彙／文脈

(A) For instance　(B) Needless to say
(C) Otherwise　(D) Against all odds

空欄前の①では、フライトがいかに長くて大変であったかを述べている。その内容と空欄の後ろの we're exhausted「私たちは疲れ果てた」をつなぐのに適切なのは (B) Needless to say「言うまでもなく」。(A) For instance は「たとえば」、(C) Otherwise は「さもなければ」、(D) Against all odds は「予想に反して」という意味。

146. 正解 D | [正答率 31.2%] 一文選択

(A) It was really great seeing you there.
(B) We should be home within the next few days.
(C) I'll see you at the office tomorrow.
(D) It was fun, but it's nice to be back.

(A) あなたとそこで会えてとても光栄でした。
(B) 私たちはこれから数日以内に家に戻ります。
(C) 明日オフィスでお会いしましょう。
(D) 楽しい旅でしたが、戻ってきてほっとしています。

旅行から戻ってきたことを伝えるメールの結びの一文を選ぶ。第 2 段落で、乗り継ぎの待ち時間が延びて疲れ果てたことが述べられているので、「旅は楽しかったが戻ってこられてほっとしている」という (D) が文脈に合う。(A) は旅行先でメールの相手と会っていないので不正解。帰宅済みなので (B) は本文と矛盾する。2、3 日休めると言っているので、「明日オフィスで会う」という (C) はメールの内容と食い違う。

Part 5

No.	ANSWER	No.	ANSWER	No.	ANSWER
101	D	111	A	121	D
102	C	112	D	122	D
103	C	113	D	123	C
104	B	114	C	124	C
105	C	115	A	125	C
106	D	116	A	126	A
107	A	117	A	127	B
108	C	118	D	128	D
109	B	119	B	129	C
110	A	120	C	130	C

Part 6

No.	ANSWER	No.	ANSWER
131	B	141	D
132	C	142	B
133	A	143	C
134	B	144	A
135	D	145	B
136	C	146	D
137	A		
138	C		
139	A		
140	C		

Level 3 ››› 900点　模試 ▸ Test 9

101. 正解 A | [正答率 35.8%] 品詞

The product guarantee is subject to ------- described in paragraph 10 of the warranty document.

(A) restrictions (B) restrict (C) restrictive (D) restrictively

is subject to「～に従う、～の影響を受ける」の to は前置詞なので、空欄には名詞の (A) restrictions「制限条件、制約」が入る。(B) restrict「～を制限する」は動詞、(C) restrictive「制限的な」は形容詞、(D) restrictively「制限的に」は副詞。

訳 この製品保証は、保証書の 10 段落目に記載されている制約を受ける。

Vocab. □ guarantee 保証 □ be subject to（規則など）に従う □ warranty 保証（書）

102. 正解 B | [正答率 30.5%] 前置詞

If you plan to be ------- the awards ceremony, we ask that you add your name to the guest list one week prior to the event.

(A) on (B) at (C) with (D) for

空欄後の目的語 the awards ceremony を目的語にとって文意を成立できるのは、〈存在・従事〉を表す (B) at「～に（出席して）」。prior to は「～より前に（＝before）」という意味。

訳 授賞式に出席を予定されている方は、イベントの 1 週間前までに参加者名簿にお名前を追加してください。

Vocab. □ awards ceremony 授賞式

103. 正解 D | [正答率 28.1%] 語彙

One issue the budgeting program addressed was not ------- items that could possibly be used again.

(A) accomplishing (B) deriving (C) discouraging (D) discarding

空欄直後の items「物」は that could possibly be used again「再利用できる可能性がある」という形容詞節に修飾されている。これを目的語にとる動名詞として適切なのは (D) discarding「～を捨てること」。(A) の accomplish は「～を成し遂げる」、(B) の derive は「(…から) ～を引き出す」、(C) の discourage は「～をがっかりさせる」という意味。

訳 予算編成計画が取り組んだ問題の一つは、再利用できる可能性がある物を廃棄しないことだった。

Vocab. □ budget 予算を立てる □ address ～に取り組む

104. 正解 B | [正答率 35.4%] 前置詞 vs 接続詞

The talented new sales associate received a large commission ------- her regular monthly pay.

(A) depending on (B) on top of (C) provided that (D) additionally

空欄後に her regular monthly pay という名詞句があることに着目。名詞をつなぐ前置詞の働きを持つのは、(A) depending on「～次第で」と (B) on top of「～に加えて」。このうち、前後の文脈に合う (B) を選ぶ。(C) provided that「～を条件として」は接続詞で節をつなぐ。(D) additionally「さらに」は副詞なので語句をつなぐ機能がない。

訳 新しく入った才能ある営業社員は、通常の月給に加えて多額の歩合給を受け取った。

Vocab. □ associate 同僚 □ commission 歩合、手数料

105. 正解 C | [正答率 34.8%] 語彙

For the conference to ------- as planned, we must reserve the venue by this Friday.

(A) carry (B) host (C) proceed (D) schedule

空欄の後ろに目的語となる名詞が続いていないことから、自動詞の (C) proceed「進む」が正解。(A) carry は「～を運ぶ」、(B) host は「～を主催する」、(D) schedule は「～を予定する」という意味の他動詞。なお、〈for 名詞（句）to *do*〉は「…が～するために」という意味。

訳 その会議を計画通りに進めるには、今度の金曜日までに場所を確保しなければならない。

Vocab. □ venue 会場

106. 正解 B | [正答率 24.4%] 動詞

Mr. Dodson has asked that all sales receipts ------- in ballpoint pen, as this ensures that they cannot be altered in any way.

(A) are written (B) be written (C) write (D) written

動詞 ask(ed)「～を要求する」がキーワード。〈要求〉〈命令〉〈提案〉を表す動詞（require, demand, order, insist, suggest など）の目的語となる that 節内では、時制や主語の人称にかかわらず仮定法現在が適用され、動詞は原形となる。that 節の主語 sales receipts と動詞 write は受け身の関係にあるので、are の原形である be を用いた (B) が正解。

訳 ダドソン氏は、どうやっても改ざんできないように、すべての売上伝票はボールペンで記入することを求めた。

Vocab. □ ensure that ... …を確実にする □ alter ～を改変する

107. 正解 C ｜ [正答率 27.3%] 品詞

The small increase in sales did not come ------- to the projections made by the advertising department.

(A) closing (B) closely (C) close (D) closure

空欄には直前の動詞 come を修飾する副詞が入る。正解は (C) close「接近して」。come close to で「～に近づく」という意味の慣用表現として覚えておこう。(B) closely「密接に、念入りに」も副詞だが、文意に合わない。(A) closing「閉鎖、決算」、(D) closure「閉鎖」は名詞。

訳 売上のわずかな伸びは広告部の立てた予測に近いとはいえないものだった。

Vocab. □ projection 予測

108. 正解 C ｜ [正答率 26.5%] 前置詞

The price of apples has risen ------- an average of 10 cents a pound since this time last year.

(A) on (B) from (C) by (D) over

空欄後の 10 cents という〈金額〉は現在の価格と 1 年前の価格の差額（＝値上がり幅）を表すので、〈差異〉を示す前置詞の (C) by「～だけ」が正解。(A) on を用いた on average は「平均して」という副詞の働きをする慣用表現。

訳 りんごの価格は、去年の今ごろから、平均で 1 ポンドあたり 10 セント上昇している。

Vocab. □ rise 上昇する

109. 正解 B ｜ [正答率 34.8%] 関係詞

Maria was having trouble sleeping, ------- she attributed to the stress she experienced at her job.

(A) when (B) which (C) that (D) who

関係詞の問題では関係詞節内の不足要素の有無を確認する。ここでは〈attribute A to B〉「A の原因を B とする」の A にあたる名詞相当語句が不足している。主節全体を先行詞にとり、カンマの後で用いることができる (B) which を選ぶ。関係代名詞の (C) that を非制限用法で用いることはできない。

訳 マリアはよく眠れずにいたが、それは職場で経験しているストレスのせいだと思えた。

Vocab. □ have trouble *doing* ～するのに苦労・問題がある

110. 正解 A | [正答率 27.9%] 語彙

Lewiston Enterprises predicted it would ------- its first-ever quarterly loss amid intense competition and declining sales.

(A) post (B) cast (C) invest (D) host

選択肢に並ぶ動詞のうち、空欄の後ろにある loss「損失」を目的語としてとるのは (A) post「(利益) を上げる、(損失) を出す」のみ。post は TOEIC 対策の必修単語。この用法のほかに、「(掲示物) を貼る、公表する」という意味も押さえておこう。(B) cast は「～を投げる」、(C) invest は「～を投資する」、(D) host は「～を主催する」という意味の動詞。

訳 Lewiston Enterprises 社は厳しい競争と売上低下の中で創業以来初の四半期における損失を出すことになると予測した。

Vocab. □ first-ever 空前の、初の □ quarterly 四半期の □ amid ～のさなかに

111. 正解 C | [正答率 36.6%] 比較

This wireless speaker runs on two AA batteries and is about twice ------- size of a business card.

(A) much (B) as (C) the (D) a

〈数詞＋ times the size of X〉で「X の～倍の大きさ」という意味を表す。空欄前の twice は two times と同義なので、(C) the を選ぶ。この倍数表現には size のほか、age/height/length/number/weight なども用いられる。

訳 このワイヤレススピーカーは単 3 電池 2 本で動き、名刺のだいたい 2 倍分の大きさです。

Vocab. □ run 作動する □ business card 名刺

112. 正解 D | [正答率 22.5%] 品詞

CommuSync announced this week that it would begin marketing tablets and laptop computers in a bid to ------- its product line.

(A) diverse (B) diversion (C) diversity (D) diversify

空欄前の in a bid は直後に to 不定詞を続けて「～しようとして」という意味を表す。したがって、空欄には動詞の原形である (D) diversify「～を多様化する」が入る。(A) diverse「多様な」は形容詞、(B) diversion「(目的・注意などを) 脇へそらせること」と (C) diversity「多様性」は名詞。

訳 CommuSync 社は今週、製品を多様化するためにタブレットとノートパソコンの販売を開始すると発表した。

Vocab. □ market ～を市場に出す □ laptop computer ノートパソコン

113. 正解 B | [正答率 28.7%] 語彙

The director had ------- a lot of effort into improving employee morale, so he was upset when the president criticized their performance.

(A) driven (B) put (C) opened (D) taken

空欄の後ろにある effort「努力」を目的語としてとる動詞は (B) put。put a lot of effort into で「～にかなりの努力をする」という意味を表す。improving employee morale「従業員の士気を高めること」は、motivating employees「従業員のやる気を出させること」とも言い換えられる。

訳 その重役は従業員のやる気を高めることに力を注いできたので、社長が彼らの業績を批判したときに動揺した。

Vocab. □ morale 士気 □ upset ～を動揺させる

114. 正解 D | [正答率 33.6%] 語彙

Just as negotiations were about to break down completely, the facilitator ------- a solution that led to a settlement.

(A) stepped down (B) backed out (C) wrote off (D) hit upon

solution「解決策」を目的語にとるイディオムは、(D) hit upon「～を思いつく」。(A) の step down は「退陣する」、(B) の back out は「約束を破棄する」という意味の自動詞のイディオム。(C) の write off は他動詞で「(資金など) を回収不能だとみなす、減価償却する」、自動詞で「(文章を) さっと書き上げる」という意味。

訳 まさに交渉が完全に決裂しそうになった時、ファシリテーターが合意に至る解決策を思いついた。

Vocab. □ break down 決裂する □ facilitator 進行役 □ settlement 合意

115. 正解 C | [正答率 32.8%] 動詞

The price of gas has been ------- quickly over the last year, causing ridership on public transportation to go up rapidly as well.

(A) raising (B) raised (C) rising (D) risen

自動詞 rise「上がる」と他動詞 raise「～を上げる」の使い分け問題。空欄の後に目的語がないので、(A) raising は不可。(C) rising を入れて現在完了進行形〈has been rising〉とする。(B) raised は raise の過去形・過去分詞、(D) risen は rise の過去分詞。なお、-ship は「集団、層」を表し、readership なら「読者数、読者層」となる。

訳 過去1年のガソリン価格の急速な上昇に伴い、公共交通機関の利用者も急速に増加している。

Vocab. □ ridership 乗客数、乗客率

116. 正解 D | [正答率 24.1%] 語彙

Marcham Drug is ------- new ground with their research into developing a new diabetes medication.

(A) opening (B) taking (C) entering (D) breaking

(D) breaking を用いた慣用表現 break new ground「新天地を開く、新事業を始める、新発見をする」が文脈に合う。なお、文中の with は「～に関して」という〈対象〉を表す。

訳 Marcham Drug 社は、糖尿病の新たな薬物療法の研究で、新天地を開きつつある。

Vocab. □ diabetes 糖尿病

117. 正解 A | [正答率 32.4%] 構文

This check was written on an account that has been closed, ------- is not acceptable for any payments.

(A) and (B) unless (C) but (D) either

カンマ前後の文脈を確認する。カンマ前では「解約済みの口座から小切手が振り出されている」、後では「使用不可能」といずれも小切手の持ち主にとって好ましくない事実が述べられている。正解は〈順接〉を表す (A) and で、〈原因〉と〈結果〉の関係になっている。(B) unless は「～でない限り」、(D) は either A or B で「A か B のどちらか」という意味。

訳 この小切手は解約済みの口座から振り出されており、いかなる支払いにもお使いいただけません。

Vocab. □ account 口座

118. 正解 A | [正答率 40.5%] 代名詞

Anita devoted ------- life to running the charity that she founded after her partner died.

(A) her (B) herself (C) hers (D) she

選択肢は代名詞 she のさまざまな形（格）。空欄には devote「～を捧げる」の目的語となる名詞 life「人生」を修飾できる形が入るので、所有格の (A) her が正解。なお、文中の run は、「（会社など）を運営する」という意味の他動詞として用いられている。

訳 アニタは、彼女のパートナーが亡くなった後に慈善団体を設立し、その運営に生涯を捧げた。

119. 正解 C | [正答率 32.3%] 語彙

Regulations on storing flammable material require that a "No Smoking" sign be displayed in a ------- location within 10 meters of the site.

(A) confident (B) conservative (C) conspicuous (D) conscious

a ------- location の部分に注目し、名詞 location「位置、場所」を適切に修飾できる (C) conspicuous「目につきやすい」を選ぶ。(A) confident は「自信がある」、(B) conservative は「保守的な、地味な」、(D) conscious は「意図的な」。なお、require のほか、〈要求〉〈提案〉などを表す動詞の場合、that 節の動詞は原形になる (ここでは be)。

訳 可燃物取扱規制は、その場所から 10 メートル以内の目に入りやすい場所に「禁煙」の標示を掲げることを求めている。

Vocab. □ store ～を保管する □ flammable 可燃性の

120. 正解 B | [正答率 31.7%] 語彙

Anyone interested in volunteering for the river cleanup should ------- Luke Dean at Parks and Recreation.

(A) converse (B) contact (C) communicate (D) comment

空欄直後が人名なので、〈人〉を目的語にとる他動詞が空欄に入る。この条件を満たすのは (B) contact「～に連絡をとる」のみ。〈人〉を目的語とする場合、(A) は converse with「～と話す」、(C) は communicate with「～と連絡を取り合う」、(D) は comment on「～について批評する」の形で前置詞を必要とする。

訳 川の清掃プロジェクトのボランティアに興味のある方は、公園緑地管理部のルーク・ディーンにご連絡ください。

Vocab. □ cleanup 清掃活動

121. 正解 B | [正答率 39.1%] 品詞

------- January 1, all employees must carry their identification cards when inside the office building.

(A) Effecting (B) Effective (C) Effected (D) Effect

〈effective +日付〉で「〈日付〉から効力を持つ」という意味を表すので、(B) Effective が正解。官公庁からの通達など、正式な文書でよく用いられる表現。単に「〈日付〉時点で (の)」という意味を表す場合は、〈as of +日付〉を使う。(D) Effect は名詞で「結果、効果」、動詞で「～をもたらす」という意味。

訳 1 月 1 日より、全従業員はオフィスビルの中にいるときは身分証明書を持ち歩かなければならない。

Vocab. □ identification card 身分証明書

122. 正解 D | [正答率 25.4%] 語彙

After a period of high turnover, the company struggled to meet quotas with its ------- inexperienced sales force.

(A) extraneously (B) constructively (C) efficiently (D) relatively

選択肢には副詞が並んでいる。空欄直後にある形容詞 inexperienced「経験のない、不慣れな」を修飾する副詞として適切なのは、(D) relatively「比較的」。(A) extraneously は「無縁に、外から」、(B) constructively は「建設的に」、(C) efficiently は「効率よく」という意味。

訳 離職率が高い期間の後、その会社は比較的経験の浅い営業チームでノルマを達成するのに苦労した。

Vocab. □ turnover 離職率 □ meet（要求など）を満たす □ quota 割り当て、分担額
□ sales force 販売部員

123. 正解 D | [正答率 26.8%] 品詞

Timothy has left on vacation, so he will not be coming into work for the ------- of the month.

(A) remain (B) remaining (C) remained (D) remainder

冠詞の the と前置詞の of に挟まれた空欄には名詞が入る。よって、正解は (D) remainder「残り（の物、人）」。(A) remain「残る」は動詞の原形、または remains で「残りもの、遺物」という意味の名詞。(B) remaining は動名詞または現在分詞、(C) remained は過去形・過去分詞。

訳 ティモシーは休暇に出かけたので、今月の残りの日は出勤しないだろう。

Vocab. □ come into work 出勤する

124. 正解 B | [正答率 38.2%] 語彙

The new CEO understands the importance of teamwork and has acted -------, working to develop cooperation among staff members.

(A) consequently (B) accordingly (C) equally (D) wholly

動詞 act「行動する」を修飾し、どのように行動したかを表す副詞を選ぶ。チームワークの重要性を理解し、「チームワークを発展させる」ためにどのような行動をとるか考え、(B) accordingly「しかるべく」を選ぶ。(A) consequently は「それゆえに」、(C) equally は「平等に」、(D) wholly は「全面的に」という意味。

訳 今度の CEO はチームワークの大切さを理解しており、社員間の協力関係を発展させることに取り組んで、しかるべく行動した。

Vocab. □ cooperation 共同作業、チームワーク

125. 正解 C | [正答率 18.9%] 動詞

Although it is not necessary to participate in training workshops every year, I would prefer that you ------- so.

(A) be done (B) had done (C) did (D) would do

カンマ後の主節の動詞が would prefer と仮定法の形になっている点に着目する。それに続く that 節は意味上の条件となり、動詞は過去形になるので (C) did が正解。この did は participated の代動詞。

訳 研修会に毎年参加する必要はありませんが、あなたはできれば参加してください。

Vocab. □ participate in ～に参加する

126. 正解 C | [正答率 28.7%] 語彙

Mr. Nakamura made some extra money by ------- on garden care jobs that he did on the weekends.

(A) getting (B) keeping (C) taking (D) basing

選択肢に並んでいる動詞はすべて直後の on とともにイディオムを作るが、garden care jobs「庭の手入れの仕事」を目的語にとるのは、(C) taking のみ。take on で「～を引き受ける」という意味。(A) は get on で「～に乗る」、(B) は keep on で「～し続ける」、(D) は base on で「～に基づく」という意味。

訳 ナカムラさんは、週末に行う庭の手入れの仕事を引き受けることでいくらかの副収入を得た。

Vocab. □ extra 追加の、余分の

127. 正解 B | [正答率 33.7%] 前置詞

Ms. Barahd regards good client relationships ------- a necessity for long-term success.

(A) to (B) as (C) for (D) of

動詞 regard と結びつく前置詞を問う問題。regard A as B で「A を B とみなす」いう意味になるので、(B) as が正解。名詞の regard と (A) to を用いる with regard to「～に関して」、(C) for を用いる regard for「～に対する敬意」との混同に注意しよう。

訳 バラドさんは、長期的な成功のためには顧客との良好な関係が不可欠だと考えている。

Vocab. □ necessity 不可欠なこと

128. 正解 D | [正答率 50.5%] 品詞

Construction of a new highway bypassing the downtown area was proposed as a way to ease traffic ------- in the city.

(A) congests (B) congesting (C) congestive (D) congestion

空欄を含む traffic ------- の部分は動詞 ease「～を和らげる」の目的語なので、(D) congestion「混雑」を選んで traffic congestion で「交通渋滞」とする。(A) は動詞 congest「～を混雑させる」の 3 人称単数現在形、(B) congesting は動名詞または現在分詞、(C) congestive「うっ血性の」は形容詞。

訳 都市の交通渋滞を緩和する方策として、市の中心部を迂回する新しい幹線道路の建設が提案された。

Vocab. □ bypass ～を迂回する □ ease ～を緩和する

129. 正解 A | [正答率 47.1%] 代名詞

------- wishing to apply for the opening in the marketing department should ask Harold Kuhn for the necessary documents.

(A) Those (B) Who (C) These (D) They

空欄の後 wishing から department までは、空欄に入る主語を修飾する形容詞句。単独でこの文の主語になりうるのは (A) Those のみ。この Those は Those people「人々」を表す。(B) Who は関係代名詞なので先行詞が必要。(C) These は単独で人を表すことはない（These people は可）。(D) They は現在分詞（ここでは wishing）で修飾できない。

訳 マーケティング部の空きに応募を希望する方は、ハロルド・クーンに連絡して必要書類を入手してください。

Vocab. □ opening （職の）空き

130. 正解 A | [正答率 22.2%] 語彙

Mitsuda Corp became the largest shareholder in Sato Industries after acquiring a 20 percent ------- in the Kyoto-based firm.

(A) stake (B) state (C) stint (D) stock

Mitsuda Corp が acquiring a 20 percent -------「～の 20% を手に入れた」ことで largest shareholder「最大の株主」になった、という文脈なので、acquire a X percent stake in Y で「Y 社株の X% を取得する」という意味を表す (A) stake「出資金、株式」を選ぶ。(D) stock「株式」を用いて「Y 社株の X%」を表す場合は、X percent of the stock of Y となる。(B) state は「状態」、(C) stint は「割り当てられた仕事量、制限」という意味。

訳 Mitsuda 社は、京都を基盤とする会社の株を 20% 取得し、Sato 工業の筆頭株主となった。

Vocab. □ shareholder 株主

Questions 131-134 refer to the following e-mail.

To: Chris Jenkins <cjenkins@thepalms.com>
From: Sally Davis <sdavis@thepalms.com>

Hi Chris,

Please find attached ①three bids for the renovations of the hotel's main dining room and kitchen -------131. requested in your recent e-mail. ②I'm sorry for the delay in getting them to you. Unfortunately, I -------132. ③underestimated how long getting the bids would take. Some of the contractors I reached out to were fully booked and wouldn't have been able to meet our deadline. -------133.. So finding contractors willing to make an offer took much more time than I had -------134..

I hope that you find at least one of the bids acceptable. Let me know what you think. I'll be awaiting your reply.

Thanks,

Sally

131-134 番は次のメールに関するものです。

受信者：クリス・ジェンキンス <cjenkins@thepalms.com>
送信者：サリー・デイヴィス <sdavis@thepalms.com>

クリスさんへ

先日のメールでの依頼通り、ホテルのメインダイニングルームとキッチンの改修工事について３件の入札を添付します。お送りするのが遅くなって申し訳ありません。残念ながら、入札を得るのにかかる時間を大幅に短く見積もってしまっていました。連絡を取った業者の何社かは予約がいっぱいで、当社の期日に間に合わせることができないとのことでした。**このプロジェクトが自分たちの専門範囲外だと感じる業者もいました。**そのため、オファーを出してくれる業者を見つけるのに、予想していたよりずっと時間がかかってしまいました。

少なくとも1つは受け入れられる入札があるとよいのですが。お考えをお聞かせください。お返事をお待ちしています。

よろしくお願いします。

サリー

Vocab. □ bid 入札　□ renovation 改修、改築　□ underestimate ～を低く見積もる
□ contractor 業者　□ reach out to ～に連絡をとる　□ acceptable 受け入れられる

131. 正解 D | [正答率 33.6%] 語法／関係詞

(A) that (B) which
(C) were (D) as

メールに添付された① three bids「3 件の入札」は最近のメールで要望があったものだとわかる。接続詞の(D) asを空欄に入れれば、as requestedで「依頼通り」という意味になり、文脈に合う。これは as they were requested の they were が省略された形。(A) that と (B) which は、three bids を先行詞とする関係詞代名詞と捉えるなら、were を入れて受動態にする必要がある。(C) were は主格の関係代名詞が必要。

132. 正解 C | [正答率 84.0%] 品詞

(A) great (B) greater
(C) greatly (D) greatness

空欄の前には主語 I、後ろには動詞 underestimated「低く見積もる」があるので、空欄にはこの動詞を修飾する副詞が入る。よって正解は (C) の greatly「非常に、極めて」。(A) の great「大きい」は形容詞、(B) greater は比較級、(D) greatness「偉大さ」は名詞。

133. 正解 D | [正答率 26.6%] 一文選択

(A) This meant that nobody was willing to take on the job.
(B) I think, therefore, we should extend the deadline.
(C) You should probably be the one to contact them.
(D) Others felt the project was beyond the scope of their expertise.

(A) これはつまり、だれもこの仕事を引き受けたがらないということでした。
(B) そのため、私たちは期日を延長したほうがよいと私は思います。
(C) もしかするとあなたが彼らに連絡する人になるべきかもしれません。
(D) このプロジェクトが自分たちの専門範囲外だと感じる業者もいました。

空欄後の So「そのため」で始まる文は業者探しに時間がかかったと述べているので、空欄でその理由を述べていると予想できる。空欄前の Some of the contractors ... は、期日に間に合わせられない業者がいたことを理由として挙げている。Some .... Others ... で「…もいれば…もいる」という呼応関係に合致する (D) を入れれば、業者探しに時間がかかったもう一つの理由を示せる。入札は 3 件あるので (A) は合わない。(B) もひとまず入札業者は見つかっているので現時点での延長は不要。(C) の担当者交代は文脈にそぐわない。

134. 正解 C | [正答率 43.8%] 語彙

(A) spent (B) wasted
(C) anticipated (D) saved

② の I'm sorry for the delay や、③ underestimated how long getting the bids would take「入札を得るのにかかる時間を短く見積もっていた」と書かれていることから、空欄には (C) の anticipated「予想した」が入ることがわかる。took much more time than I had anticipated で「予想よりずっと時間がかかった」という意味になる。 (A) spentは「費やした」、(B) wastedは「無駄にした」、(D) savedは「節約した」という意味。

Questions 135-138 refer to the following article.

Yesterday, temperatures soared into the 40s. ①However, that did not stop over 50,000 spectators from -------(135.) the streets during the Australia Day parade. -------(136.). Leading the event were some of Australia's most popular celebrities, as well as notable political -------(137.). The procession wound its way through downtown Sydney, past many central landmarks and over the Harbour Bridge, before ending at the Opera House. Elaborately decorated vehicles and numerous -------(138.) wearing colourful clothing and costumes delighted the thousands in attendance for the event.

135-138 番は次の記事に関するものです。

昨日、気温は 40℃台に達した。にもかかわらず、オーストラリア・デーのパレードで 5 万人を超える見物客が沿道に並んだ。**その祭りは山車(だし)やダンス、音楽隊が呼び物だった。**著名な政治家だけでなくオーストラリアで最も人気のあるスター数人がイベントを先導した。このパレードはシドニーの繁華街を縫うように進んで中心部の多くのランドマークを通り過ぎ、ハーバー橋を渡って、オペラハウスで終了した。凝った装飾を施した車にカラフルな衣装やコスチュームを着た多数のパフォーマーがイベントに集まった多くの観客を楽しませた。

Vocab. □ soar 急上昇する □ spectator 見物人 □ notable 著名な □ procession 行進
□ wind *one's* way うねって進む □ elaborately 入念に、精巧に □ delight ～を喜ばせる
選択肢 □ float 山車 □ be set to *do* ～する予定だ □ kick off 始まる
□ precisely ぴったり、正確に

135. 正解 A | [正答率 23.3%] 語彙

(A) lining (B) gathering
(C) grouping (D) driving

空欄の後ろにある the streets を目的語にとる動名詞としてふさわしいのは、(A) lining。line the streets で「道に沿って並ぶ」という意味になる。(B) gather(ing)「集まる、～を集める」は gathering along (the streets) なら正解になる。(C) group(ing) は「集団になる」、(D) の drive は「運転する」という意味。

136. 正解 A | [正答率 39.0%] 一文選択

(A) The festivities featured floats, dancing, and marching bands.
(B) The size of yesterday's crowd was even larger than that.
(C) In contrast, a cold front is expected to arrive this weekend.
(D) It is set to kick off at precisely 9 A.M.

(A) その祭りは山車やダンス、音楽隊が呼び物だった。
(B) 昨日集まった人々はそれよりさらに多かった。
(C) 対照的に、今週は寒冷前線が来ることが予想される。
(D) それは午前9時ぴったりに始まる予定だ。

空欄前にパレードの言及があり、空欄後の文では、それを先導した顔触れが具体的に挙げられている。それ以降もどこを行進したかの説明が続くので、パレードの特徴を述べた (A) が文脈に合う。昨日のパレードに集まった人数は直前の文①で言及しているので (B) はそぐわない。(C) は同様に①で話題が気温からパレードに移っているので不自然。記事は昨日行われたパレードについて伝えているので、この先の予定を表す (D) も不適切。

137. 正解 C | [正答率 37.0%] 語彙

(A) positions (B) campaigns
(C) figures (D) elections

空欄を含む部分は〈A as well as B〉「B同様A」の形。ここでは celebrities と対応する〈人〉を表す名詞が求められている。選択肢中、〈人〉を表すのは (C) figures「人物」。political figures で「政治家」という意味。(A) position(s) は「位置」、(B) campaign(s) は「キャンペーン」、(D) election(s) は「選挙」という意味。すべて politics「政治」と関連のある名詞。

138. 正解 D | [正答率 59.5%] 品詞

(A) performs (B) performances
(C) performed (D) performers

前に形容詞 numerous「多くの」があるので、空欄には名詞が入る。(B) performances「パフォーマンス」と (D) performers「パフォーマー」に絞れるが、後ろに空欄を修飾する分詞 wearing colourful clothing and costumes「カラフルな衣装やコスチュームを着ている」が続くので、人を表す (D) を選ぶ。(A) performs は動詞 perform の3人称単数現在形。(C) performed は動詞の過去形・過去分詞。

Questions 139-142 refer to the following letter.

April 2

Alvin Bennington
FlaskMakers, Inc.
123 Somerset Road.
Seattle, WA 98125

Dear Mr. Bennington,

I want to thank you for writing me a wonderful letter of recommendation. According to my new manager, your -------- **139.** shaped her final decision.

I am very -------- **140.** of your helping me secure this new position. When applying for the opening, ①I sought referrals only from people for whom I have the utmost respect. -------- **141.** the fact that this respect appears to be mutual, I am satisfied with that decision.

I am much obliged for your show of support. -------- **142.**.

Best Regards,

Mackenna Reynolds

139-142 番は次の手紙に関するものです。

4月2日

アルヴィン・ベニングトン様
FlaskMakers 株式会社
サマセット通り 123 番地
シアトル　ワシントン州　98125

ベニングトン様

私に素晴らしい推薦状を書いていただき、ありがとうございました。新しい上司によれば、ベニングトンさんの推薦のお言葉が最終判断の決め手になったとのことです。

この新しい仕事を得るために助力してくださったことにとても感謝しております。この職に応募する際、私は最も尊敬の念を抱く方々にだけ推薦状を書いていただきたいと思っていました。こうした尊敬の念はお互いに共通するものなのだと思えたので、私はそう決めてよかったと感じております。

お力添えをいただき、誠にありがとうございました。**あなたがいなければ不可能だったでしょう。**

ありがとうございます。

マッケンナ・レイノルズ

Vocab. □ shape ～を形作る　□ secure ～を確保する　□ referral 推薦状　□ mutual 相互の
□ be obliged for ～について感謝している

139. 正解 A [正答率 41.9%] 語彙／文脈

(A) endorsement (B) provocation
(C) consignment (D) allocation

letter of recommendation「推薦状」を書いてもらったお礼の手紙なので、your に続く言葉としては (A) endorsement「推薦」が適切。動詞形は endorse「～を支持する、補償する、(手形の) 裏書きをする」。(B) provocation は「挑発」、(C) consignment は「委託」、(D) allocation は「割り当て」という意味。動詞形はそれぞれ provoke「～を引き起こす」、consign「～を委ねる」、allocate「～を割り当てる」。

140. 正解 C [正答率 29.3%] 品詞

(A) appreciated (B) appreciating
(C) appreciative (D) appreciation

選択肢には動詞 appreciate「～を感謝する」の派生語が並んでいる。(C) appreciative を入れれば、be appreciative of「～をありがたく思う」という表現が完成する。(A) appreciated は動詞 appreciate の過去形・過去分詞。I appreciate your helping ... の形なら正解になる。(B) appreciating は動名詞または現在分詞で of は続かない。(D) appreciation「感謝、評価」は名詞。

141. 正解 A [正答率 37.7%] 語彙／文脈

(A) In light of (B) In place of
(C) In lieu of (D) In favor of

空欄前①では「自分が最も尊敬する人から推薦状をもらいたい」とあり、空欄を含む文は、「この尊敬が互いに共通するものだという事実を～して、そう決めて満足している」という内容。(A) In light of「～の観点から、～を考慮すると」を入れれば、文脈に合う。(B) In place of と (C) In lieu of は「～の代わりに」、(D) In favor of は「～に賛成して」という意味。

142. 正解 B [正答率 49.8%] 一文選択

(A) I will send the letter to my manager right away. (A) 上司にすぐその手紙を送る予定です。
(B) I couldn't have done it without you. (B) あなたがいなければ不可能だったでしょう。
(C) I wish you the best at your new place of employment. (C) 新しい職場でのご活躍を願っています。
(D) I will let you know how the interview goes. (D) 面接がどうだったかお知らせします。

就職の推薦状を書いてもらったことに対するお礼の手紙の結びの部分に空欄があるので、手紙の相手である推薦状を書いてくれたベニングトンさんがいなければ職を得ることができなかっただろうと述べている (B) が適切。(A) と (D) は、すでに推薦状は先方に提出済みで就職が決まった後なので不自然。(C) は転職した人に対してかける言葉。

Questions 143-146 refer to the following advertisement.

Visit three of Peru's amazing destinations with the Silver Ticket!

The ticket includes admission to High Tor Alpaca Ranch, where you can participate in the Alpaca Adventure. This features a shearing demonstration, hand-feeding the alpacas, and strolling with them in the fields. It is a one-of-a-kind experience.

Also, relax at The Pools of Lemin, Peru's premiere natural hot springs, featuring over 10 pools with various temperatures. Massages are also available -------143. appointment.

-------144. visit to Peru is complete without ①a walking tour of Cuzco. Take ②the Golden Miles excursion, which -------145. a guide who will teach you about famous sites in the city while leading you through the winding cobblestone streets. -------146.

To purchase a Silver Ticket, or to request further details about any of these three great destinations, visit our website at peruviantouringfun.com.

143-146 番は次の広告に関するものです。

シルバー・チケットでペルーの素晴らしい 3 つの観光名所へお越しください!

このチケットには High Tor アルパカ牧場への入場料が含まれており、アルパカ・アドベンチャーに参加できます。ここでは毛の刈り込み実演、アルパカへの手渡しの餌やり、アルパカたちとの牧場散策が体験できます。ほかではできない体験です。

また、さまざまな温度で 10 以上の浴槽があるペルーの特別天然温泉 The Pools of Lemin でおくつろぎください。なお、事前予約でマッサージもご利用いただけます。

クスコの散策ツアーがなくてはペルーの旅は完成しません。ゴールデン・マイルズの小旅行に参加しましょう。こちらでは、ガイドが曲がりくねった石畳の道をご案内しながら、市内の有名な名所についてお話しします。**このツアーには Almadhen ホテルでの昼食も含まれます。**

シルバー・チケットのご購入、またこれらの素晴らしい 3 カ所の観光名所に関する詳細は、当社のウェブサイト peruviantouringfun.com をご覧ください。

Vocab. □ feature ～を特色とする、目玉とする　□ stroll 散策する　□ one-of-a-kind 唯一の
□ excursion 遠足、小旅行　□ winding 曲がりくねっている
□ cobblestone (道路舗装用) 丸石、玉石　□ detail 詳細　**選択肢** □ outing 遠足、外出

143. 正解 C | [正答率 33.1%] 前置詞

(A) for　(B) in
(C) by　(D) to

Massages are also available「マッサージも利用できる」と appointment「予約」を結びつけるのに適切な前置詞は (C) by。by appointment で「予約によって」という意味になる。(A) for は「～のために」、(B) in は「(場所など) で」、(D) to は「(人など) に」。

144. 正解 B | [正答率 23.3%] 品詞

(A) Not　(B) No
(C) Never　(D) None

選択肢のうち、名詞の直前に置くことができるのは、形容詞である (B) No のみ。(D) None は名詞にかかる場合、後ろに of を伴う (例：None of my friends)。(A) Not は否定の意味を表す副詞。(C) Never も副詞で通常は動詞の前で用いられる。

145. 正解 D | [正答率 64.9%] 動詞

(A) included　(B) include
(C) had included　(D) includes

空欄直前の which は関係代名詞で、先行詞は直前②の the Golden Miles excursion「ゴールデン・マイルズの小旅行」(単数形)。また、本文は旅行用のチケット購入を促す広告で、この小旅行に含む内容を説明するには現在形が適切。以上のことから、3 人称単数現在形の (D) includes が正解となる。

146. 正解 B | [正答率 47.6%] 一文選択

(A) The bus ride takes roughly 4 hours in total.
(A) バスの乗車時間は合計で約 4 時間です。

(B) This outing includes lunch at the Almadhen Hotel.
(B) このツアーには Almadhen ホテルでの昼食も含まれます。

(C) Passes for the Golden Miles are sold separately.
(C) ゴールデン・マイルズの入場券は別売りです。

(D) Help us out with your generous donation today.
(D) 寛大なご寄付で私たちを今すぐサポートしてください。

空欄は、シルバー・チケットで訪問できる 3 つ目の観光地② the Golden Miles「ゴールデン・マイルズ」の小旅行について説明している段落の最後にある。これを This outing と言い換えて、昼食について説明している (B) が正解。(A) はこの段落の 1 文目①に a walking tour とあり、歩いて巡るツアーであることがわかるのでそぐわない。ゴールデン・マイルズはこのチケットで行ける 3 つ目の観光地なので、別料金と述べる (C) は不適切。(D) の寄付の話は本文に出てきていない。

Level 3 Test 9 ▸ 正解一覧

Part 5

No.	A	B	C	D	No.	A	B	C	D	No.	A	B	C	D
101	**A**	B	C	D	111	A	B	**C**	D	121	A	**B**	C	D
102	A	**B**	C	D	112	A	B	C	**D**	122	A	B	C	**D**
103	A	B	C	**D**	113	A	**B**	C	D	123	A	B	C	**D**
104	A	**B**	C	D	114	A	B	C	**D**	124	A	**B**	C	D
105	A	B	**C**	D	115	A	B	**C**	D	125	A	B	**C**	D
106	A	**B**	C	D	116	A	B	C	**D**	126	A	B	**C**	D
107	A	B	**C**	D	117	**A**	B	C	D	127	A	**B**	C	D
108	A	B	**C**	D	118	**A**	B	C	D	128	A	B	C	**D**
109	A	**B**	C	D	119	A	B	**C**	D	129	**A**	B	C	D
110	**A**	B	C	D	120	A	**B**	C	D	130	**A**	B	C	D

Part 6

No.	A	B	C	D	No.	A	B	C	D
131	A	B	C	**D**	141	**A**	B	C	D
132	A	B	**C**	D	142	A	**B**	C	D
133	A	B	C	**D**	143	A	B	**C**	D
134	A	B	**C**	D	144	A	**B**	C	D
135	**A**	B	C	D	145	A	B	C	**D**
136	**A**	B	C	D	146	A	**B**	C	D
137	A	B	**C**	D					
138	A	B	C	**D**					
139	**A**	B	C	D					
140	A	B	**C**	D					

■ 著者紹介

中村紳一郎（なかむら・しんいちろう）

東京都立大法学部卒業。コロラド大学とエジンバラ大学で経営学を学ぶ。エッセンス イングリッシュ スクール学校長。TOEIC 990点、TOEFL (PBT) 657点、英検1級、GMAT数学満点。『TOEIC® TEST完全攻略3000語』（語研）、『TOEIC®テスト990点新・全方位』シリーズ、『精選模試』シリーズ（ジャパンタイムズ出版）など著書・監修書多数。趣味は旅行と登山。

Susan Anderton（スーザン・アンダトン）

コロラド大学卒業。スペイン語専攻。エッセンス イングリッシュ スクール副校長。TOEIC 990点。『TOEIC® TEST完全攻略3000語』（語研）、『TOEIC®テスト990点新・全方位』シリーズ、『精選模試』シリーズ（ジャパンタイムズ出版）など著書・監修書多数。趣味はサイクリングと家庭菜園。

小林美和（こばやし・みわ）

白百合女子大文学部卒業。TOEIC 990点、英検1級、JBSビジネス・コンピュータ1級。元エッセンス イングリッシュ スクール講師。共著書に『TOEIC®テスト990点新・全方位』シリーズ、『精選模試』シリーズ（ジャパンタイムズ出版）などがある。趣味は卓球とソーイング。

執筆協力：Akira Nakamura

エッセンス イングリッシュ スクール（www.essence.co.jp）

TOEIC指導の専門校。講師陣全員990点満点。ネイティヴ講師も日本人講師とともに常時TOEICを受験。最新傾向をオリジナル教材に生かした指導が好評で、多くの高得点者を輩出している。得点アップコース（対象：500点前後～800点）、900点クラブ（対象：800点前後～990点）、音読道場、弱点補強クラス、短期集中講座などを開講。オンライン受講も可能で、全国どこからでも授業が受けられる。

TOEIC® L&R テスト 精選模試【文法・語彙問題】

2023 年 12 月 20 日　初版発行

著者　中村紳一郎／ Susan Anderton ／小林美和

発行者　伊藤秀樹

発行所　株式会社 ジャパンタイムズ出版
〒102-0082 東京都千代田区一番町 2-2 一番町第二TG ビル 2F
ウェブサイト https://jtpublishing.co.jp/

印刷所　日経印刷株式会社

本書の内容に関するお問い合わせは、上記ウェブサイトまたは郵便でお受けいたします。
定価はカバーに表示してあります。
万一、乱丁落丁のある場合は、送料当社負担でお取り替えいたします。
（株）ジャパンタイムズ出版・出版営業部あてにお送りください。

Printed in Japan　ISBN978-4-7890-1854-8

本書のご感想をお寄せください。
https://jtpublishing.co.jp/contact/comment/

TOEIC® L&Rテスト
精選模試
【文法・語彙問題】

別冊TEST
1〜9

the japan times出版

Level 1 Test 1

101. The head ------- on the renovation project was formerly the vice president of Lovato Construction.

(A) consult
(B) consultant
(C) consults
(D) consultation

102. Information about local attractions is available ------- guests through many brochures displayed in the lobby.

(A) from
(B) to
(C) of
(D) by

103. A large storm disrupted transportation throughout the seminar weekend, and attendance was ------- low.

(A) disappointing
(B) disappointed
(C) disappoint
(D) disappointingly

104. Anyone in the terminal who violates the non-smoking regulations is subject to a ------- of up to $10,000.

(A) toll
(B) fine
(C) pay
(D) admission

105. Many retailers in Brussels had to close ------- a widespread electrical outage, which resulted in significant financial losses.

(A) because of
(B) since
(C) despite
(D) while

106. We offer a ------- range of sun protection products that can be used by people of all ages and skin types.

(A) long
(B) far
(C) high
(D) wide

107. Once you fill out the -------, place it on the counter and have a seat in the waiting area.

(A) apply
(B) applicant
(C) applicable
(D) application

108. Although the trucks differ slightly in size, they are ------- in both gas mileage and cargo capacity.

(A) compare
(B) comparing
(C) comparison
(D) comparable

109. A ------- number of firms are developing and maintaining their own Web sites.

(A) lengthening
(B) growing
(C) widening
(D) raising

110. The conference will ------- with a musical performance, followed by food and drinks in the main ballroom.

(A) anticipate
(B) regard
(C) depart
(D) conclude

111. ------- 1967, CocoSweet has produced some of the nation's most popular chocolates at their original location in Sacramento.

(A) By
(B) On
(C) Before
(D) Since

112. The Web site provides a frequently updated list of ------- firms that provide legal advice to consumers.

(A) distinguishes
(B) distinguished
(C) distinguishable
(D) distinguish

113. In response to a series of accidents, the plant manager requested that caution signs be ------- at every workstation.

(A) instructed
(B) administered
(C) displayed
(D) appointed

114. The fitness club charges members a fixed fee, allowing them to visit ------- many times as they want every month.

(A) how
(B) too
(C) as
(D) that

115. All employees must make an effort ------- errors from making their way into official correspondence with clients.

(A) to prevent
(B) preventing
(C) be prevented
(D) prevents

116. Shelby missed her bus and had to wait ------- the stop over 30 minutes for the next one.

(A) for
(B) to
(C) on
(D) at

GO ON TO THE NEXT PAGE

117. The team leader encouraged the members to work ------- to make the best use of each participant's individual talents.

(A) collaborate
(B) collaborative
(C) collaboratively
(D) collaboration

118. The details of the weekly staff meeting ------- posted on the mail bulletin board each Monday by 8 A.M.

(A) is
(B) are
(C) was
(D) to be

119. A supervisor should be reasonably ------- when making any decision that involves taking on monetary risk.

(A) cautious
(B) caution
(C) cautiously
(D) cautioning

120. The forecast calls for heavy snowfall, ------- to begin later this evening.

(A) planned
(B) decided
(C) required
(D) expected

121. I have interviewed Nasir Salim for the crew leader position, and recommend that we hire ------- as soon as possible.

(A) us
(B) it
(C) him
(D) those

122. The photocopier is ------- out of order, but the technician expects the repairs to be completed within a couple of hours.

(A) shortly
(B) previously
(C) temporarily
(D) eventually

123. This pamphlet Henry picked up at the embassy describes ------- to apply for a working visa.

(A) what
(B) who
(C) which
(D) how

124. Participating in this three-day workshop will increase your ------- of interviewing strategies and techniques.

(A) concept
(B) thought
(C) direction
(D) knowledge

125. Mr. Shimano is very sociable and talkative, ------- Mr. Gonzalez is quiet and tends to keep to himself.

(A) despite
(B) also
(C) while
(D) moreover

126. Staff members must receive official approval prior to the ------- of any classified documents.

(A) duplicator
(B) duplicates
(C) duplication
(D) duplicate

127. The main objections that Mr. Chen had to the proposal ------- that it would take too long and that it would be too expensive.

(A) is
(B) are
(C) was
(D) were

128. Magnificent Seas, which operates a fleet of luxury ships, caters ------- to the high-end travel market.

(A) solely
(B) impulsively
(C) concisely
(D) symmetrically

129. Every employee must ------- in when they arrive by placing their ID card in the slot at the top of the time clock.

(A) give
(B) punch
(C) take
(D) come

130. Cascade is 100% naturally pure spring water which ------- within a mile of its source.

(A) bottles
(B) is bottled
(C) has bottled
(D) is bottling

GO ON TO THE NEXT PAGE

Questions 131-134 refer to the following notice.

Dear Valued Guest,

The Stone Oak Hotel is proud to announce the opening of our newest branch in Carlisle. The location, close to the airport and conference center, makes this facility ------- (131.) for business travelers.

In celebration, we would like to take the opportunity to ------- (132.) you with a coupon, which entitles you to 30 percent off the usual rate at our Carlisle branch for up to a five-night stay. The offer is available for a limited time. This ------- (133.) is good until October 1 of this year.

-------. (134.)

Sincerely,

Ben Finster
Guest Services

131. (A) ideal
(B) ideally
(C) idealist
(D) idealism

132. (A) redeem
(B) present
(C) confirm
(D) reveal

133. (A) voucher
(B) permit
(C) warranty
(D) reservation

134. (A) Be aware that discounted items cannot be returned.
(B) Carlisle will almost certainly be the convention site this year.
(C) The Stone Oak Hotel will reopen for business after this date.
(D) We hope you will stay with us on your next visit to Carlisle.

Questions 135-138 refer to the following e-mail.

From: Jen Severn <jsevern@xmail.com>
To: Melbourne Property Management <mpmanagement@landers.com>
Date: November 30
Subject: My security deposit

Three months have now passed ------- **135.** I moved out of 4238 Greenbriar at the end of August. As specified in my lease, the townhome was thoroughly cleaned and the original key, along with 2 copies, was personally delivered to your offices in South Melbourne.

------- **136.**, I never received my $2,000 security deposit back. According to the terms of the rental agreement, it should have been refunded within 30 days of my moving out.

I request that someone from your office contact me immediately and give me an explanation as to why the payment has been ------- **137.** for such a long time. ------- **138.**. Please help me avoid taking such a step.

Thank you, and I hope to hear from you soon,

Jen Severn

135. (A) when
(B) that
(C) since
(D) which

136. (A) Besides
(B) Likewise
(C) Instead
(D) However

137. (A) moved up
(B) continued
(C) delayed
(D) advanced

138. (A) If this does not happen, I will be forced to file a lawsuit.
(B) Once it is deposited in my account, I will let you know.
(C) I apologize for not responding until now.
(D) If this is the case, I would like to renew my lease.

GO ON TO THE NEXT PAGE

Questions 139-142 refer to the following article.

McNab Freezer, the nation's largest distributor of frozen pizzas, has announced that it will acquire DoughBoy, Inc. by the end of the year.

McNab shareholders ------- (**139.**) the $16,000,000 proposal, made by the board of directors, on Friday. A spokesperson for McNab stated that the addition of DoughBoy will facilitate a planned ------- (**140.**) of its distribution network in the Pacific Northwest. ------- (**141.**).

Sean Peters, who founded DoughBoy in 2003, told reporters that ------- (**142.**) he was hesitant to give up control of the company, he decided to sell because he was ready to retire. He also said McNab's offer was one he couldn't refuse.

139. (A) will approve
(B) approved
(C) approving
(D) to approve

140. (A) expand
(B) expanding
(C) expansion
(D) expandable

141. (A) DoughBoy's stock prices have risen rapidly since the announcement.
(B) This will make McNab one of the country's top suppliers.
(C) McNab's founder has spoken out against the proposed merger.
(D) These complications may delay the merger by more than a year.

142. (A) regardless
(B) despite
(C) because
(D) although

Questions 143-146 refer to the following letter.

August 1

Alvin Masterson
35 Hue Street
London, England UB25TR

Dear Mr. Masterson,

Your Sussex Library membership is due to ------- (143.) on September 1. If you wish to renew your membership, you may do so in person or by sending the enclosed form by post.

Over the past year, Sussex Library has added a number of online ------- (144.). On our website, www.sussexlibrary.uk, you can now check the availability of books. ------- (145.). You can even pay any late fees you may have incurred.

To take advantage of the site, however, you need an ------- (146.) membership number. We, therefore, encourage you to renew your card at the earliest possible opportunity.

Thank you and keep reading!

Best wishes,
Your friends at Sussex Library

143. (A) invalidate
(B) expire
(C) cancel
(D) limit

144. (A) serviceable
(B) service
(C) servicing
(D) services

145. (A) The site will be up and running by August 15.
(B) You can also extend the loan period of books you have borrowed.
(C) The deadline for doing so is approaching quickly.
(D) Returning books to Sussex is even easier with this method.

146. (A) active
(B) immobile
(C) either
(D) old

Level 1 Test 2

101. After ------- notified of the reductions in salaries, several staff members decided to quit immediately.

(A) was
(B) were
(C) being
(D) been

102. It makes good business ------- to charge lower prices for items sold in bulk.

(A) understanding
(B) sense
(C) consultation
(D) reason

103. The tour guide will provide ------- with an informational brochure that includes a map of the area.

(A) you
(B) yours
(C) your
(D) yourself

104. Most Vela Corp. employees ------- to the office either by carpooling or by using public transportation.

(A) open
(B) approach
(C) enter
(D) commute

105. The candidate ------- was hired will begin working at our branch next Wednesday.

(A) which
(B) who
(C) it
(D) where

106. The last step in the warranty process is to enter the product -------, which is located inside the battery compartment.

(A) number
(B) numbers
(C) numbered
(D) numbering

107. Andrea was on a ------- budget during her business trip, so she bought economy class tickets.

(A) light
(B) few
(C) tight
(D) short

108. Ever since the implementation of its current assembly procedure, the plant ------- its productivity increase.

(A) sees
(B) will be seeing
(C) has seen
(D) saw

109. The upcoming baseball tournament is expected to ------- many visitors to our city.

(A) attract
(B) observe
(C) capture
(D) value

110. After orientation, an outline of your duties will be ------- to you by your division supervisor.

(A) requested
(B) provided
(C) informed
(D) retrieved

111. The changes proposed for procuring raw materials will ------- bring down the overall cost of production.

(A) recently
(B) ultimately
(C) formerly
(D) currently

112. Dinner will be served ------- the presentation by the keynote speaker.

(A) following
(B) between
(C) under
(D) beyond

113. All entries for the photography competition must ------- no later than January 25.

(A) submit
(B) have submitted
(C) be submitting
(D) be submitted

114. *The Green Street* is available on a ------- basis at newsstands and kiosks throughout Philadelphia.

(A) dated
(B) daytime
(C) daily
(D) day

115. A cash bonus is awarded to sales personnel ------- they surpass their monthly quota.

(A) ever
(B) for
(C) every time
(D) thanks to

116. The client has ------- arrived at the train station, so we need to send someone out to pick him up immediately.

(A) still
(B) soon
(C) already
(D) yet

GO ON TO THE NEXT PAGE

117. Mr. Oliver did not speak Mandarin, so he hired an ------- to accompany him to the conference in Shanghai.

(A) interpret
(B) interpreter
(C) interpretation
(D) interpreting

118. An additional charge may apply for any oversized ------- heavy luggage that you wish to check at the counter.

(A) but
(B) or
(C) both
(D) neither

119. Dr. Kaminski's thesis topic was kept secret from all but his ------- colleagues.

(A) closest
(B) slightest
(C) narrowest
(D) briefest

120. The firm requires its salespeople ------- independently in order to target the needs of the local clientele.

(A) to act
(B) acting
(C) acted
(D) are acting

121. Mr. Carlyle has looked over our revisions, but he wants another manager to check ------- as well.

(A) us
(B) him
(C) it
(D) them

122. Upon joining, you will enjoy relaxing in airport lounges which are available ------- to Mile-High Club members.

(A) exclusively
(B) exclusive
(C) excluding
(D) excluded

123. Ms. Cooper welcomed her firm's relocation to Aurora because she considered it an ------- place to raise a family.

(A) expectant
(B) aspiring
(C) eager
(D) attractive

124. The Weston Business Association sponsors a monthly workshop for business owners wanting to improve their ------- skills.

(A) manage
(B) management
(C) to manage
(D) managed

125. The recent increase in profits will ------- the firm to raise its budget for research and development.

(A) enrich
(B) entail
(C) enable
(D) enlarge

126. Home Warehouse has been recognized by *Living Magazine* for the outstanding ------- of its products.

(A) reliability
(B) reliable
(C) reliably
(D) relying

127. The guide showed the tour group ------- the ruins of the ancient city.

(A) off
(B) around
(C) out
(D) up

128. Meals are included in the price of entry, but seminar ------- will have to pay for transportation to the venue themselves.

(A) participants
(B) occupants
(C) residents
(D) components

129. Due to a ------- of most materials, construction costs are at an all-time high.

(A) short
(B) shorter
(C) shortage
(D) shortening

130. Avada's new skin care line is popular ------- high school and university students.

(A) within
(B) among
(C) through
(D) beside

GO ON TO THE NEXT PAGE

Questions 131-134 refer to the following article.

ZMT Pharmaceuticals announced that it will ------- (131.) a new line of sunscreen lotions at a press conference held earlier today. The new line, called Vita-Shade, is out of the testing phase and will be available on store shelves in late May. During the press conference, ZMT representatives -------- (132.) confidence in the effectiveness of the line, based on a number of tests. -------. (133.) "I am convinced that these products are going to revolutionize the way people think about sun protection," said CEO Martin Gallegos. Company executives plan to run a series of television ------- (134.) starting in April.

131. (A) launch
(B) discontinue
(C) invent
(D) recall

132. (A) were expressed
(B) expressed
(C) are expressing
(D) will express

133. (A) As a result, it is already selling well in most countries.
(B) These included both scientific studies and consumer trials.
(C) Unfortunately, their scores were not as high as expected.
(D) These were mainly designed to measure customer demand.

134. (A) commercially
(B) commercialize
(C) commercial
(D) commercials

Questions 135-138 refer to the following notice.

From: Trin Nguyen
To: Production Staff
Subject: Storeroom incident
Date: May 1

Everyone:

I was upset to hear about the ------- **135.** in the storeroom earlier this morning. Apparently, one of the shelves, loaded with cans of paint, collapsed. No one was hurt, but some of the cans narrowly missed Ms. Kylie Degas, our summer intern. Fred Swanson from the maintenance department has evaluated the situation and ------- **136.** the shelf today. The storeroom is off-limits until the repairs have been completed. Fred says that the issue was caused by production operatives overloading the unit. I would like to remind everyone ------- **137.** cans of paint are very heavy and should not be stacked on top of one another. ------- **138.**.

Best regards,

Trin Nguyen,
Production Manager

135. (A) confusion
(B) proposal
(C) complaint
(D) accident

136. (A) has fixed
(B) will fix
(C) was fixing
(D) to fix

137. (A) about
(B) before
(C) of
(D) that

138. (A) Luckily, no shoppers were in that section at the time.
(B) Please contact me if you need more than one.
(C) Let's make sure this mishap is not repeated.
(D) The room temperature can also affect the quality of paint.

GO ON TO THE NEXT PAGE

Questions 139-142 refer to the following advertisement.

Most mobile devices rely ------- (139.) the use of batteries, but battery disposal poses a major environmental challenge. Americans purchase over 350 million rechargeable batteries every year, but discard 14,000 tons of those, which then take up space in landfills and release toxic chemicals into the environment. The environmentally friendly Green Shine battery can be recharged ------- (140.) an amazing 12,000 times. -------. (141.) Long-lasting function, recyclability, and low environmental impact make Green Shine batteries the choice of earth-conscious ------- (142.) in the mobile-technology era.

139. (A) for
(B) by
(C) on
(D) with

140. (A) above all
(B) up to
(C) or more
(D) as many

141. (A) Therefore, it is not yet available for purchase in the United States.
(B) Unfortunately, this makes it more hazardous than other batteries.
(C) However, its large size makes it unsuitable for use in mobile devices.
(D) What's more, its shell can be recycled after it can no longer hold a charge.

142. (A) consumed
(B) consumers
(C) consumption
(D) consuming

Questions 143-146 refer to the following e-mail.

From: jsimms@enteran.uk
To: pfallon@remcorp.uk
Date: July 28
Subject: Inspection results

Dear Mr. Fallon,

At your request, I stopped in at your factory in Bradford yesterday to inspect your SH-2000 industrial mixer. My range of tests indicated that the mixer is still in good condition, and all the parts are -------(**143.**).

The problems you have encountered, therefore, do not seem to lie with a mechanical issue or flawed components. -------(**144.**), there did not seem to be an excess of dust and dirt inside the mixer's engine .

As specified in the manual, the SH-2000 mixer functions best at temperatures between 18°C to 30°C. -------(**145**). This may be the cause of your troubles. I suggest installing a ventilation fan on the factory floor to cool it down. If this indeed solves the problem, please let me -------(**146.**).

Best regards,

Jonathan Simms

143. (A) faulty
(B) defective
(C) competent
(D) functional

144. (A) Moreover
(B) Conversely
(C) In comparison
(D) Nevertheless

145. (A) The air inside the room, however, was measured at 33°C.
(B) The factory's cooling system was, indeed, working properly.
(C) The ventilation fan, consequently, was unable to run efficiently.
(D) The temperature on the factory floor had, unfortunately, risen to 26°C.

146. (A) knew
(B) to know
(C) know
(D) known

Level 1 Test 3

101. The weather in Florida was ------- humid during the rainy season.

(A) predict
(B) to predict
(C) predictably
(D) prediction

102. The 4-year-old was praised by her mother for staying quiet ------- the entire two-hour concert.

(A) though
(B) even
(C) during
(D) still

103. Ms. Elbert ------- her vacation after her supervisor suddenly quit.

(A) postponing
(B) should be postponed
(C) had to postpone
(D) to postpone

104. Several employees had to take a break, as the meeting had already lasted ------- over three hours.

(A) fine
(B) better
(C) good
(D) well

105. Automotive experts recommend that vehicles should ------- every 5,000 miles, on average.

(A) service
(B) be serviced
(C) servicing
(D) have serviced

106. *Kit Magazine's* policy states that writers must fact-check all pieces thoroughly before ------- them for publication.

(A) submitted
(B) submission
(C) submitting
(D) submit

107. This study, conducted by our consultant, shows that employees' productivity increases when allowed to supervise -------.

(A) themselves
(B) ourselves
(C) itself
(D) himself

108. The newest NextPhone model has a camera with a special setting for photos taken at close -------.

(A) space
(B) target
(C) range
(D) approach

109. The plan ------- for more spending on research and development.

(A) necessitates
(B) calls
(C) requires
(D) involves

110. Staff at Ketcham Paints go ------- an extensive training program before conducting seminars.

(A) through
(B) for
(C) with
(D) ahead

111. Thanks to a successful promotional campaign, most consumers ------- recognize FreshPetz as a supplier of high-quality pet foods.

(A) punctually
(B) instantly
(C) abruptly
(D) hurriedly

112. The computer ------- the assessment of the data uses the most modern technology available.

(A) performed
(B) performing
(C) performs
(D) has performed

113. In order to be considered for the prize, the designs must be imaginative and -------.

(A) origin
(B) originality
(C) originate
(D) original

114. It is mandatory for all personnel to attend the meeting ------- for 3 P.M. on Monday.

(A) international
(B) applied
(C) short
(D) scheduled

115. No material ------- in this broadcast may be reproduced without the written consent of Magnus News.

(A) contains
(B) containing
(C) contained
(D) container

116. Sven accepted the Best Customer Service award ------- behalf of Leanne, who was unable to attend the banquet.

(A) with
(B) on
(C) from
(D) at

GO ON TO THE NEXT PAGE

117. Please use Form 36H when applying for ------- of all your travel expenses.

(A) permission
(B) employment
(C) transportation
(D) reimbursement

118. The copier has been poorly maintained, and is in ------- need of maintenance.

(A) urge
(B) urgent
(C) urgently
(D) urgency

119. Besides ------- his own lawn care service, Kalyn also teaches gardening classes on the weekends.

(A) operate
(B) operating
(C) being operated
(D) operation

120. Tour participants are reminded ------- they must obey local laws whenever they leave the ship.

(A) of
(B) that
(C) still
(D) about

121. A surge in stock prices proved the ------- of HM Production's new marketing strategy.

(A) affection
(B) partnership
(C) satisfaction
(D) effectiveness

122. ------- Smith & Johnson has been an industry leader for decades shows their ability to adapt to changing conditions.

(A) That
(B) Because
(C) Since
(D) Unless

123. Window frames have a tendency to ------- in humid weather, causing windows to be difficult to open or close.

(A) escalate
(B) expand
(C) increase
(D) add

124. Pete's Pretzels may have to close many of its less successful branches if it wishes to remain -------.

(A) profit
(B) profitability
(C) profitable
(D) profits

125. One of the brothers decided to operate the family business, while ------- went on to found his own company.

(A) other
(B) others
(C) the other
(D) the others

126. The clubhouse is available ------- for residents of the Bell Weather apartment complex.

(A) specification
(B) specific
(C) specifying
(D) specifically

127. This message is to inform you that your prescription is ------- ready for pickup.

(A) yet
(B) far
(C) now
(D) once

128. The committee is seeking a new dean ------- expertise will help the university adapt to students' changing needs.

(A) who
(B) whose
(C) whom
(D) which

129. The CEO approved ------- the new logo, which was designed by Mr. Garmin.

(A) of
(B) by
(C) in
(D) for

130. Although the secondary ------- of the vaccine may discourage some people, the risk is far outweighed by its effectiveness.

(A) adjustments
(B) effects
(C) cures
(D) remains

GO ON TO THE NEXT PAGE

Questions 131-134 refer to the following e-mail.

To: darrinh67@CRB.com
From: suzywarren@elements.com
Subject: Thank you!
Date: December 1

Dear Mr. Hover,

I would like to express my appreciation for the consultation that you and your organization provided for our most recent film project. In fact, we all feel the work could not have proceeded ------- (131.) as smoothly without your help.

To mark the successful completion of the movie, we ------- (132.) an informal dinner on Friday evening. We have booked a private room for 7:00 P.M. at the Black Cat on Pearl Street.

------- (133.). Therefore, please feel free to forward this invitation to any and all of your colleagues who assisted you during our collaboration. Once again, ------- (134.) my entire team, thank you for everything you've done for us.

Best regards,

Suzy Warren

131. (A) nearly
(B) highly
(C) suddenly
(D) evenly

132. (A) were hosted
(B) will be hosting
(C) are hosted
(D) have hosted

133. (A) The restaurant is situated next to our offices.
(B) We have used this establishment in the past.
(C) The venue has ample seating capacity.
(D) The performance will be highly enjoyable.

134. (A) now that
(B) as long as
(C) on behalf of
(D) because of

Questions 135-138 refer to the following letter.

April 11

Naomi Davis
ClockWorks, Inc.
Aylesbury
HX19 3RM

Dear Naomi:

I heard the announcement of your appointment as CFO of ClockWorks. -------. (135.) I can think of no one more suitable for the position. Before your schedule ------- (136.) too busy, we would like to celebrate your promotion by taking you and Charles to dinner. This small gesture hardly compensates for all of the help you have given me throughout my career at Pinwheel, but my wife and I would be very appreciative if the two of you could ------- (137.) the time to let us express how pleased we are to see you rise to the top. We eagerly await your reply. ------- (138.), please accept my good wishes.

Best regards,

Tony Paxton
Senior Accountant

135. (A) Let me be one of the first to congratulate you.
(B) I hope a decision will be made very soon.
(C) I'm sorry to hear that we will be losing you.
(D) Please let me know who has been selected.

136. (A) got
(B) to get
(C) will get
(D) gets

137. (A) split
(B) spare
(C) spin
(D) space

138. (A) On the bright side
(B) Nevertheless
(C) In the meantime
(D) In fact

GO ON TO THE NEXT PAGE

Questions 139-142 refer to the following article.

Bowling Alley Reopens

Down Dogs Bowling Alley and Arcade in Promenade Mall is due to reopen on August 1 after a lengthy -------. The facility, first opened more than 50 years ago, has been closed for the past three months for much needed improvements. The facility's bowling alleys have been completely resurfaced, and many new arcade games have been -------.
139. / **140.**

Perhaps the biggest change is the addition of a restaurant. "Snacks have always been available to our patrons. -------. The Lucky Strike is a restaurant with a menu that includes a variety of delicious dishes. We are certain that it ------- even non-bowlers and non-gamers to our venue," said Beth Raines, Down Dog's head of operations.
141. / **142.**

139. (A) competition
(B) refurbishment
(C) discussion
(D) forecast

140. (A) installed
(B) noticed
(C) generated
(D) reacted

141. (A) The name and location have not been selected yet.
(B) We can now offer them something more substantial.
(C) There are a large number of dining establishments in the mall already.
(D) The new bowling lanes are far superior to the old ones.

142. (A) had attracted
(B) is attracting
(C) will attract
(D) has attracted

Questions 143-146 refer to the following notice.

To: All Handy Rentals department managers

As part of our firm's energy ------- (143.) drive, the board of directors has decided that Handy Rentals will relax its dress code. It is hoped that this will encourage staff to wear more seasonally-appropriate clothing, which in turn should enable us to cut back on our use of the air conditioning system. The change in dress code is ------- (144.) June 1. The new measure should help us meet our goal of lowering overall energy consumption by 15 percent. ------- (145), it was agreed that the main office will open and close one hour earlier every day over the coming summer months. ------- (146).

143. (A) production
(B) conservation
(C) safety
(D) delivery

144. (A) effects
(B) effectiveness
(C) effecting
(D) effective

145. (A) For example
(B) Therefore
(C) Conversely
(D) In addition

146. (A) This will significantly decrease the cost of lighting.
(B) Men will not need to wear either neckties or suit jackets.
(C) The replacement will make the system even more efficient.
(D) The electricity bill will arrive by the end of this week.

Level 2 Test 4

101. The visual impact of the new building will be ------- to anyone passing through the downtown area.

(A) impression
(B) impressed
(C) impressive
(D) impress

102. Prior to ------- Mr. Hampton, the manager had been worried it would be difficult to find someone to run the franchise.

(A) interview
(B) interviewing
(C) interviewed
(D) have interviewed

103. Local calls may be ------- at no charge by dialing "9" and then the number.

(A) held
(B) paid
(C) spent
(D) made

104. Before giving a public presentation, ------- is a good idea to rehearse in front of one or two close colleagues.

(A) that
(B) which
(C) what
(D) it

105. To protect its rubber industry, Malaysia raised import tariffs but, unsurprisingly, ------- did its trading partners.

(A) still
(B) even
(C) so
(D) but

106. If the marketing director's proposal were to be implemented, the company's ad presentation would be ------- changed.

(A) radically
(B) lately
(C) tightly
(D) audibly

107. ------- at the regular Monday morning meetings is mandatory for all full-time employees.

(A) Attendance
(B) Attendees
(C) Attending
(D) Attended

108. A law prohibiting new construction in historic downtown was passed after nearly two years of debate ------- the issue.

(A) over
(B) against
(C) with
(D) to

109. The executives' meeting will be ------- a week, as two key chairpersons have scheduling conflicts.

(A) turned up
(B) pushed back
(C) moved in
(D) backed up

110. Amcorp's representative was accused of ------- providing false information during an investigation into the firm's finances.

(A) knowingly
(B) knowing
(C) knowledge
(D) known

111. The strike is expected to end now that union leaders and management have finally been able to ------- a compromise.

(A) turn down
(B) tie in
(C) agree on
(D) come up

112. Jana's resignation ------- Mr. Thomas, who believes that she was one of his most capable employees.

(A) was saddened
(B) was sad
(C) has saddened
(D) had been saddened

113. The construction noise has been a distraction to the employees, and we have experienced a decrease ------- productivity.

(A) at
(B) to
(C) in
(D) on

114. Although Mills & Co. has been in ------- for just three years, it is already considered a leader in its industry.

(A) employment
(B) trade
(C) business
(D) profession

115. The new CEO of Davis Industries, credited with generating record earnings, awarded ------- a large pay raise.

(A) his
(B) he
(C) him
(D) himself

116. Because of the aging equipment, the plant's ------- has been gradually decreasing.

(A) outcome
(B) output
(C) outlook
(D) outlet

GO ON TO THE NEXT PAGE

117. The lawyer lost his license for ------- fabricating evidence that he presented in court.

(A) deliberative
(B) deliberating
(C) deliberate
(D) deliberately

118. Sales of new homes are dramatically declining ------- mortgage rates skyrocket.

(A) as
(B) due to
(C) because of
(D) owing to

119. Even the most skilled experts are not always able to predict up and downs in the stock market -------.

(A) immensely
(B) accurately
(C) considerably
(D) strictly

120. The next meeting for the Global Financial Forum will take place at a location ------- to all the council members.

(A) accept
(B) acceptance
(C) acceptably
(D) acceptable

121. Although moderate social drinking is not an issue, alcohol use during the workday is harmful to ------- in the workplace.

(A) foundation
(B) incidence
(C) productivity
(D) obligation

122. The new school provides low-income families with educational resources ------- were previously unavailable to them.

(A) those
(B) there
(C) that
(D) they

123. For your convenience, ------- one of the computers in the hotel lobby may be used by our valued guests.

(A) some
(B) all
(C) no
(D) any

124. A background ------- will be conducted on all applicants who wish to be considered for the position in Security Services.

(A) look
(B) check
(C) mark
(D) safe

125. The old car was valued at $3,000, but Larry decided to sell it to a coworker ------- $1,500 to help her out.

(A) on
(B) for
(C) with
(D) at

126. Due to a financial crisis, Allan Vacuums has requested that each employee ------- hours spent working overtime this month.

(A) has reduced
(B) be reduced
(C) reduced
(D) reduce

127. The new boss was focused on reducing waste, and urged everyone not to ------- any reusable items.

(A) dispense
(B) disrupt
(C) displace
(D) discard

128. The budget for our division is larger than that of the other five sections -------.

(A) combined
(B) combining
(C) combination
(D) combines

129. Your loan payment is ------- within 30 days of the date of issue, or you may face late fees.

(A) owing
(B) mature
(C) concluded
(D) due

130. Hotel management has recently received ------- in regard to the cleanliness of the pool area.

(A) complain
(B) complains
(C) complaining
(D) complaints

GO ON TO THE NEXT PAGE

Questions 131-134 refer to the following memo.

To: All employees
From: Daniel Kim
Date: June 29
Subject: Network maintenance

Hello,

On Sunday, July 5, I ------- (131.) routine maintenance work on our computer network, as well as installing a new software package.

I will begin the work at 10:00 A.M., and it should take about eight hours to complete. During that time, the network will not be operational. ------- (132.), do not plan to use your office computers on Sunday.

------- (133.). If anyone needs to use a company computer on Sunday, please see me before the end of the week and I will provide a laptop for you to use at home. Due to the ------- (134.) supply, laptops will be available on a first-come, first-served basis.

Thank you,

Daniel

131. (A) conducted
(B) was to conduct
(C) conduct
(D) will be conducting

132. (A) However
(B) Otherwise
(C) Nevertheless
(D) Accordingly

133. (A) Before leaving on Friday, please shut down your computers completely.
(B) The network should be operational again by this time tomorrow.
(C) Please follow the steps outlined above before the end of the week.
(D) I would like to have some volunteers help me out on Sunday.

134. (A) abundant
(B) sufficient
(C) limited
(D) sizeable

Questions 135-138 refer to the following e-mail.

From: Ricardo Garcia <rgarcia@nathanscuisine.uk>
To: Selena Quince <squince@gangle.uk>
Subject: Catering order
Date: July 31

Dear Ms. Quince,

Thank you for choosing Nathan's Cuisine. I am writing about the order for 40 that you placed online on July 28.

In accordance with your ------- (135.), we will be sure to include a selection of gluten-free items.

You also asked that no dairy be included in any of the dishes. ------- (136.). However, most of our recipes include some sort of dairy, such as milk, cheese, or butter. ------- (137.) the cost of substitute items (almond milk, vegan cheese, etc.) is higher, we need to raise the estimated total price of your order from £375 to £413. ------- (138.) you wish to change your order because of this, please let us know as soon as possible.

Best regards, and thank you again,

Ricardo Garcia

135. (A) complications
(B) cancellations
(C) installations
(D) specifications

136. (A) This is something we can definitely do.
(B) I'm afraid this request cannot be accommodated.
(C) We would like you to clarify this statement.
(D) I will ask our chef if this will be possible.

137. (A) Before
(B) Since
(C) So
(D) Even if

138. (A) Should
(B) Do
(C) Have
(D) That

GO ON TO THE NEXT PAGE →

Questions 139-142 refer to the following letter.

November 10

Brad DeVille
Heckendorf Supplies
364 Industrial Lane
New York, NY 10016

Dear Mr. DeVille:

It has been a while since we worked together. I completed my bachelor's degree in the spring, and am now looking for -------(139.). It's been more difficult than I expected, but I have found a few openings that look promising. I -------(140.) a couple of interviews. The first is actually with one of your clients, Maddox Paint, and is set for December 15. I am writing to ask if you would be willing to write me a letter of reference -------(141.) of this interview. There is no hurry, since the interview is more than a month away.

I know that your firm has an excellent business relationship with Maddox. -------(142.).

Thank you in advance for your time and your assistance.

Best Regards,

Harriet Ito

139. (A) education
(B) investment
(C) personnel
(D) employment

140. (A) am scheduled
(B) have scheduled
(C) will schedule
(D) was scheduled

141. (A) in advance
(B) before
(C) in time
(D) prior

142. (A) Let me know if you find someone suitable.
(B) I am happy to conduct the negotiations on your behalf.
(C) I feel that your recommendation would be very helpful.
(D) Thank you for your continued support of our business.

Questions 143-146 refer to the following article.

Glasgow (18 March)—Since its establishment almost four decades ago, Camden Cycles has become an internationally recognized brand. -------(143.). The phrase "Pedal into the Future" has appeared in the firm's ads for 12 years. "We are constantly looking forward and trying to innovate," wrote CEO Lachlan Arbuckle on Camden's Web site. -------(144.), Camden Cycles announced last week that it will re-release its iconic Hamish model, a children's bicycle that has been out of production for more than 20 years. The bike will be exactly like the original model and will even be made using the same materials. This limited-edition production run of 30,000 units will surely appeal to -------(145.) adults; indeed, almost 10,000 of the units have already been presold. The Hamish cycles -------(146.) to be commercially available by 1 May.

143. (A) The firm has recently faced financial problems.
(B) Lachlan Arbuckle announced that he plans to step down.
(C) The company's slogan has become equally well known.
(D) Establishing a business is not an easy undertaking.

144. (A) Alternatively
(B) Surprisingly
(C) Similarly
(D) Ideally

145. (A) historic
(B) residential
(C) productive
(D) nostalgic

146. (A) are expected
(B) will expect
(C) expected
(D) are expecting

Level 2 Test 5

101. The consultant criticized Sundry Manufacturing for its ------- on a single supplier of microchips.

(A) rely
(B) reliable
(C) reliant
(D) reliance

102. His absence from important senate meetings ------- the voters who supported the candidate.

(A) was angered
(B) was angry
(C) has angered
(D) had been angered

103. ------- minor difficulties with the sound system, Ms. Teller's speech went quite smoothly.

(A) Aside from
(B) Let alone
(C) In lieu of
(D) According to

104. Artemis, Inc. will make ------- increases in its research and development budget starting next year.

(A) significantly
(B) significance
(C) significant
(D) signify

105. Talented salespeople are always searching for creative ways to ------- more sales.

(A) concentrate
(B) populate
(C) escalate
(D) generate

106. Myla woke up at 4 A.M. to ensure that she would start her workday ------- schedule.

(A) before
(B) ahead of
(C) advance
(D) under

107. The Employer of the Year prize is awarded to the organization ------- workers report the highest levels of job satisfaction.

(A) some
(B) those
(C) whose
(D) which

108. The faculty discussed problems that many teachers at the school ------- recently in their classrooms.

(A) have encountered
(B) is encountering
(C) encounters
(D) was encountering

109. ------- in the conference information package is a booklet of coupons for local attractions.

(A) Enclosure
(B) Enclosed
(C) Enclose
(D) Enclosing

110. Cabruzzi Castle, which is now the ------- of billionaire Miles Goodfellow, was constructed by Abramo Silva 450 years ago.

(A) occupation
(B) residence
(C) status
(D) livelihood

111. ------- gas prices on the increase, analysts predict that consumers will significantly cut back on their driving miles.

(A) With
(B) To
(C) For
(D) By

112. Good Day Thrift accepts donations of ------- clothing, provided each item is wearable, with no holes or tears.

(A) useless
(B) use
(C) used
(D) using

113. Those who wish to make suggestions regarding the proposal should do ------- on their own copies and then submit those to Ms. Nevin.

(A) as
(B) to
(C) such
(D) so

114. A sudden decrease in personnel forced Mr. Loughlin to put off ------- for an additional year.

(A) retiring
(B) dismissing
(C) replacing
(D) discharging

115. We cannot offer high hourly pay, ------- it is difficult to attract qualified candidates for the job.

(A) because
(B) so
(C) if
(D) before

116. Bob's Burgers plans to reintroduce the Jumbo Cheeseburger, which was a popular menu item of ------- in the past.

(A) they
(B) their
(C) theirs
(D) them

GO ON TO THE NEXT PAGE →

117. To ensure continued Internet service, it is advisable to pay your bill ------- a timely manner.

(A) in
(B) on
(C) for
(D) along

118. Overseas internships are available to candidates with certain -------, such as fluency in a foreign language.

(A) qualified
(B) qualification
(C) qualify
(D) qualifications

119. The investigation into the fire is focusing on the possibility that the sprinkler system had not been ------- installed.

(A) exactly
(B) properly
(C) potentially
(D) strictly

120. ------- Sarah has finished her portion of the yearly report, the remainder is far from complete.

(A) While
(B) Regarding
(C) Besides
(D) Nevertheless

121. Employees with a ------- for biking to work may request a company bicycle in lieu of travel compensation.

(A) priority
(B) favor
(C) habit
(D) preference

122. The leader kept the training sessions ------- by including a number of group activities.

(A) enjoys
(B) enjoyable
(C) enjoyment
(D) enjoying

123. The city council ------- to enlarge the local airport in order to accommodate much more air traffic.

(A) insists
(B) suggests
(C) supports
(D) proposes

124. Product testing indicates that consumer response to the new soft drink is likely to be -------.

(A) positive
(B) content
(C) popular
(D) delighted

125. The salesperson spoke generously after receiving the award, ------- her success to the high quality of the products she sold.

(A) credited
(B) have credited
(C) will credit
(D) crediting

126. Please note that payment of this invoice is due within 14 days of ------- of the shipment.

(A) receiving
(B) receive
(C) receptacle
(D) receipt

127. ------- the need for confidentiality about the new design formula, the project team should be kept small.

(A) Although
(B) Given
(C) Except
(D) Because

128. An egg-free version of this dish is available as an ------- for those wishing to avoid potential allergens.

(A) alternative
(B) obligation
(C) origin
(D) effect

129. Many people feel that employing an accountant to prepare their tax returns is ------- the price.

(A) worth
(B) worthy
(C) worthless
(D) worthwhile

130. Ocula, Inc. will ------- two mobile clinics in the effort to provide free eye examinations to schoolchildren throughout the county.

(A) deal
(B) contribute
(C) compensate
(D) transmit

GO ON TO THE NEXT PAGE

Questions 131-134 refer to the following e-mail.

From: Stone Enterprises
To: Samuel Kim
Date: June 5
Re: Schedule change

Dear Mr. Kim:

I am writing to tell you that Ms. Stone was called away to attend to an urgent family matter, and will be unable to make it to the meeting that ------- (**131.**) for Thursday, June 8 with you at your Honolulu branch.

She asked me to contact your office to reschedule the meeting. Your assistant, Frank, told me that you have an open time ------- (**132.**) on Tuesday, June 13 from 2 to 4 P.M. I have tentatively arranged your appointment with Ms. Stone for that time. ------- (**133.**). Ms. Stone also asked me to convey her sincere apologies, and wanted to let you know that she appreciates your being patient and ------- (**134.**) regarding this situation.

Best regards,

Eunice Pritt
Executive Assistant

131. (A) had scheduled
(B) is scheduling
(C) had been scheduled
(D) scheduled

132. (A) future
(B) slot
(C) plenty
(D) promise

133. (A) She will let you know if she is going to be available then.
(B) I've asked Frank if this fits into your schedule.
(C) However, I don't believe she will be available to meet you then.
(D) If this doesn't work for you, contact me at your earliest opportunity.

134. (A) flexible
(B) accountable
(C) negligible
(D) regrettable

Questions 135-138 refer to the following advertisement.

Antique Short Story Anthology:
Title: *Sunny Pastimes: Tributes in Tales.*
David Sutherland, Editor.
Introduction by Sean Kravitz.
Bastion Publishing, Wichita, KS, 1871. 289 pages.

This is a wonderful ------- (**135.**) of 23 short stories by various American writers. It celebrates the great outdoors and pays tribute to summertime activities ------- (**136.**) from hiking to swimming. The inside of the cover has been inscribed with a message stating it was a gift in 1871. ------- (**137.**). There is some yellowing of the pages, and the cover shows ------- (**138.**) of wear. However, the binding is in excellent condition, considering how old the book is.
Asking price: $550. Call (555) 643-8820 for inquiries.

135. (A) composer
(B) compromise
(C) compilation
(D) compartment

136. (A) have ranged
(B) ranging
(C) range
(D) ranges

137. (A) The writer of the note was the recipient's mother.
(B) This means the age of the volume cannot be confirmed.
(C) We hope to be able to return it to the original owner.
(D) You must have the receipt if you would like a refund.

138. (A) losses
(B) notices
(C) signs
(D) suits

GO ON TO THE NEXT PAGE

Questions 139-142 refer to the following letter.

Mr. Handyman Home Services
1465 Eagle Lane
Pittsburgh, PA 15238

Dear Sir or Madame:

I would like to appreciate the honesty of your staff at Mr. Handyman. My air conditioning system recently stopped working. I reached out to 5 firms, including yours, to investigate the cost of repairing it. The first 4 quotes I received were ------- (139.) expensive. One repairperson even told me that I would need to completely replace the entire system.

On Monday, one of your representatives came to give me his estimate. -------. (140.) He gave me a quote of ------- (141.) over $200 and said that the job would take roughly one hour. He did not have the necessary parts with him, so he ------- (142.) on Friday to carry out the repairs. I look forward to being able to cool my home again. I will recommend your firm to everyone I know.

Sincerely,

Adrian Carr

139. (A) prohibitive
(B) prohibitions
(C) prohibited
(D) prohibitively

140. (A) He said we would need to remain closed until the work was done.
(B) He told me the machine was broken beyond repair.
(C) He declared the system was working perfectly.
(D) He quickly traced the problem to a faulty switch.

141. (A) just
(B) more
(C) all
(D) many

142. (A) returned
(B) to return
(C) is returning
(D) had returned

Questions 143-146 refer to the following article.

Berkeley, August 12—The Municipal Zoning Board ------- (143.) plans for a nuclear power plant on the southeastern outskirts of Berkeley. The president of Palaquin Energy, the company behind the project, said that she was pleased by the board's decision. The news has caused anxiety among local citizens, many of whom were present at yesterday's ------- (144.). The proposed plant is also very likely to be protested by anti-nuclear activists.

------- (145.). Opponents of the decision, however, are worried that the plant poses a danger to the environment. When asked to comment, Board Chair Jaime Towle expressed ------- (146.) that the plant would meet the strict safety standards implemented by the state last year.

143. (A) has approved
(B) will approve
(C) to approve
(D) was approved

144. (A) launch
(B) experiment
(C) vote
(D) inspection

145. (A) The disposal of nuclear waste is a prime concern of residents.
(B) The plant will not do much to help reduce carbon emissions.
(C) The project is expected to cost far more than initially expected.
(D) The plant will bring hundreds of new jobs to the Berkeley area.

146. (A) confidence
(B) confidential
(C) confide
(D) confident

Level 2 Test 6

101. Angry area residents gathered in protest at the site of the ------- industrial complex.

(A) propose
(B) proposal
(C) proposed
(D) proposing

102. The project would call for the construction of a new building ------- requiring an expansion of the workforce.

(A) in addition
(B) as well
(C) besides
(D) furthermore

103. This message is ------- you that your picture has won second place in our recent photography contest.

(A) to inform
(B) information
(C) informed
(D) informative

104. The financial district in the city is ------- entirely deserted on most weekends and holidays.

(A) much
(B) further
(C) almost
(D) complete

105. The news conference, ------- scheduled to start at 5 P.M., has been postponed until 7 P.M.

(A) original
(B) originates
(C) originally
(D) originality

106. The coordinators were concerned that there would not be enough ------- at the venue for all of the conference attendees.

(A) slot
(B) facility
(C) room
(D) seat

107. Selma Pike was awarded with a beautiful plaque commemorating 25 years of ------- service to the company.

(A) designated
(B) delegated
(C) deserved
(D) devoted

108. Isabel ------- a notice on the bulletin board after she learned the office Christmas party would be held on December 18.

(A) has posted
(B) posts
(C) was posting
(D) posted

109. The directors held a meeting to discuss an issue that occurred regarding the ------- proposal for the business.

(A) existence
(B) expansion
(C) experiment
(D) excess

110. A handbook ------- company rules and regulations will be distributed to everyone after the orientation.

(A) detail
(B) details
(C) detailing
(D) detailed

111. This 2-hour class will help even first-time public presenters overcome anxiety ------- speaking to a crowd.

(A) among
(B) about
(C) to
(D) at

112. The demonstration will ------- advanced technology that may become available to consumers within the next 5 years.

(A) perform
(B) feature
(C) appear
(D) envision

113. The plan for the new office building has not been approved, as we are ------- of funds.

(A) lack
(B) insufficient
(C) few
(D) short

114. The reception will be a formal event, so appropriate ------- is needed if you plan to attend.

(A) attire
(B) policy
(C) standard
(D) expense

115. The warranty for this portable speaker does not cover damage from ------- to rain or other wet conditions.

(A) exposes
(B) exposing
(C) exposed
(D) exposure

116. Jeff changed the employee schedule without Ms. Laken's consent, ------- is probably going to upset her.

(A) who
(B) that
(C) which
(D) when

GO ON TO THE NEXT PAGE

117. The manager thought more ads was key to increasing sales, and that price reductions would be the last -------.

(A) resort
(B) count
(C) place
(D) minute

118. We ask that work areas be kept neat and organized, as that is a great ------- to the cleaning staff.

(A) helpful
(B) helpfully
(C) help
(D) helping

119. The university offered new courses in the hopes of increasing enrollment for the upcoming term and -------.

(A) beyond
(B) above
(C) within
(D) along

120. It is good for business owners to reflect ------- on changes in the market and then adapt to them.

(A) relatively
(B) periodically
(C) nearly
(D) lately

121. Classes at Cuisine Francois, a recently established cooking school, ------- in size from two to twenty students.

(A) varies
(B) varying
(C) vary
(D) variety

122. Alcester's new line of menswear is selling so well that the company is sure to ------- this year's sales forecast.

(A) face
(B) see
(C) encounter
(D) meet

123. ------- the new user system has been installed, everyone will be trained in how to use it.

(A) Already
(B) While
(C) As soon as
(D) In time for

124. The final version of the brochure might have been ready to print today if the draft ------- been submitted on time.

(A) have
(B) should have
(C) had
(D) has

125. There is some confusion over ------- will be chairing the director's meeting this month.

(A) how
(B) when
(C) what
(D) who

126. Our training programs are more thorough and detailed than ------- of other computer schools in the metro area.

(A) this
(B) that
(C) those
(D) it

127. ------- in the conference information package is a list of area accommodations.

(A) Inclusion
(B) Included
(C) Include
(D) Including

128. One of the ceramic vases had been damaged during transit, but all the others were -------.

(A) invaluable
(B) incorrect
(C) intact
(D) infected

129. Cool Drinx announced that it will modify the formula for BubbleFizz, a best-selling beverage of ------- for several decades.

(A) theirs
(B) them
(C) their
(D) they

130. This software manual is written to be easily understood by all users, ------- their level of programming knowledge.

(A) however
(B) whenever
(C) whatever
(D) whoever

GO ON TO THE NEXT PAGE →

Questions 131-134 refer to the following article.

Harrison (June 10)—WebFlix, the movie and TV streaming platform, has announced its ------- (**131.**) to start creating its own shows. Content will include ------- (**132.**) from a range of genres, such as comedies, documentaries, and works of science fiction. Webflix is not the first streaming service to try its hand in this arena; ShuLu, a streaming rival, began putting out its own programs last year. ------- (**133.**). WebFlix wants to achieve similar results. "We are sure that our presentations ------- (**134.**) a wide variety of audiences across the globe," said WebFlix CEO Sharon Emmanuel.

131. (A) intending
(B) intentional
(C) intentionally
(D) intention

132. (A) merchandise
(B) productions
(C) viewers
(D) devices

133. (A) Several of these debuted to critical acclaim.
(B) Subscriptions are free for the first month.
(C) Viewership has been rather low so far.
(D) The cost of creating these programs is very high.

134. (A) are pleased
(B) were being pleased
(C) will please
(D) have pleased

Questions 135-138 refer to the following e-mail.

To: Emilio Garcia <egarcia@finemail.com>
From: Lisa Fleming <lfleming@runfun.com>
Date: March 1
Subject: Summary

Mr. Garcia,

As promised, I'm sending the main points from your ------- (135.) consultation this morning. You have set your goal as completing the Dacono Marathon in October. We discussed your training regime and concluded that you need to run four times a week. On each occasion you should work on endurance. Your proposed ------- (136.) is attached to this e-mail.

We also talked about the requirements necessary to reach optimal running stamina. ------- (137.), you should increase your average distance by roughly a mile each week. I have researched a number of running routes to help you achieve this goal. These are included as a second attachment.

------- (138.).

Best regards,

Lisa Fleming, Personal Trainer

135. (A) initially
(B) initials
(C) initial
(D) initialize

136. (A) performance
(B) routine
(C) budget
(D) agenda

137. (A) In short
(B) Alternatively
(C) By contrast
(D) Otherwise

138. (A) Thank you for volunteering your time for this race.
(B) Please proofread these before we meet next.
(C) I hope we are able to come to a mutual agreement.
(D) I look forward to seeing you for our next session on March 8.

GO ON TO THE NEXT PAGE

Questions 139-142 refer to the following notice.

To: All Guests at the Seabrook Inn

The recent tropical storm that passed through has caused a blackout across the entire island of Wellman. Excel Energy engineers ------- (139.) to remedy the situation. Some progress has been made, but the island is likely to remain without ------- (140.) for the next 24 hours.

Seabrook Inn has its own emergency generators, so most of our services will not be directly affected. However, the shuttle bus to Pimway Beach has been ------- (141.) for the remainder of today as well as all of tomorrow. This is because the attractions, restaurants and shops there will remain closed over this same time period. ------- (142.). We recommend making advance bookings to dine in any of our three restaurants for both dinner tonight and lunch tomorrow due to the extra numbers anticipated.

139. (A) had worked
(B) will have worked
(C) work
(D) are working

140. (A) water
(B) power
(C) food
(D) staff

141. (A) canceled
(B) continued
(C) reserved
(D) expanded

142. (A) Meals in the hotel will only be available from room service.
(B) The problem was probably the result of a mechanical failure.
(C) Many local residents are expected to make use of our services.
(D) For your protection, we have implemented new safety regulations.

Questions 143-146 refer to the following advertisement.

Included in *Fantastic Travel's* list of top holiday destinations, the island of San Nicolas is the perfect vacation spot for outdoor enthusiasts. -------, **143.** visitors can hike through the lush Realto Forest, enjoy stunning views from atop the Cliffs of Pajaro Blanco, or simply relax on the sands of our amazing beaches. San Nicolas also boasts numerous ------- **144.** options. These range from luxurious suites at the famous Hotel Amina to camp cots in a shared log cabin on the island's southern edge. Visit us at www.sannicolastourism.sni to read about some of our other attractions and ------- **145.** a complete list of activities available to visitors. ------- **146.**.

143. (A) As a result
(B) For instance
(C) Nevertheless
(D) In contrast

144. (A) dining
(B) transportation
(C) venue
(D) lodging

145. (A) seeing
(B) have seen
(C) see
(D) can see

146. (A) Make your next holiday the vacation of a lifetime.
(B) This amazing offer is only good until January 1.
(C) We hope you enjoyed your stay on San Nicolas.
(D) While there, help yourself to a brochure from the front desk.

Level 3 Test 7

101. As the new vehicle had excellent fuel efficiency, Akira thought it was ------- the expense.

(A) worthwhile
(B) worth
(C) worthy
(D) worthiness

102. The assembly machine is fully automatic, so no ------- action is needed after pressing start.

(A) further
(B) longer
(C) later
(D) less

103. The Deluxe Inn provides its guests with ------- accommodations at reasonable prices.

(A) quality
(B) convenience
(C) comfort
(D) favor

104. PensaCo experienced a large decrease in market share, ------- it attributed to the popularity of their competitor's new product.

(A) when
(B) which
(C) that
(D) who

105. Much ------- the surprise of all present, the director announced her resignation at Monday's meeting.

(A) on
(B) to
(C) in
(D) at

106. Flatirons Crossing is temporarily closed for renovations, but will ------- normal hours of operation on August 1.

(A) remain
(B) react
(C) resume
(D) replace

107. The city had not planned for such rapid -------, and traffic congestion eventually became quite problematic.

(A) grown
(B) grower
(C) growth
(D) grow

108. Before releasing their new product, Gart & Sons decided to ------- advice from a professional advertising consultant.

(A) look
(B) inquire
(C) seek
(D) search

109. Financial aid forms are available from the clerk in the main office ------- request.

(A) as
(B) upon
(C) under
(D) at

110. Yoga is often recommended as an activity that can help ------- stress.

(A) reduce
(B) reduces
(C) reducing
(D) be reducing

111. Overseas ------- for the new swimwear line have not yet been fully explored by the company.

(A) markets
(B) marketing
(C) marketability
(D) market

112. Home sales ------- in October, followed by a gradual decline.

(A) raised
(B) peaked
(C) lifted
(D) discounted

113. Regardless of rumors saying otherwise, the CEO assured her employees that ------- will be no need for any layoffs.

(A) it
(B) there
(C) they
(D) this

114. The building design team will be composed of Mr. Hansen, Ms. Brechard, and one ------- architect.

(A) each other
(B) other
(C) the other
(D) another

115. University students who are not happy with their professor may ------- to transfer to a different class.

(A) opt
(B) alternate
(C) replace
(D) switch

116. The importance of making ------- financial decisions was the topic of today's broadcast.

(A) sound
(B) soundly
(C) sounds
(D) sounded

Level 3 | Test 7 | Part 5

GO ON TO THE NEXT PAGE

117. We need someone with experience to help us run the purchasing department, and that's ------- Jonathan is here for.

(A) why
(B) what
(C) which
(D) how

118. The proposed bus system would provide service to most of the tourist ------- within Denver.

(A) destinies
(B) destined
(C) destines
(D) destinations

119. Grand Lake ------- the heart of the Rocky Mountains and is a popular destination for campers and climbers.

(A) occupies
(B) exists
(C) remains
(D) resides

120. If participants are not given enough time to get ready, meetings are not likely to be -------.

(A) producing
(B) production
(C) produced
(D) productive

121. Janice Ray was presented with a plaque commemorating her years of ------- to the People's Clinic.

(A) promotion
(B) service
(C) treatment
(D) analysis

122. The proposal ------- the accounting department will be discussed at the next meeting.

(A) to expand
(B) of expanding
(C) expanded
(D) expansion

123. Mr. Samuels had to leave work early, as a family matter required his immediate -------.

(A) future
(B) reference
(C) attention
(D) utility

124. The manager is trying to ------- a deal with our supplier, which would reduce our overhead costs significantly.

(A) strike
(B) discount
(C) place
(D) drive

125. The recruiter identified two excellent candidates for the position during the last round of -------.

(A) interview
(B) interviews
(C) interviewed
(D) interviewer

126. Please visit our Web site for information ------- product availability and prices in your area.

(A) connecting
(B) referring
(C) relating
(D) concerning

127. ------- the instructor evaluations have already been collected, they have not yet been examined.

(A) Except
(B) But
(C) While
(D) Otherwise

128. While road construction is in progress on Haven Boulevard, drivers will have to take a ------- at Miramonte Street.

(A) gap
(B) view
(C) change
(D) detour

129. The poll showed that 72% of the people ------- said the planned hike in property taxes was very concerning.

(A) questioned
(B) questionable
(C) question
(D) questionnaire

130. In order to complete the project on time, Ms. Evans ------- to hire temporary staff.

(A) to force
(B) has forced
(C) was forced
(D) will force

GO ON TO THE NEXT PAGE →

Questions 131-134 refer to the following e-mail.

To: Elsa McMillan
From: Marian Park
Date: March 1
Subject: Budget

Dear Ms. McMillan:

This e-mail is to let you know that your request for an increased budget for your department has been -------. (**131.**) The resources you asked for will ensure that the temporary workers you plan to hire ------- (**132.**) the next few weeks can get paid. It is possible for us to provide the increase due to the high sales revenues we have seen recently. -------. (**133.**) If you wish, I would be happy to meet with you and ------- (**134.**) this in person. Please call me so we can arrange a mutually convenient time.

Sincerely,

Marian Park

131. (A) raised
(B) granted
(C) suspended
(D) refused

132. (A) over
(B) at
(C) with
(D) among

133. (A) In particular, we will need to adjust our sales target.
(B) We must try to find a way to increase our income.
(C) Don't forget, these offers are set to end next week.
(D) However, we probably can't do it again this year.

134. (A) discussion
(B) discussing
(C) discuss
(D) discussed

Questions 135-138 refer to the following advertisement.

Do you suffer from the occasional inability ------- (135.) due to stress? Are you interested in finding a safe, natural solution? If so, try Relaxanol, a natural sleep aid available without a prescription in stores across the country.

Relaxanol is made from our special blend of organically-grown herbs. It is non-narcotic and non-addictive. ------- (136.) most prescription sleep medications, Relaxanol doesn't interfere with your natural sleep cycles. It relaxes your body and calms your mind to help you fall asleep more easily. ------- (137.). You will wake up feeling ------- (138.) and ready to face the day with Relaxanol. Ask your health care provider if Relaxanol is right for you.

135. (A) sleeps
(B) sleeping
(C) to sleep
(D) of sleep

136. (A) Otherwise
(B) Although
(C) Whereas
(D) Unlike

137. (A) What's more, there are no lingering side effects.
(B) However, it leaves you feeling drowsy in the morning.
(C) Therefore, a second dose may be necessary.
(D) In that case, you should stop taking it.

138. (A) refresh
(B) refreshing
(C) refreshed
(D) refreshment

GO ON TO THE NEXT PAGE

Questions 139-142 refer to the following notice.

To: IT Department Head
From: Jerry Manning
Date: October 1
Re: Consultant's advice

Iracema Becker, the consultant we hired, has recommended that we make some changes to our Web site. Most of these are fairly minor. -------, there are a few broken links on our homepage that need to be fixed. However, there is one issue that will probably take a little more time to tackle. About half of our ------- are using smartphones or tablets. Ms. Becker said the site is difficult to navigate on such devices. It is possible to create dedicated mobile Web pages, but she has suggested ways we could make our existing site ------- to use on mobile devices. -------. Let me know if you have any preferences on the time.

(139. / 140. / 141. / 142.)

Best regards,

Jerry Manning

139. (A) Instead
(B) Subsequently
(C) For instance
(D) Therefore

140. (A) visitors
(B) relatives
(C) employees
(D) acquaintances

141. (A) easily
(B) easier
(C) ease
(D) easiness

142. (A) Tablet users do not experience the same problem.
(B) Ms. Becker provided me with a full report yesterday.
(C) My assistant will e-mail you with further details.
(D) I am calling a meeting to discuss the issues next Thursday.

Questions 143-146 refer to the following letter.

February 10

Fine Catch Crab, Inc.
1730 West Parker St.
Kenai, AK 99611

Mr. Price Davies,

Due to recent changes in federal regulations, the Office of Marine Welfare will be visiting crab fisheries throughout Alaska to determine whether they ------- (**143.**) to the new rules. The regulations are designed to ensure that all safety standards are strictly observed.

Fisheries found not to be in compliance will be issued a list of ------- (**144.**) to make. Such facilities will have a 12-month period in which to make the required modifications.

One of our agents ------- (**145.**) in touch with you by the end of this month to arrange an appointment to inspect your facility. We appreciate your cooperation. ------- (**146.**).

Samantha Brooks
Office of Marine Welfare

143. (A) conform
(B) hope
(C) obey
(D) belong

144. (A) change
(B) changing
(C) changes
(D) changeable

145. (A) had been
(B) being
(C) were
(D) will be

146. (A) We will see you again on February 11.
(B) Please direct any inquiries to 202-555-1155.
(C) Thank you very much for letting me know.
(D) We will be expecting your call tomorrow.

Level 3 Test 8

101. The ------- project for the firm has been approved by the board, and construction will begin in September.

(A) expanse
(B) expand
(C) expanding
(D) expansion

102. The IT department decided to purchase software that was within budget ------- than request more funding.

(A) less
(B) more
(C) rather
(D) further

103. Residents of Cumbria have ------- Barron Steel's effort to reduce pollution and protect the environment.

(A) appealed
(B) applied
(C) applauded
(D) appraised

104. An announcement ------- customers of possible interruptions in their electricity service was sent out last week.

(A) warns
(B) warning
(C) warned
(D) was warned

105. -------- completion of your 30-day probation period, you will be eligible to receive employee benefits.

(A) For
(B) With
(C) Upon
(D) In

106. Rising oil prices will ------- result in overhead increases for nearly every industry in the country.

(A) previously
(B) confidentially
(C) recently
(D) eventually

107. Cinnabar Inc. predicts it will experience growth of ------- over 30% during the next fiscal year.

(A) well
(B) bit
(C) few
(D) much

108. ------- disconnecting your flash drive, make sure to click the "eject" icon on the desktop first.

(A) On
(B) During
(C) When
(D) As

109. Red wine is commonly bottled in dark brown glass to prevent damage that can be caused by -------- to sunlight.

(A) exposing
(B) exposure
(C) exposition
(D) exposed

110. ------- pressure from the publisher regarding the deadline for the textbook caused Ms. Wilson to postpone her holiday.

(A) Mounting
(B) Extending
(C) Leaning
(D) Weighing

111. Please have your invoice number ------- hand when calling our billing department with questions about your account.

(A) on
(B) by
(C) for
(D) to

112. Unfortunately, James' comments on her presentation ended up ------- Ms. Keller's confidence in her public speaking.

(A) declining
(B) interfering
(C) accommodating
(D) undermining

113. The computer center is accessible ------- to Windmore Inn guests.

(A) exclusion
(B) exclusive
(C) excluding
(D) exclusively

114. Although the plan to protect the historic home had public support, it was ------- down by politicians with ties to housing developers.

(A) settled
(B) stuck
(C) shot
(D) written

115. The proposal ------- temporary workers for the project will be addressed at the next meeting.

(A) to contract
(B) of contracting
(C) contracted
(D) contract

116. The movie was more than three hours long, but it was so well-done that it ------- my attention the entire time.

(A) held
(B) saved
(C) took
(D) went

GO ON TO THE NEXT PAGE

117. Shannon Inc. is teaming up with Nelson Printing to take control of one of the state's most ------- magazines.

(A) respected
(B) respectful
(C) respecting
(D) respective

118. Supervisors should avoid sending the message that office workers' feelings don't -------.

(A) consider
(B) value
(C) manage
(D) count

119. Writers who submit articles are ------- that *Westgate Weekly* may edit their material for style and length.

(A) advisor
(B) advised
(C) advisably
(D) advisable

120. Unless ------- directed, submit your expense reports to Koda Anderson in the accounting department.

(A) instead
(B) somewhat
(C) otherwise
(D) rather

121. Despite our low revenue last quarter, the president assured us that ------- will be no need for budget cuts.

(A) it
(B) this
(C) they
(D) there

122. The price of these older televisions ------- by 30 percent in order to facilitate their quick sale.

(A) has reduced
(B) reduced
(C) have been reduced
(D) has been reduced

123. ------- Mr. Keene wants to ask for a raise, his wife would like him to request extra holiday time instead.

(A) Since
(B) If
(C) While
(D) After

124. Changes in business culture now allow women to take on executive positions ------- were previously held mostly by men.

(A) those
(B) there
(C) that
(D) they

125. After his promotion to manager, Steve felt a little uncomfortable ------- his former coworkers about any mistakes they made.

(A) confronted
(B) confrontation
(C) confronting
(D) confronts

126. Although there were no signs of burglary, the proprietor took ------- and realized that some of his jewelry had been stolen.

(A) inventory
(B) investment
(C) investigation
(D) involvement

127. Deposits may be made ------- person at any of our branches during regular business hours.

(A) through
(B) in
(C) for
(D) by

128. Trent was surprised when the team ------- his plan for rebranding the firm's sportswear line.

(A) convinced
(B) responded
(C) complied
(D) embraced

129. A written request must be submitted to Mr. Trevino for approval before ------- an order with an outside vendor.

(A) putting
(B) setting
(C) placing
(D) giving

130. To dine at Flagstaff House, which is extremely popular, you must make reservations two to three months -------.

(A) first
(B) previous
(C) beforehand
(D) advance

GO ON TO THE NEXT PAGE

Questions 131-134 refer to the following article.

XGaming and WinMaster announced today that the two firms, both leaders in electronic gaming, have merged ------- (131.) a new company named GameBlizzard.

GameBlizzard stated it will continue to operate both the XGaming and WinMaster sites separately until a new, fully integrated Web site ------- (132.) developed to replace the two existing platforms.

Meanwhile, games that were once exclusive to one site or the other are now available on both, ------- (133.) gaming fans can play all of their favorite games on their preferred platform. ------- (134.).

131. (A) forms
(B) to form
(C) form
(D) formation

132. (A) would be
(B) will be
(C) is
(D) had been

133. (A) so
(B) yet
(C) even if
(D) but

134. (A) This means users must now commit to only one site.
(B) Once the new site is up, the other two will be phased out.
(C) Therefore, many games will no longer be available.
(D) GameBlizzard says the problem will be resolved quickly.

Questions 135-138 refer to the following letter.

Kevin Stone
418 West Palm Drive
Los Angeles, CA 80302

Dear Mr. Stone,

TU Credit Union is happy to inform you that the automobile loan you took out with us has now ------- off completely.
135.

Your final payment, in the amount of $550.34, was received on October 19. This brings your grand total to $22,365.66, covering the total balance of the loan. You have met all of your ------- obligations to TU Credit Union. We will notify the Department of Motor Vehicles that the automobile now belongs exclusively to you. -------.
136. **137.**

Thank you for choosing to ------- the funds for your automobile purchase from TU Credit Union. We hope you will consider us again the next time you need to purchase a vehicle.
138.

Sincerely,

Alana Linton
TU Credit Union

135. (A) paid
(B) been paying
(C) was paid
(D) been paid

136. (A) finance
(B) financed
(C) financial
(D) financially

137. (A) They will send you the new title within two weeks.
(B) Interest rates on our loans will increase next month.
(C) You will have to pay a penalty if you do not comply.
(D) Please remit the payment to our office within 30 days.

138. (A) make
(B) donate
(C) borrow
(D) account

GO ON TO THE NEXT PAGE

Questions 139-142 refer to the following advertisement.

Pedalmate RidePlus stationary bicycle

The reason that many people do not ------- (139.) to a new fitness routine is that they lose interest when the routine becomes dull and repetitive.

The Pedalmate RidePlus includes a built-in 45-centimeter color monitor with touch-screen control panel to alleviate ------- (140.). Riders can watch TV, view custom biking videos, and see their statistics such as heart rate and riding speed, all right at their fingertips. The patented TruGear resistance system lets riders vary their speed and difficulty level easily. ------- (141.). The Pedalmate RidePlus is available for $1,500 -------- (142.) exercise equipment is sold.

139. (A) adhere
(B) maintain
(C) continue
(D) follow

140. (A) bores
(B) boring
(C) boredom
(D) bored

141. (A) This allows riders to skip workouts without guilt.
(B) This creates a calm, stress-free workout area.
(C) This makes workouts much more monotonous.
(D) This facilitates longer, more productive workouts.

142. (A) whoever
(B) wherever
(C) whatever
(D) whichever

Questions 143-146 refer to the following e-mail.

Hi, Jonah,

I just wanted to let you know that Samantha and I have returned ------- (143.) from our travels. The final leg was from Tokyo back to Detroit, which included a stopover in Denver.

In Denver, the airline announced that our plane was experiencing mechanical problems. Consequently, our layover was extended ------- (144.) several hours. We finally arrived at our apartment more than 24 hours after boarding the plane in Tokyo. ------- (145.), we're exhausted and thankful to have a few days to rest and recuperate before either of us has to return to work.

Anyway, that's my update. ------- (146.).

Timothy

143. (A) safety
(B) safe
(C) safely
(D) safer

144. (A) by
(B) at
(C) with
(D) in

145. (A) For instance
(B) Needless to say
(C) Otherwise
(D) Against all odds

146. (A) It was really great seeing you there.
(B) We should be home within the next few days.
(C) I'll see you at the office tomorrow.
(D) It was fun, but it's nice to be back.

Level 3 Test 9

101. The product guarantee is subject to ------- described in paragraph 10 of the warranty document.

(A) restrictions
(B) restrict
(C) restrictive
(D) restrictively

102. If you plan to be ------- the awards ceremony, we ask that you add your name to the guest list one week prior to the event.

(A) on
(B) at
(C) with
(D) for

103. One issue the budgeting program addressed was not ------- items that could possibly be used again.

(A) accomplishing
(B) deriving
(C) discouraging
(D) discarding

104. The talented new sales associate received a large commission ------- her regular monthly pay.

(A) depending on
(B) on top of
(C) provided that
(D) additionally

105. For the conference to ------- as planned, we must reserve the venue by this Friday.

(A) carry
(B) host
(C) proceed
(D) schedule

106. Mr. Dodson has asked that all sales receipts ------- in ballpoint pen, as this ensures that they cannot be altered in any way.

(A) are written
(B) be written
(C) write
(D) written

107. The small increase in sales did not come ------- to the projections made by the advertising department.

(A) closing
(B) closely
(C) close
(D) closure

108. The price of apples has risen ------- an average of 10 cents a pound since this time last year.

(A) on
(B) from
(C) by
(D) over

109. Maria was having trouble sleeping, ------- she attributed to the stress she experienced at her job.

(A) when
(B) which
(C) that
(D) who

110. Lewiston Enterprises predicted it would ------- its first-ever quarterly loss amid intense competition and declining sales.

(A) post
(B) cast
(C) invest
(D) host

111. This wireless speaker runs on two AA batteries and is about twice ------- size of a business card.

(A) much
(B) as
(C) the
(D) a

112. CommuSync announced this week that it would begin marketing tablets and laptop computers in a bid to ------- its product line.

(A) diverse
(B) diversion
(C) diversity
(D) diversify

113. The director had ------- a lot of effort into improving employee morale, so he was upset when the president criticized their performance.

(A) driven
(B) put
(C) opened
(D) taken

114. Just as negotiations were about to break down completely, the facilitator ------- a solution that led to a settlement.

(A) stepped down
(B) backed out
(C) wrote off
(D) hit upon

115. The price of gas has been ------- quickly over the last year, causing ridership on public transportation to go up rapidly as well.

(A) raising
(B) raised
(C) rising
(D) risen

116. Marcham Drug is ------- new ground with their research into developing a new diabetes medication.

(A) opening
(B) taking
(C) entering
(D) breaking

GO ON TO THE NEXT PAGE

117. This check was written on an account that has been closed, ------- is not acceptable for any payments.

(A) and
(B) unless
(C) but
(D) either

118. Anita devoted ------- life to running the charity that she founded after her partner died.

(A) her
(B) herself
(C) hers
(D) she

119. Regulations on storing flammable material require that a "No Smoking" sign be displayed in a ------- location within 10 meters of the site.

(A) confident
(B) conservative
(C) conspicuous
(D) conscious

120. Anyone interested in volunteering for the river cleanup should ------- Luke Dean at Parks and Recreation.

(A) converse
(B) contact
(C) communicate
(D) comment

121. ------- January 1, all employees must carry their identification cards when inside the office building.

(A) Effecting
(B) Effective
(C) Effected
(D) Effect

122. After a period of high turnover, the company struggled to meet quotas with its ------- inexperienced sales force.

(A) extraneously
(B) constructively
(C) efficiently
(D) relatively

123. Timothy has left on vacation, so he will not be coming into work for the ------- of the month.

(A) remain
(B) remaining
(C) remained
(D) remainder

124. The new CEO understands the importance of teamwork and has acted -------, working to develop cooperation among staff members.

(A) consequently
(B) accordingly
(C) equally
(D) wholly

125. Although it is not necessary to participate in training workshops every year, I would prefer that you ------- so.

(A) be done
(B) had done
(C) did
(D) would do

126. Mr. Nakamura made some extra money by ------- on garden care jobs that he did on the weekends.

(A) getting
(B) keeping
(C) taking
(D) basing

127. Ms. Barahd regards good client relationships ------- a necessity for long-term success.

(A) to
(B) as
(C) for
(D) of

128. Construction of a new highway bypassing the downtown area was proposed as a way to ease traffic ------- in the city.

(A) congests
(B) congesting
(C) congestive
(D) congestion

129. ------- wishing to apply for the opening in the marketing department should ask Harold Kuhn for the necessary documents.

(A) Those
(B) Who
(C) These
(D) They

130. Mitsuda Corp became the largest shareholder in Sato Industries after acquiring a 20 percent ------- in the Kyoto-based firm.

(A) stake
(B) state
(C) stint
(D) stock

GO ON TO THE NEXT PAGE

Questions 131-134 refer to the following e-mail.

To: Chris Jenkins <cjenkins@thepalms.com>
From: Sally Davis <sdavis@thepalms.com>

Hi Chris,

Please find attached three bids for the renovations of the hotel's main dining room and kitchen ------- (131.) requested in your recent e-mail. I'm sorry for the delay in getting them to you. Unfortunately, I ------- (132.) underestimated how long getting the bids would take. Some of the contractors I reached out to were fully booked and wouldn't have been able to meet our deadline. ------- (133.). So finding contractors willing to make an offer took much more time than I had ------- (134.).

I hope that you find at least one of the bids acceptable. Let me know what you think. I'll be awaiting your reply.

Thanks,

Sally

131. (A) that
(B) which
(C) were
(D) as

132. (A) great
(B) greater
(C) greatly
(D) greatness

133. (A) This meant that nobody was willing to take on the job.
(B) I think, therefore, we should extend the deadline.
(C) You should probably be the one to contact them.
(D) Others felt the project was beyond the scope of their expertise.

134. (A) spent
(B) wasted
(C) anticipated
(D) saved

Questions 135-138 refer to the following article.

Yesterday, temperatures soared into the 40s. However, that did not stop over 50,000 spectators from ------- **135.** the streets during the Australia Day parade. ------- **136.**. Leading the event were some of Australia's most popular celebrities, as well as notable political ------- **137.**. The procession wound its way through downtown Sydney, past many central landmarks and over the Harbour Bridge, before ending at the Opera House. Elaborately decorated vehicles and numerous ------- **138.** wearing colourful clothing and costumes delighted the thousands in attendance for the event.

135. (A) lining
(B) gathering
(C) grouping
(D) driving

136. (A) The festivities featured floats, dancing, and marching bands.
(B) The size of yesterday's crowd was even larger than that.
(C) In contrast, a cold front is expected to arrive this weekend.
(D) It is set to kick off at precisely 9 A.M.

137. (A) positions
(B) campaigns
(C) figures
(D) elections

138. (A) performs
(B) performances
(C) performed
(D) performers

GO ON TO THE NEXT PAGE

Questions 139-142 refer to the following letter.

April 2

Alvin Bennington
FlaskMakers, Inc.
123 Somerset Road.
Seattle, WA 98125

Dear Mr. Bennington,

I want to thank you for writing me a wonderful letter of recommendation. According to my new manager, your ------- (139.) shaped her final decision.

I am very ------- (140.) of your helping me secure this new position. When applying for the opening, I sought referrals only from people for whom I have the utmost respect. ------- (141.) the fact that this respect appears to be mutual, I am satisfied with that decision.

I am much obliged for your show of support. ------- (142.).

Best Regards,

Mackenna Reynolds

139. (A) endorsement
(B) provocation
(C) consignment
(D) allocation

140. (A) appreciated
(B) appreciating
(C) appreciative
(D) appreciation

141. (A) In light of
(B) In place of
(C) In lieu of
(D) In favor of

142. (A) I will send the letter to my manager right away.
(B) I couldn't have done it without you.
(C) I wish you the best at your new place of employment.
(D) I will let you know how the interview goes.

Questions 143-146 refer to the following advertisement.

Visit three of Peru's amazing destinations with the Silver Ticket!

The ticket includes admission to High Tor Alpaca Ranch, where you can participate in the Alpaca Adventure. This features a shearing demonstration, hand-feeding the alpacas, and strolling with them in the fields. It is a one-of-a-kind experience.

Also, relax at The Pools of Lemin, Peru's premiere natural hot spring, featuring over 10 pools with various temperatures. Massages are also available ------- (143.) appointment.

------- (144.) visit to Peru is complete without a walking tour of Cuzco. Take the Golden Miles excursion, which ------- (145.) a guide who will teach you about famous sites in the city while leading you through the winding cobblestone streets. ------- (146.).

To purchase a Silver Ticket, or to request further details about any of these three great destinations, visit our website at peruviantourinfun.com.

143. (A) for
(B) in
(C) by
(D) to

144. (A) Not
(B) No
(C) Never
(D) None

145. (A) included
(B) include
(C) had included
(D) includes

146. (A) The bus ride takes roughly 4 hours in total.
(B) This outing includes lunch at the Almadhen Hotel.
(C) Passes for the Golden Miles are sold separately.
(D) Help us out with your generous donation today.

TOEIC® L&R テスト 精選模試【文法・語彙問題】Level 1 Test 1

Answer Sheet

実施日	年　　月　　日

Part 5															Part 6									
No.	ANSWER				No.	ANSWER				No.	ANSWER				No.	ANSWER				No.	ANSWER			
	A	B	C	D		A	B	C	D		A	B	C	D		A	B	C	D		A	B	C	D
101	A	B	C	D	111	A	B	C	D	121	A	B	C	D	131	A	B	C	D	141	A	B	C	D
102	A	B	C	D	112	A	B	C	D	122	A	B	C	D	132	A	B	C	D	142	A	B	C	D
103	A	B	C	D	113	A	B	C	D	123	A	B	C	D	133	A	B	C	D	143	A	B	C	D
104	A	B	C	D	114	A	B	C	D	124	A	B	C	D	134	A	B	C	D	144	A	B	C	D
105	A	B	C	D	115	A	B	C	D	125	A	B	C	D	135	A	B	C	D	145	A	B	C	D
106	A	B	C	D	116	A	B	C	D	126	A	B	C	D	136	A	B	C	D	146	A	B	C	D
107	A	B	C	D	117	A	B	C	D	127	A	B	C	D	137	A	B	C	D					
108	A	B	C	D	118	A	B	C	D	128	A	B	C	D	138	A	B	C	D					
109	A	B	C	D	119	A	B	C	D	129	A	B	C	D	139	A	B	C	D					
110	A	B	C	D	120	A	B	C	D	130	A	B	C	D	140	A	B	C	D					

TOEIC® L&R テスト 精選模試【文法・語彙問題】Level 1 Test 2

Answer Sheet

実施日	年　　月　　日

Part 5

No.	A	B	C	D	No.	A	B	C	D	No.	A	B	C	D
101	A	B	C	D	111	A	B	C	D	121	A	B	C	D
102	A	B	C	D	112	A	B	C	D	122	A	B	C	D
103	A	B	C	D	113	A	B	C	D	123	A	B	C	D
104	A	B	C	D	114	A	B	C	D	124	A	B	C	D
105	A	B	C	D	115	A	B	C	D	125	A	B	C	D
106	A	B	C	D	116	A	B	C	D	126	A	B	C	D
107	A	B	C	D	117	A	B	C	D	127	A	B	C	D
108	A	B	C	D	118	A	B	C	D	128	A	B	C	D
109	A	B	C	D	119	A	B	C	D	129	A	B	C	D
110	A	B	C	D	120	A	B	C	D	130	A	B	C	D

Part 6

No.	A	B	C	D	No.	A	B	C	D
131	A	B	C	D	141	A	B	C	D
132	A	B	C	D	142	A	B	C	D
133	A	B	C	D	143	A	B	C	D
134	A	B	C	D	144	A	B	C	D
135	A	B	C	D	145	A	B	C	D
136	A	B	C	D	146	A	B	C	D
137	A	B	C	D					
138	A	B	C	D					
139	A	B	C	D					
140	A	B	C	D					

TOEIC® L&R テスト 精選模試【文法・語彙問題】Level 1 Test 3

Answer Sheet

実施日	年　月　日

Part 5															Part 6									
No.	ANSWER				No.	ANSWER				No.	ANSWER				No.	ANSWER				No.	ANSWER			
	A	B	C	D		A	B	C	D		A	B	C	D		A	B	C	D		A	B	C	D
101	A	B	C	D	111	A	B	C	D	121	A	B	C	D	131	A	B	C	D	141	A	B	C	D
102	A	B	C	D	112	A	B	C	D	122	A	B	C	D	132	A	B	C	D	142	A	B	C	D
103	A	B	C	D	113	A	B	C	D	123	A	B	C	D	133	A	B	C	D	143	A	B	C	D
104	A	B	C	D	114	A	B	C	D	124	A	B	C	D	134	A	B	C	D	144	A	B	C	D
105	A	B	C	D	115	A	B	C	D	125	A	B	C	D	135	A	B	C	D	145	A	B	C	D
106	A	B	C	D	116	A	B	C	D	126	A	B	C	D	136	A	B	C	D	146	A	B	C	D
107	A	B	C	D	117	A	B	C	D	127	A	B	C	D	137	A	B	C	D					
108	A	B	C	D	118	A	B	C	D	128	A	B	C	D	138	A	B	C	D					
109	A	B	C	D	119	A	B	C	D	129	A	B	C	D	139	A	B	C	D					
110	A	B	C	D	120	A	B	C	D	130	A	B	C	D	140	A	B	C	D					

TOEIC® L&R テスト 精選模試【文法・語彙問題】Level 2 Test 4

Answer Sheet

実施日	年　月　日

Part 5

No.	ANSWER A B C D	No.	ANSWER A B C D	No.	ANSWER A B C D
101	Ⓐ Ⓑ Ⓒ Ⓓ	111	Ⓐ Ⓑ Ⓒ Ⓓ	121	Ⓐ Ⓑ Ⓒ Ⓓ
102	Ⓐ Ⓑ Ⓒ Ⓓ	112	Ⓐ Ⓑ Ⓒ Ⓓ	122	Ⓐ Ⓑ Ⓒ Ⓓ
103	Ⓐ Ⓑ Ⓒ Ⓓ	113	Ⓐ Ⓑ Ⓒ Ⓓ	123	Ⓐ Ⓑ Ⓒ Ⓓ
104	Ⓐ Ⓑ Ⓒ Ⓓ	114	Ⓐ Ⓑ Ⓒ Ⓓ	124	Ⓐ Ⓑ Ⓒ Ⓓ
105	Ⓐ Ⓑ Ⓒ Ⓓ	115	Ⓐ Ⓑ Ⓒ Ⓓ	125	Ⓐ Ⓑ Ⓒ Ⓓ
106	Ⓐ Ⓑ Ⓒ Ⓓ	116	Ⓐ Ⓑ Ⓒ Ⓓ	126	Ⓐ Ⓑ Ⓒ Ⓓ
107	Ⓐ Ⓑ Ⓒ Ⓓ	117	Ⓐ Ⓑ Ⓒ Ⓓ	127	Ⓐ Ⓑ Ⓒ Ⓓ
108	Ⓐ Ⓑ Ⓒ Ⓓ	118	Ⓐ Ⓑ Ⓒ Ⓓ	128	Ⓐ Ⓑ Ⓒ Ⓓ
109	Ⓐ Ⓑ Ⓒ Ⓓ	119	Ⓐ Ⓑ Ⓒ Ⓓ	129	Ⓐ Ⓑ Ⓒ Ⓓ
110	Ⓐ Ⓑ Ⓒ Ⓓ	120	Ⓐ Ⓑ Ⓒ Ⓓ	130	Ⓐ Ⓑ Ⓒ Ⓓ

Part 6

No.	ANSWER A B C D	No.	ANSWER A B C D
131	Ⓐ Ⓑ Ⓒ Ⓓ	141	Ⓐ Ⓑ Ⓒ Ⓓ
132	Ⓐ Ⓑ Ⓒ Ⓓ	142	Ⓐ Ⓑ Ⓒ Ⓓ
133	Ⓐ Ⓑ Ⓒ Ⓓ	143	Ⓐ Ⓑ Ⓒ Ⓓ
134	Ⓐ Ⓑ Ⓒ Ⓓ	144	Ⓐ Ⓑ Ⓒ Ⓓ
135	Ⓐ Ⓑ Ⓒ Ⓓ	145	Ⓐ Ⓑ Ⓒ Ⓓ
136	Ⓐ Ⓑ Ⓒ Ⓓ	146	Ⓐ Ⓑ Ⓒ Ⓓ
137	Ⓐ Ⓑ Ⓒ Ⓓ		
138	Ⓐ Ⓑ Ⓒ Ⓓ		
139	Ⓐ Ⓑ Ⓒ Ⓓ		
140	Ⓐ Ⓑ Ⓒ Ⓓ		

TOEIC® L&R テスト 精選模試【文法・語彙問題】Level 2 Test 5
Answer Sheet

実施日	年　月　日

Part 5															Part 6									
No.	ANSWER				No.	ANSWER				No.	ANSWER				No.	ANSWER				No.	ANSWER			
	A	B	C	D		A	B	C	D		A	B	C	D		A	B	C	D		A	B	C	D
101	A	B	C	D	111	A	B	C	D	121	A	B	C	D	131	A	B	C	D	141	A	B	C	D
102	A	B	C	D	112	A	B	C	D	122	A	B	C	D	132	A	B	C	D	142	A	B	C	D
103	A	B	C	D	113	A	B	C	D	123	A	B	C	D	133	A	B	C	D	143	A	B	C	D
104	A	B	C	D	114	A	B	C	D	124	A	B	C	D	134	A	B	C	D	144	A	B	C	D
105	A	B	C	D	115	A	B	C	D	125	A	B	C	D	135	A	B	C	D	145	A	B	C	D
106	A	B	C	D	116	A	B	C	D	126	A	B	C	D	136	A	B	C	D	146	A	B	C	D
107	A	B	C	D	117	A	B	C	D	127	A	B	C	D	137	A	B	C	D					
108	A	B	C	D	118	A	B	C	D	128	A	B	C	D	138	A	B	C	D					
109	A	B	C	D	119	A	B	C	D	129	A	B	C	D	139	A	B	C	D					
110	A	B	C	D	120	A	B	C	D	130	A	B	C	D	140	A	B	C	D					

TOEIC® L&R テスト 精選模試【文法・語彙問題】Level 2 Test 6

Answer Sheet

実施日	年　月　日

Part 5															Part 6									
No.	ANSWER				No.	ANSWER				No.	ANSWER				No.	ANSWER				No.	ANSWER			
	A	B	C	D		A	B	C	D		A	B	C	D		A	B	C	D		A	B	C	D
101	Ⓐ	Ⓑ	Ⓒ	Ⓓ	111	Ⓐ	Ⓑ	Ⓒ	Ⓓ	121	Ⓐ	Ⓑ	Ⓒ	Ⓓ	131	Ⓐ	Ⓑ	Ⓒ	Ⓓ	141	Ⓐ	Ⓑ	Ⓒ	Ⓓ
102	Ⓐ	Ⓑ	Ⓒ	Ⓓ	112	Ⓐ	Ⓑ	Ⓒ	Ⓓ	122	Ⓐ	Ⓑ	Ⓒ	Ⓓ	132	Ⓐ	Ⓑ	Ⓒ	Ⓓ	142	Ⓐ	Ⓑ	Ⓒ	Ⓓ
103	Ⓐ	Ⓑ	Ⓒ	Ⓓ	113	Ⓐ	Ⓑ	Ⓒ	Ⓓ	123	Ⓐ	Ⓑ	Ⓒ	Ⓓ	133	Ⓐ	Ⓑ	Ⓒ	Ⓓ	143	Ⓐ	Ⓑ	Ⓒ	Ⓓ
104	Ⓐ	Ⓑ	Ⓒ	Ⓓ	114	Ⓐ	Ⓑ	Ⓒ	Ⓓ	124	Ⓐ	Ⓑ	Ⓒ	Ⓓ	134	Ⓐ	Ⓑ	Ⓒ	Ⓓ	144	Ⓐ	Ⓑ	Ⓒ	Ⓓ
105	Ⓐ	Ⓑ	Ⓒ	Ⓓ	115	Ⓐ	Ⓑ	Ⓒ	Ⓓ	125	Ⓐ	Ⓑ	Ⓒ	Ⓓ	135	Ⓐ	Ⓑ	Ⓒ	Ⓓ	145	Ⓐ	Ⓑ	Ⓒ	Ⓓ
106	Ⓐ	Ⓑ	Ⓒ	Ⓓ	116	Ⓐ	Ⓑ	Ⓒ	Ⓓ	126	Ⓐ	Ⓑ	Ⓒ	Ⓓ	136	Ⓐ	Ⓑ	Ⓒ	Ⓓ	146	Ⓐ	Ⓑ	Ⓒ	Ⓓ
107	Ⓐ	Ⓑ	Ⓒ	Ⓓ	117	Ⓐ	Ⓑ	Ⓒ	Ⓓ	127	Ⓐ	Ⓑ	Ⓒ	Ⓓ	137	Ⓐ	Ⓑ	Ⓒ	Ⓓ					
108	Ⓐ	Ⓑ	Ⓒ	Ⓓ	118	Ⓐ	Ⓑ	Ⓒ	Ⓓ	128	Ⓐ	Ⓑ	Ⓒ	Ⓓ	138	Ⓐ	Ⓑ	Ⓒ	Ⓓ					
109	Ⓐ	Ⓑ	Ⓒ	Ⓓ	119	Ⓐ	Ⓑ	Ⓒ	Ⓓ	129	Ⓐ	Ⓑ	Ⓒ	Ⓓ	139	Ⓐ	Ⓑ	Ⓒ	Ⓓ					
110	Ⓐ	Ⓑ	Ⓒ	Ⓓ	120	Ⓐ	Ⓑ	Ⓒ	Ⓓ	130	Ⓐ	Ⓑ	Ⓒ	Ⓓ	140	Ⓐ	Ⓑ	Ⓒ	Ⓓ					

TOEIC® L&R テスト 精選模試【文法・語彙問題】Level 3 Test 7
Answer Sheet

実施日	年　　月　　日

Part 5

No.	A	B	C	D	No.	A	B	C	D	No.	A	B	C	D
101	A	B	C	D	111	A	B	C	D	121	A	B	C	D
102	A	B	C	D	112	A	B	C	D	122	A	B	C	D
103	A	B	C	D	113	A	B	C	D	123	A	B	C	D
104	A	B	C	D	114	A	B	C	D	124	A	B	C	D
105	A	B	C	D	115	A	B	C	D	125	A	B	C	D
106	A	B	C	D	116	A	B	C	D	126	A	B	C	D
107	A	B	C	D	117	A	B	C	D	127	A	B	C	D
108	A	B	C	D	118	A	B	C	D	128	A	B	C	D
109	A	B	C	D	119	A	B	C	D	129	A	B	C	D
110	A	B	C	D	120	A	B	C	D	130	A	B	C	D

Part 6

No.	A	B	C	D	No.	A	B	C	D
131	A	B	C	D	141	A	B	C	D
132	A	B	C	D	142	A	B	C	D
133	A	B	C	D	143	A	B	C	D
134	A	B	C	D	144	A	B	C	D
135	A	B	C	D	145	A	B	C	D
136	A	B	C	D	146	A	B	C	D
137	A	B	C	D					
138	A	B	C	D					
139	A	B	C	D					
140	A	B	C	D					

TOEIC® L&R テスト 精選模試【文法・語彙問題】Level 3 Test 8

Answer Sheet

実施日	年　　月　　日

Part 5									Part 6				
No.	ANSWER A B C D	No.	ANSWER A B C D	No.	ANSWER A B C D	No.	ANSWER A B C D	No.	ANSWER A B C D
101	Ⓐ Ⓑ Ⓒ Ⓓ	111	Ⓐ Ⓑ Ⓒ Ⓓ	121	Ⓐ Ⓑ Ⓒ Ⓓ	131	Ⓐ Ⓑ Ⓒ Ⓓ	141	Ⓐ Ⓑ Ⓒ Ⓓ
102	Ⓐ Ⓑ Ⓒ Ⓓ	112	Ⓐ Ⓑ Ⓒ Ⓓ	122	Ⓐ Ⓑ Ⓒ Ⓓ	132	Ⓐ Ⓑ Ⓒ Ⓓ	142	Ⓐ Ⓑ Ⓒ Ⓓ
103	Ⓐ Ⓑ Ⓒ Ⓓ	113	Ⓐ Ⓑ Ⓒ Ⓓ	123	Ⓐ Ⓑ Ⓒ Ⓓ	133	Ⓐ Ⓑ Ⓒ Ⓓ	143	Ⓐ Ⓑ Ⓒ Ⓓ
104	Ⓐ Ⓑ Ⓒ Ⓓ	114	Ⓐ Ⓑ Ⓒ Ⓓ	124	Ⓐ Ⓑ Ⓒ Ⓓ	134	Ⓐ Ⓑ Ⓒ Ⓓ	144	Ⓐ Ⓑ Ⓒ Ⓓ
105	Ⓐ Ⓑ Ⓒ Ⓓ	115	Ⓐ Ⓑ Ⓒ Ⓓ	125	Ⓐ Ⓑ Ⓒ Ⓓ	135	Ⓐ Ⓑ Ⓒ Ⓓ	145	Ⓐ Ⓑ Ⓒ Ⓓ
106	Ⓐ Ⓑ Ⓒ Ⓓ	116	Ⓐ Ⓑ Ⓒ Ⓓ	126	Ⓐ Ⓑ Ⓒ Ⓓ	136	Ⓐ Ⓑ Ⓒ Ⓓ	146	Ⓐ Ⓑ Ⓒ Ⓓ
107	Ⓐ Ⓑ Ⓒ Ⓓ	117	Ⓐ Ⓑ Ⓒ Ⓓ	127	Ⓐ Ⓑ Ⓒ Ⓓ	137	Ⓐ Ⓑ Ⓒ Ⓓ		
108	Ⓐ Ⓑ Ⓒ Ⓓ	118	Ⓐ Ⓑ Ⓒ Ⓓ	128	Ⓐ Ⓑ Ⓒ Ⓓ	138	Ⓐ Ⓑ Ⓒ Ⓓ		
109	Ⓐ Ⓑ Ⓒ Ⓓ	119	Ⓐ Ⓑ Ⓒ Ⓓ	129	Ⓐ Ⓑ Ⓒ Ⓓ	139	Ⓐ Ⓑ Ⓒ Ⓓ		
110	Ⓐ Ⓑ Ⓒ Ⓓ	120	Ⓐ Ⓑ Ⓒ Ⓓ	130	Ⓐ Ⓑ Ⓒ Ⓓ	140	Ⓐ Ⓑ Ⓒ Ⓓ		

TOEIC® L&R テスト 精選模試【文法・語彙問題】Level 3 Test 9

Answer Sheet

実施日	年　　月　　日

Part 5

No.	A	B	C	D	No.	A	B	C	D	No.	A	B	C	D
101	A	B	C	D	111	A	B	C	D	121	A	B	C	D
102	A	B	C	D	112	A	B	C	D	122	A	B	C	D
103	A	B	C	D	113	A	B	C	D	123	A	B	C	D
104	A	B	C	D	114	A	B	C	D	124	A	B	C	D
105	A	B	C	D	115	A	B	C	D	125	A	B	C	D
106	A	B	C	D	116	A	B	C	D	126	A	B	C	D
107	A	B	C	D	117	A	B	C	D	127	A	B	C	D
108	A	B	C	D	118	A	B	C	D	128	A	B	C	D
109	A	B	C	D	119	A	B	C	D	129	A	B	C	D
110	A	B	C	D	120	A	B	C	D	130	A	B	C	D

Part 6

No.	A	B	C	D	No.	A	B	C	D
131	A	B	C	D	141	A	B	C	D
132	A	B	C	D	142	A	B	C	D
133	A	B	C	D	143	A	B	C	D
134	A	B	C	D	144	A	B	C	D
135	A	B	C	D	145	A	B	C	D
136	A	B	C	D	146	A	B	C	D
137	A	B	C	D					
138	A	B	C	D					
139	A	B	C	D					
140	A	B	C	D					